EL
DIRECTORIO
DE LOS SANTOS

EL
DIRECTORIO
DE LOS SANTOS

GUÍA PARA RECONOCER
A LOS SANTOS PATRONOS

ANNETTE SANDOVAL
TRADUCCIÓN DE LETICIA LEDUC

AGUILAR

EL DIRECT
TÍTULO O
THE DIRECTO
© D.R. 1997, ANNETTE SANDOVAL

De esta edición:
© 1997, D.R. Aguilar, Altea, Taurus, Alfaguara, S.A. de C.V.
Av. Universidad 767, Col. del Valle
México, 03100, D.F.
Teléfono 688 8966
Publicado por un convenio establecido con Dutton Signet,
División de Penguin Books, U.S.A.

FOTOGRAFÍAS DE PORTADA, DE IZQUIERDA A DERECHA DE LA
ESQUINA SUPERIOR IZQUIERDA A LA INFERIOR DERECHA.

1. Francesco del Cossa. Santa Lucía. c1470. Colección Granger, Nueva
York. 2. Maestro Theoderich. St. Hieronymous. Antes de 1365. Tempera
en papel , 103 x 112.8 cm. Museo Nacional, Praga, República Checa. Erich
Lessing / Art Resource, N. Y. 3. Crespi, Giovanni Battista. San Michael.
Castello Sforzesco, Milán, Italia. Scala / Art Resource, N.Y. 4. Anónimo,
Siglo xv. Escuela Lombard. Ex-voto de Santa Catherine de Siena. Museo
de Bellas Artes, Nimes, Francia. Giraudon / Art Resource, N.Y. 5.
Perugino, Pietro. San Sebastián. Oleo sobre madera. Siglo xv. Colección
Granger, Nueva York. 6. Lieferinxe, Josse. Santa Catherine de Alejandría.
Panel de Altar. Museo du Petit Palais, Avignon, Francia. Giraudon / Art
Resourse, N.Y. 7. Garofalo. Santa Catherine de Alejandría. Madera.
Colección Granger, Nueva York. 8. Orazio Gentileschi. Santa Cecilia y
Angel, c1610. Colección Granger, Nueva York. 9. Anónimo, Siglo XIII.
Santa Clara y ocho historias de su vida. S. Chiara, Assisi, Italia. Scala / Art
Resource, N.Y.

Primera edición: agosto de 1997

ISBN: 968-19-0348-X

Impreso en México

A María y Manuel Sandoval,
por mi primer aliento de vida.

A Patrick Phalen,
por recordarme que exhalara.

Agradecimientos

Agradezco a la Universidad de San Francisco el haberme permitido usar su biblioteca. Gracias al Padre Cameron Ayres, de la Compañía de Jesús, por sus útiles consejos. Mi agradecimiento especial al amable personal de la Biblioteca Pública de San Francisco.

Índice

✣

Introducción

✛

Cómo aprovechar al máximo la oración

La oración es una expresión de fe y confianza que tiene el propósito de enriquecer nuestras vidas. Es parte integral de toda práctica religiosa y con frecuencia sirve como un prisma que permite vislumbrar la estructura, los valores y la historia de una cultura. Ya sea en una congregación o a solas, cada uno de nosotros podría ser definido por la manera en que elige orar.

Cuando estamos necesitados, nuestras oraciones suelen sonar más como órdenes que como súplicas. Pedir algo al cielo se asemeja a tratar con un patrón. Si usted irrumpiera en su oficina y pidiera un día libre, quizá lo único que conseguiría sería tener demasiado tiempo a su disposición. Imagínese que Dios es el director y los santos son los gerentes. Halágueles, señáleles algunas cosas placenteras. Muéstrese agradecido por el día de hoy o, al rezarle a un santo, mencione algo que él conozca muy bien. Si tiene hijos, por ejemplo, agradezca a Dios por esos pequeños milagros. Después de todo, Dios también es un hombre de familia.

No tiene nada de malo que alabe al cielo, mientras sea sincero. Recuerde que el cielo está totalmente de su lado y en realidad quiere lo mejor para usted. En pocas palabras, primero muestre algo de agradecimiento, y después pida.

¿Qué es un santo?

Los santos son personas extraordinarias que han basado su vida en principios sacros. Dios les ha concedido dones en forma de bilocaciones, levitaciones, llagas, etc. Estos piadosos individuos se han consagrado incondicionalmente a servir a Cristo y a sus congéneres. En la muerte, son el vínculo obligatorio entre el cielo y la tierra.

Breve historia de los santos

Santo (del latín *sanctus*). Significa santificado o consagrado. La palabra *santo* se usó por primera vez en el Viejo Testamento con referencia al pueblo escogido de Dios, el de los judíos.

En los albores del cristianismo, el Nuevo Testamento describió a los santos como los seguidores de Jesucristo y sus enseñanzas. A partir de la muerte y la resurrección de Cristo, se empezó a describir a los santos como aquellos que eran martirizados por sus creencias cristianas. De hecho, durante los tres primeros siglos se alentaba a la gente a morir por "causas". Se creía que únicamente imitando los ejemplos de Cristo se tendría asegurada la vida eterna con Dios.

Las festividades son las celebraciones de la muerte y el renacimiento de estos héroes, conmemorados cada año en el aniversario de su admisión al cielo. A los mártires potenciales que, sin tener culpa alguna, eran privados de una agonía prolongada se les llamaba confesos. Esto significaba que habían expresado abiertamente su fe en Jesucristo y estaban dispuestos a sufrir las consecuencias del encarcelamiento o, mejor aún, la muerte.

En el siglo IV, Constantino, el primer emperador cristiano, emitió que se tolerara el cristianismo y éste se adoptó como la religión romana oficial —lo cual dio fin a la práctica religiosa del paganismo en Roma—. Desde que se empezó a venerar a San Martín, obispo de Tours, en 397, la muerte por causas naturales se convirtió en un motivo aceptable de santidad.

El líder de los "mártires blancos" del siglo IV fue San Antonio, padre del monaquismo. Estos mártires abrieron una senda en las arenas del desierto y se retiraron a vivir en las cuevas cercanas a Koman y el Monte Pispir. Despojándose de los placeres terrenales, especialmente el sexo, los anacoretas o ermitaños buscaron la unidad con Dios mediante la autonegación. Algunos ermitaños eran venerados por llevar una vida virtuosa.

Alrededor de la misma época, en el vocabulario eclesiástico se introdujeron las palabras *latria*, que significa veneración de Dios en Cristo y *doulia,* que significa veneración de los santos. Mediante cultos terrenales, este dogma redujo las posibilidades de rivalidad entre los cuerpos celestes.

Entre los siglos VI y X, el cristianismo romano experimentó un aumento repentino en el número de santos. Fue una época en que la Iglesia tuvo gran poder y una influencia sin par sobre muchas de las monarquías. Los fundadores de nuevas órdenes monásticas, apremiados por una necesidad extrema de salvar su alma, erraron por tierras inexploradas en busca de lo salvaje. Los requisitos para ser canonizado eran mínimos: todo lo que se necesitaba era unos cuantos milagros y cierta popularidad, o ambos, para formar parte del "canon" o "lista". A los calendarios se les añadieron festividades conmemorativas del día de la resurrección mediante la muerte. Fue ésta una época de tal indulgencia que la ficción religiosa inventó santos, como Santa Catalina de Alejandría y San Cristóbal.

La plétora de santos míticos se disipó hacia la última parte del siglo x. En 993, el Papa Juan XV exigió una prueba concreta de la piedad y reverencia de San Udalrico de Ausburgo antes de permitir que se llevara a cabo el proceso de canonización. El Papa Sixto V redactó la Sagrada Congregación de Ritos que, a la vez que permitió a la Iglesia evaluar el proceso de beatificación y canonización, modernizó el santoral. El Papa Urbano VIII elaboró el borrador de un decreto bien estructurado que confirió al papado plena autoridad sobre la selección de los santos católicos romanos.

En 1918, la Iglesia católica romana aprobó el primer *Código de Derecho Canónico* como sistema de canonización. El Papa Juan XXIII pidió una modificación general de este código, que entró en vigor el 27 de noviembre de 1983 bajo el papado de Juan Pablo II.

¿Cómo se convierte a alguien en santo?

Después de casi dos milenios, el título de santo se reserva a los pocos hombres y mujeres que salen bien librados de los vericuetos burocráticos del Vaticano. En el pasado, la canonización era un proceso largo y oneroso; tomaba décadas, incluso siglos, y costaba millones de dólares.

En 1983, el Papa Juan Pablo II emitió la bula *Divinus Perfectonis Magister*, que descentralizó el proceso de canonización fuera de la jurisdicción papal. Ahora los obispos regionales son responsables de seleccionar a los candidatos a santos mediante una investigación minuciosa de los antecedentes de los finados. Después, envían al Vaticano toda la información que han recabado sobre su candidato. Más tarde se redacta un *Postio* o *Volumen biográfico*, que se somete a la consideración de un jurado de ocho teólogos. Para que el candidato sea aprobado se requieren seis votos a su favor. Posteriormente, un comité de obispos y cardenales examina el *Postio* y, si lo aprueba, lo coloca en el escritorio del Papa para que lo revise. Para los no mártires es obligatorio un milagro, pero no así para los mártires. Si el Papa da su aprobación, declara *bendita* a esa persona, que en lo sucesivo puede ser honrada en su lugar de origen. A este proceso se le llama *beatificación*. Para que un mártir o un no mártir sea canonizado, es necesario que se le atribuya un milagro adicional. Después, el Papa hace una declaración universal que obliga a todos los católicos romanos a reconocer al individuo como santo y a venerarlo en lo sucesivo.

¿Cual es la diferencia entre un patrono y un santo normal?

Un patrono es un santo capaz de interceder a favor de la humanidad en circunstancias específicas. Para convertirse en patrono, el finado primero tiene que cumplir con todos los requisitos de un santo normal. Entre los más de 4 500 santos enumerados en el martirologio romano, la Iglesia decide quiénes serán los intercesores o mediadores de ocupaciones, situaciones, o lugares específicos. Por lo general, lo que determina la selección de un patronato es la existencia de un culto perdurable o una tradición venerada. Con frecuencia existe un vínculo entre el santo antiguo y su patronato. Por ejemplo, San Lorenzo (s. III) murió asado en una plancha, lo que le valió convertirse en el patrono de los cocineros.

San José y la Virgen María gozan de la distinción de ser patronos superiores. San José fue declarado protector de la Iglesia universal en 1870 por Pío IX, mientras que la Virgen María fue incluida en el canon como la santa más prominente del catolicismo. La práctica de nombrar santos protectores se inició en la década de 1630.

PRIMERA PARTE

PATRONATOS
DE LOS SANTOS

Nadie se cura hiriendo a otro.

—San Ambrosio

ABARROTEROS: Miguel, arcángel. Uno de los siete arcángeles de Dios, y uno de los tres mencionados por su nombre en la Biblia. En el Viejo Testamento se citan dos apariciones suyas ante Moisés y Abraham. En el Nuevo Testamento se le menciona luchando contra Satanás con el cuerpo de Moisés y arrojando del cielo a Lucifer y a sus cohortes. En el arte suele representársele con una balanza (que simboliza que está pesando las almas) en una mano, y matando a un dragón (Satanás) con la otra. También es patrono de las batallas, los difuntos, los marinos, los soldados paracaidistas, los oficiales de policía y los radiólogos. Festividad: 29 de septiembre.

ABEJAS: Ambrosio, obispo. Italiano (340-397). Sus contribuciones fueron decisivas para el avance del cristianismo durante la caída del Imperio Romano. San Antonio se convirtió al cristianismo después de oír un sermón suyo.

Cuenta una leyenda que cuando Ambrosio era niño se le posó en los labios un enjambre de abejas y éstas no le causaron ningún daño. También es patrono de los cereros y del aprendizaje. Festividad: 7 de diciembre.

Abogados: 1) Tomás Moro, mártir. Inglés (1478-1535). Escritor y abogado. Se opuso al divorcio del rey Enrique VIII de Catalina de Aragón; fue encarcelado por no firmar el Acta de Sucesión en la que se reconocía al hijo de Enrique y Ana Bolena como heredero al trono de Inglaterra. Entonces fue acusado de traición y finalmente decapitado. Su madre murió cuando era niño; junto con sus tres hermanos, fue educado por la Madre Maude, enfermera de la familia. También es patrono de los hijos adoptivos. Fue canonizado en 1935. Festividad: 22 de junio.

2) Ivo Kermartin (Yves), sacerdote. Bretón (1253-1303). Estudió leyes en París y Orléans. Como abogado, defendió gratuitamente a los pobres. A la edad de 30 años Ivo fue nombrado juez diocesano y probó ser incorruptible. Se ordenó como sacerdote en 1284 y se dedicó a dar ayuda espiritual y legal a sus feligreses. Fue canonizado en 1347. Festividad: 19 de mayo .

3) Genesio, mártir. Romano (s. III). Leyenda. Este comediante se convirtió al cristianismo durante una representación de una farsa del bautismo cristiano en Roma, para el emperador Diocleciano. Por no obedecer la orden del emperador de que abjurara, Genesio fue torturado y decapitado en el escenario. También es patrono de los actores, los impresores, los secretarios y los estenógrafos. Festividad: 25 de agosto.

Abortos, invocadas contra: 1) Dorotea de Montau, mística. Prusiana (s. XIV). En sus veinticinco años de matrimonio con Alberto, Dorotea procreó nueve veces. Sólo su hijo menor llegó a la edad adulta. Cuando su desdeñoso marido murió, Dorotea se retiró a la celda de un ermitaño. Ahí curó y aconsejó a visitantes durante su último año de vida. También es patrona de Prusia. Festividad: 30 de octubre.

2) Brígida de Suecia, princesa. Sueca (1303-1373). Mística; profetisa; esposa de Ulfo Gudmarson; madre de ocho hijos, entre ellos Santa Catalina. Reformó en gran medida las heréticas actitudes conventuales, atendió a enfermos y fundó un monasterio en Vadstena. Por alguna razón se la canonizó tres veces. También es patrona de los sanadores y de Suecia. Fue canonizada en 1391. Festividad: 23 de julio.

Abuelas: Ana, ama de casa. Nazarena (s. I a.C.). Abuela de Jesús y esposa de Joaquín. Aparte de que procreó a la Santa Virgen María a la edad de 40 años, se conoce poco de su vida. También es patrona de los ebanistas, Canadá, las amas de casa y las parturientas. Festividad: 26 de julio.

Abuso físico, invocadas contra el: 1) Farailde, ama de casa. Flamenca (s. VIII). Cuando llegó a la edad de casarse, sus padres la dieron en matrimonio a un hombre rico. Al saber que de más joven ella había hecho votos de castidad, su irascible marido se enfureció y la sometió a abusos sexuales y emocionales que le provocaron la muerte, lo cual causó que surgiera un manantial en Braug. Se cree que las aguas de éste curan la enfermedad de los niños. También es invocada contra las afecciones infantiles y los problemas maritales. Festividad: 4 de enero.

2) Luisa de Marillac, fundadora. Francesa (1591-1660). Acaudalada viuda que decidió ayudar a San Vicente de Paul a establecer varias instituciones. Fundó las Hermanas de la Caridad, grupo de mujeres no sectaristas que se formó para ayudar a las víctimas de la pobreza y del abuso. También es patrona de los trabajadores sociales. Fue canonizada en 1934. Festividad: 15 de marzo.

3) Fabiola, fundadora. Romana (s. III). Se divorció de su abusivo marido y volvió a casarse. Esto le impidió recibir los sacramentos de la iglesia. Fabiola se sometió a penitencia en público y después fundó el primer hospital cristiano. El Papa San Sirico le perdonó sus pecados, y más tarde murió su segundo marido. También es patrona de los divorciados, los infieles y las viudas e invocada contra el abuso físico. Festividad: 27 de diciembre.

ACADÉMICOS: Tomás de Aquino, teólogo. Napolitano (1225-1274). Su aristocrática familia se oponía tanto a sus búsquedas religiosas que lo encerró durante quince meses. Este intento de hacerlo cambiar de opinión resultó infructuoso. Fue el pensador más grande de la Edad Media; autor de obras teológicas, entre ellas *Summa contra Gentiles y Summa Theologica*. Fue declarado Doctor de la Iglesia en 1567. También es patrono de la castidad, los colegios, los fabricantes de lápices y las escuelas. Fue canonizado en 1323. Festividad: 28 de enero.

ACCIÓN CATÓLICA: Francisco de Asís, fundador. Italiano (1181-1226). Aunque nunca fue sacerdote, es una de la figuras predominantes de la religión cristiana. Hijo de un rico comerciante de telas, Francisco llevó una vida fastuosa e irresponsable. Cuando contaba 20 años fue a combatir a Perugia, donde lo capturaron y aprisionaron. Después de ser liberado tuvo varias visiones de Cristo. Entonces renunció a su herencia y fundó la Orden de los Hermanos Menores. Fue la primera persona que sufrió los estigmas (cinco heridas coincidentes con las cinco heridas de Cristo) mientras oraba; sus llagas nunca sanaron. En 1223 creó la primera escena de la Navidad. También es patrono de los animales, los ecologistas, Italia, los comerciantes y los zoológicos. Fue canonizado en 1228. Festividad: 4 de octubre.

ACEREROS: Eligio (Eloy), obispo. Francés (588-660). Metalista; fabricó dos tronos para el rey Clotario II con los sobrantes del oro y las joyas que le habían entregado para hacer uno solo. Después lo pusieron a cargo de la casa de moneda y utilizó su influencia para ayudar a los enfermos y los desamparados. También es patrono de los herreros, los mecánicos y los joyeros. Festividad: 1o. de diciembre.

ACÓLITOS: Juan Berchmans. Originario de Brabante (1599-1621). Este novicio jesuita se las arregló de alguna manera para obrar numerosos milagros después de su muerte. También es patrono de los jóvenes. Fue canonizado en 1888. Festividad: 26 de noviembre.

ACTORES: 1) Genesio, mártir. Romano (s. III). Leyenda. Este comediante se convirtió al cristianismo durante una representación de una pieza medieval del bautismo cristiano en Roma, para el emperador Diocleciano. Por no obedecer la orden del emperador de que abjurara, Genesio fue torturado y decapitado en el escenario. También es patrono de los abogados, los impresores los secretarios y los estenógrafos. Festividad: 25 de agosto.

2) Vito, mártir. Siciliano (s. III). Leyenda. Después de exorcizar los espíritus malignos (*chorea*) del hijo del emperador Diocleciano, éste lo acusó de brujería. Vito fue lanzado a un tanque de agua hirviendo, del cual salió milagrosamente ileso. Junto con dos compañeros, escapó de Roma con la ayuda de un ángel y se cree que fue martirizado en la provincia de Lucania. También en patrono de los comediantes y los bailarines e invocado contra la epilepsia. Festividad: 15 de junio.

ACTRICES: Pelagia, bailarina. Antioqueña (fechas desconocidas). Leyenda piadosa. Un día, en su sermón, el obispo Nono de Edesa se refirió a una artista nudista que "...hace todo lo posible por conservar su belleza y perfeccionar su danza, pero somos considerablemente menos celosos para cuidar nuestra diócesis y nuestras almas". Por coincidencia, Pelagia estaba escuchando el sermón. Inmediatamente después de la misa, confesó sus pecados y fue bautizada por el obispo. "Pelagia, el monje imberbe" después se instaló en una cueva de Jerusalén y vivió ahí muchos años, hasta su muerte. Festividad: 8 de octubre.

ACUSADOS EN FALSO: 1) Raimundo Nonato, cardenal. Español (1204-1240). Su madre murió por una intervención quirúrgica al darlo a luz. Fue mercedario y en una ocasión se ofreció a los moros a cambio de esclavos y rehenes cristianos. Hizo conversiones dentro de la prisión y esto enfureció a los musulmanes; pero como sus carceleros se dieron cuenta de que su rescate excedería el de los demás prisioneros, lo sometieron a torturas continuas por predicar. Las negociaciones de su liberación duraron ocho meses. También es patrono del alumbramiento, las parteras, los obstetras y las embarazadas. Fue canonizado en 1657. Festividad: 31 de agosto.

2) Roque (Rocco), ermitaño. Francés (1350-1380). Leyenda. Cayó enfermo por cuidar a víctimas de una peste en Italia. Aunque enfermo y solo, se recuperó gracias a que un perro extraviado lo alimentó. Más adelante fue acusado de espía y el gobernador, sin saber que era su sobrino, lo encarceló. Después de que Roque murió en la prisión, se le descubrió una marca de nacimiento en forma de cruz que reveló su verdadera identidad. También es patrono de los inválidos e invocado contra el cólera y las plagas. Festividad: 28 de marzo.

ADOBADORES: Simón apóstol. (s. i). Se sabe poco de este apóstol. Se le llama "El fanático" debido a su entusiasmo por la ley judía antes de Cristo. Según las creencias occidentales, Simón fue martirizado en Egipto. Festividad: 28 de octubre.

ADOLESCENTES: Luis Gonzaga, sacerdote. Español (1568-1591). A los 17 años, Luis anunció a su prestigiosa familia que planeaba unirse a una nueva orden conocida como la de los Jesuitas. La familia prefirió que se enrolara en el ejército, pero un padecimiento renal de Luis echó abajo los sueños de grandeza de sus familiares. De seminarista, enseñó catecismo a los jóvenes pobres. Murió por cuidar a las víctimas de la peste. Fue canonizado en 1727. Festividad: 21 de junio.

AFECCIONES BACTERIALES: Agripina, mártir. Romana (s. III). Durante la persecución de los cristianos, Agripina fue torturada y después ejecutada cuando se negó a renunciar a su fe ante el emperador Valeriano o Dioclesiano. Tres mujeres llevaron su cadáver a Sicilia, lugar donde se encuentra su tumba y en el que durante siglos se han curado enfermos. Es invocada contra los malos espíritus y las tronadas. Festividad: 23 de junio.

AFECCIONES ESTOMACALES, INVOCADO CONTRA: Bricio, obispo. Francés (s. V). También se le conoce como Brito y Brictio. Fue un alumno precoz de San Martín, y pensaba que su maestro era un tonto. San Martín le tenía paciencia porque pensaba que un día ese clérigo lo sucedería en su cargo de obispo. Pero cuando llegó ese día, no pudo asumir la mitra obispal porque una mujer de su parroquia lo acusó de conducta lasciva. Bricio desterrado durante siete años, a su regreso era un hombre nuevo. Incluso obró un milagro para demostrar su inocencia. Años más tarde, empezó a ser venerado casi inmediatamente después de su muerte. Festividad: 13 de noviembre.

AFECCIONES DE LA GARGANTA, INVOCADO CONTRA: Blas, obispo. Armenio (s. IV). Leyenda. Los datos sobre este obispo son una combinación de cuentos. Durante la persecución de los cristianos, Blas se escondió en una cueva. Ahí atendía a los animales heridos por las trampas y las flechas de los cazadores. Fue martirizado en una de las persecuciones ordenadas por Linio. Su patronato se debe a que en una ocasión le salvó la vida a un niño que se había tragado una espina de pescado. También es patrono de los veterinarios y los animales salvajes. Festividad: 3 de febrero.

AFECCIONES INFANTILES, INVOCADOS CONTRA: 1) Aldegunda (Aldegonda), monja. Franca (s. VII). Cuento popular. Nació en una familia de santos; sus padres fueron Walberto y Bertilia y su hermana, Waudru. Su madrastra le insistía en que los cristianos devotos se casaban. Aldegunda huyó al bosque para ocultarse de su madrastra y de su prometido, y ahí la protegieron los animales. Cuando se disolvió el grupo que enviaron en su búsqueda, se unió a la orden de las Benedictinas. También es invocada contra las lesiones. Festividad: 30 de enero.

2) Farailde, ama de casa. Flamenca (s. VIII). Cuando llegó a la edad de casarse, sus padres la dieron en matrimonio a un hombre rico. Al saber que de más joven ella había hecho votos de castidad, su irascible marido se enfureció y la sometió a hsotigamiento sexual y emocionales que le provocaron la muerte, lo cual causó que surgiera un manantial en Braug. Se cree que las aguas de éste curan afecciones infantiles. También es invocada contra los problemas maritales y el abuso físico. Festividad: 4 de enero.

AFECCIONES INTESTINALES, INVOCADOS CONTRA: 1) Elmo (Erasmo), mártir. Italiano (s. IV). Leyenda. Cuenta una leyenda que durante las persecuciones de los cristianos salió ileso de su ejecución en la hoguera ordenada por el emperador Diocleciano. Otra relata que lo torturaron hasta sacarle los intestinos con un cabrestante. Se cree que la descarga eléctrica sobre el mástil de una embarcación, que a veces ocurre antes o después de una tormenta, es una señal de que San Elmo está protegiendo a la embarcación. También es patrono de los navegantes e invocado contra la apendicitis y el mareo. Festividad: 2 de junio.

2) Buenaventura de Potenza, fundador. Francés (800-856). Obispo constructor de iglesias y monasterios. Dejó su cargo cuando surgió una desavenencia con los monjes de Saint Calais por causa de la jurisdicción, pero regresó antes de morir a causa de una afección intestinal. Es invocado contra las afecciones intestinales. Festividad: 7 de enero.

AFECCIONES DEL PECHO, INVOCADA CONTRA: Ágata, mártir. Siciliana (s. III). Leyenda. El gobernador Quintiano aprovechó la persecución de los cristianos para tratar de poseerla. Ella rechazó sus insinuaciones y fue brutalmente torturada. Su captor intentó someterla por hambre, le rebanó los senos y la envolvió en carbones y pedazos de cerámica ardiente. Ella murió en su celda. En las primera pinturas de esta santa se presentan sus pedazos de pecho en una bandeja, y parecen panes. De aquí que en su festividad se bendiga el pan. También es patrona de las enfermeras y las víctimas de violación e invocada contra las erupciones volcánicas. Festividad: 5 de febrero.

AFECCIONES DE LAS PIERNAS, INVOCADA CONTRA: Servacio, obispo. Armenio (s.IV). Este nativo de Armenia dio albergue a San Atanasio en su exilio. Predijo la invasión de los hunos setenta años antes de que Atila devastara la Galia y murió poco después al regresar de un viaje de penitencia a Roma. Su bastón, cáliz y clave, que San Pedro le obsequió en una aparición, se conservan en Maaestricht. También es patrono de las empresas exitosas. Es invocado contra las sabandijas. Festividad: 13 de mayo.

AFECCIONES DEL RIÑÓN, INVOCADO CONTRA: Albino, mártir. Albanés (s. III). Dejó su tierra natal, Albania, cuando fue conquistada por los arrianos. San Ambrosio lo nombró obispo y lo asignó junto con San Urso a la Galia, donde ambos fueron decapitados. También es invocado contra los cálculos biliares. Festividad: 21 de junio.

AFILADORES: Mauricio, oficial. Egipcio (s. III). Leyenda. Mauricio, oficial de la legión tebana, alentó a su pelotón cristiano a rechazar la petición de Maximiano Herculio de que adoraran a dioses paganos. Maximiano ordenó la ejecución de uno de cada diez hombres, pero con esto no logró disuadirlos. Entonces ordenó una segunda y una tercera ejecución, hasta que acabó con toda la unidad. También es patrono de los soldados de infantería, los afiladores, los forjadores de espadas y los tejedores, se le invoca contra la gota. Festividad: 22 de septiembre.

AFINADORES: Claudio, obispo. Francés (s. VII). Hijo de una familia de la congregación; en vez de enrolarse en el ejército, se ordenó sacerdote. Se unió a la orden de los Benedictinos y reformó un monasterio en las Montañas Jura. Después fue elegido obispo de Bensançon. En el arte se le representa resucitando a un niño. También es patrono de los jugueteros. Festividad: 6 de junio.

ÁFRICA: 1) Nuestra Señora de África. En 1876, el cardenal Lavigerie declaró protectora de África una estatua de bronce de la Santa Virgen María.

2) Moisés el Etíope, monje. Etíope (330-405). Moisés fue sirviente de una familia egipcia que lo despidió por robo. Una transformación milagrosa lo condujo a Dios en el desierto de Sketis, donde se convirtió en

monje. Un día, vestido con una túnica blanca, Moisés le dijo a un obispo: "Dios sabe que aún soy negro por dentro". Una pandilla de bereberes que irrumpió en el monasterio asesinó a Moisés y a los demás pacifistas. Festividad: 28 de agosto.

AFROAMERICANOS: 1) Benito el Africano, hermano lego. Siciliano (1526-1589). De joven su amo lo liberó de la esclavitud. Una tarde, un grupo de adolescentes lo acosó señalándolo como hijo de esclavos, pero él nunca perdió la compostura. Esto fue presenciado por el jefe de los ermitaños franciscanos, quien posteriormente lo persuadió de unirse a la orden. Con el tiempo, Benito ascendió a superior de la orden antes de que ésta se desbandara. Después se le nombró cocinero de otra orden, de la cual también fue superior. Más adelante, se le degradó al puesto de cocinero en otra comunidad. También es patrono de las misiones parroquiales. Festividad: 4 de abril.

2) Pedro Claver, misionero. Catalán (1580-1654). Como misionero en Nueva Granada (Colombia), se ocupó de los trescientos mil esclavos africanos que fueron llevados a trabajar a las minas y plantaciones de Cartagena. También es patrono de Colombia y de las víctimas de la esclavitud. Fue canonizado en 1888. Festividad: 9 de septiembre.

AGENTES ADUANALES: Mateo, apóstol. Galileo (s. I). Su nombre significa "don de Dios". También se le conoce como Levi y no existen registros de sus primeros años de vida. Recaudador de impuestos convertido en apóstol; escribió el primer Evangelio entre los años 60 y 90, el cual contiene citas del Viejo Testamento. Fue martirizado en Etiopía o en Persia. También es patrono de los contadores, banqueros, los tenedores de libros, los guardias de seguridad y los recaudadores de impuestos. Festividad: 21 de septiembre.

AGRICULTORES: Focas, mártir. Originario de Paflagonia (fechas desconocidas). Leyenda. Focas, posadero y jardinero de mercados en la inmediaciones del Mar Negro, regalaba a los pobres los excedentes de sus cosechas. Cuenta la leyenda que un día dio alojamiento a los soldados que fueron enviados para asesinarlo. A la mañana siguiente les reveló que él era el cristiano que tenían que asesinar; y al percatarse de su aprehensión, les instó a que le dieran muerte. Después de unos momentos de incomodidad, los soldados decapitaron a su gracioso anfitrión. Después lo enterraron en una tumba que Focas había cavado para sí durante la noche. También es patrono de los jardineros. Festividad: 22 de septiembre.

AHOGAMIENTO, INVOCADO CONTRA EL: Adjor, monje. Francés (s. XII). Caballero y Señor de Vernon-sur-Seine. En una travesía marítima hacia su primera cruzada, en 1095, fue capturado por musulmanes pero logró escapar. De regreso a Francia tomó los hábitos. Sus últimos años los dedicó a orar y meditar. Murió en Tiron. También es patrono de los nadadores y los timoneles. Festividad: 30 de abril.

ALBAÑILES: Esteban, mártir. Griego (de la Diáspora) (s. I). Primer mártir cristiano. El consejo judío lo lapidó porque Esteban lo denunció. También es patrono de los diáconos y los canteros.

ALCOHOLISMO: 1) Juan de Dios, fundador. Portugués (1495-1550). Fue soldado, pastor, vagabundo y librero. A la edad de 40 años oyó un sermón de Juan de Ávila y enloqueció de culpa. Juan de Ávila lo visitó en su celda, donde Juan de Dios confesó sus pecados y se convirtió al cristianismo. Construyó un hospital y dedicó su vida a cuidar a enfermos y necesitados. Perdió la vida tratando de salvar a un hombre de morir ahogado. Después de su muerte se le nombró fundador de los Hermanos Hospitalarios. También es patrono de los libreros, los enfermos del corazón, los hospitales, las enfermeras, los impresores y los enfermos. Fue canonizado en 1690. Festividad: 8 de marzo.

2) Mónica, madre. Cartaginesa (331-387). Contrajo matrimonio con Patricio, alcohólico pagano de temperamento irascible, y lo convirtió al cristianismo. Con cierta persistencia, también convirtió a su hijo Agustín, quien más tarde se convirtió en el intelectual más distinguido de la Iglesia católica. También es patrona de las amas de casa, los infieles, las casadas y las madres. Festividad: 27 de agosto.

ALEMANIA: Bonifacio, mártir. Inglés (680-754). Aunque llamado "Apóstol de Alemania", en realidad fue un inglés de nombre Winifredo. Como Bonifacio, difundió ampliamente el cristianismo en Alemania. También fundó un monasterio en Fulda. Festividad: 5 de junio.

ALFAREROS: Justa y Rufina, mártires. Romanas (s. II). Hijas de un alfarero. En una ocasión les ofrecieron una suma considerable por sus piezas de alfarería; cuando les dijeron que las iban a usar para rituales paganos, las desmembraron. Después de que las hermanas fueron sometidas a un breve juicio, las condenaron a morir devoradas por los leones. Festividad: 19 de julio.

ALMAS PERDIDAS: Nicolás de Tolentino, predicador. Italiano (1245-1305). Hijo único de un matrimonio viejo. Un sueño le indicó que debía ir a la ciudad de Tolentino. Ahí se dedicó el resto de su vida a ayudar a niños abandonados y a delincuentes. Según un mito sajón, en una ocasión Nicolás recuperó el cuerpo de un hombre que se había ahogado la semana anterior, lo resucitó y lo mantuvo vivo hasta administrarle los últimos sacramentos. También es patrono de los infantes y los marinos. Festividad: 10 de septiembre.

ALOJAMIENTOS: Gertrudis de Nivelles, abadesa. Flamenca (626-659). Cuando el padre de Gertrudis murió, su madre, Ita, fundó un monasterio en Neville. A los 14 años de edad, Gertrudis recibió el nombramiento de abadesa y demostró que lo merecía. Su centro monástico obtuvo renombre por su hospitalidad con los peregrinos y monjes. A los 30 años, Gertrudis cayó en cama por el temor de ser indigna del cielo. San Ultano le aseguró que San Patricio la estaba esperando. Murió el día de San Patricio. Se corrió el rumor de que el pozo de su monasterio tenía propiedades repelentes contra los roedores. También es patrona de los gatos y los difuntos recientes e invocada contra las ratas. Festividad: 17 de marzo.

ALPINISTAS: Bernardo de Montijoix, sacerdote. Italiano (996-1081). Dedicó sus cuarenta años de sacerdote a la residencia de los Alpes. Constructor de escuelas e iglesias; es famoso por el Gran Bernardo y el Pequeño

Bernardo, dos refugios creados en pasos de montaña para viajeros de todas la religiones y orígenes. También es patrono de los montañistas y los esquiadores. Festividad: 28 de mayo.

ALSACIA: Odilia, abadesa. Originaria de Oberheiman (s. VIII). Su padre, un noble, se sintió tan avergonzado por la ceguera de su hija recién nacida que se la entregó a un plebeyo para que la criara. Milagrosamente, Odilia empezó a ver a la edad de 12 años, en el momento de su bautizo. Fundó un convento en Odilienberg. También es patrona de los invidentes. Festividad: 13 de diciembre.

ALUMBRAMIENTO: 1) Gerardo Majella, hermano lego. Italiano (1726-1755). Sanador; profeta; visionario; adivinador del pensamiento; extático; bilocacionista (capaz de estar en dos lugares al mismo tiempo). En una ocasión, Gerardo fue acusado de lascivia por una mujer, y él no se defendió. Más tarde ella admitió que había mentido y fue exonerado del cargo. Es probable que su madre sea la responsable de su peculiar patronato, pues alardeaba de que su hijo había "nacido para el cielo". También es patrono de las embarazadas. Fue canonizado en 1904. Festividad: 16 de octubre.

2) Raimundo Nonato, cardenal. Español (1204-1240). Su madre murió por una cesárea al darlo a luz. Fue mercedario y en una ocasión se ofreció a los moros a cambio de esclavos y rehenes cristianos. Hizo conversiones dentro de la prisión y esto enfureció a los musulmanes; pero como sus carceleros se dieron cuenta de que su rescate excedería el de los demás prisioneros, lo sometieron a torturas continuas por predicar. Las negociaciones de su liberación duraron ocho meses. Tam-

bién es patrono de los acusados en falso, las parteras, los obstetras y las embarazadas. Fue canonizado en 1657. Festividad: 31 de agosto.

ALUMBRAMIENTO, COMPLICACIONES DEL: Ulrico obispo. Suizo (890-997). Si bien fue obispo de Ausburgo durante cincuenta años, Ulrico es más célebre porque fue el primer santo canonizado por el papado. Su patronato se debe a la creencia de que las embarazadas que bebían de su taza tenían un parto fácil. Festividad: 4 de julio.

AMAS DE CASA: 1) Ana, ama de casa. Nazarena (s. I a.C.). Abuela de Jesús y esposa de Joaquín. Aparte de que procreó a la Santa Virgen María a la edad de 40 años, se conoce poco de su vida. También es patrona de los ebanistas, Canadá, las abuelas y las parturientas. Festividad: 26 de julio.

2) Mónica, madre. Cartaginesa (331-387). Contrajo matrimonio con Patricio, alcohólico pagano de temperamento irascible, y lo convirtió al cristianismo. Con cierta persistencia, también convirtió a su hijo Agustín, quien más tarde se convirtió en el intelectual más distinguido de la iglesia católica. También es patrona de los alcohólicos, la infidelidad, las casadas y las madres. Festividad: 27 de agosto.

AMAS DE LLAVES: Zita, sirvienta. Italiana (1218-1278). Cuenta una leyenda que esta sirvienta de la familia Fatinelli tomaba pedazos de alimentos de sus ricos patrones y se los daba a los pobres. Un día la dueña la sorprendió saliendo de la casa con el delantal lleno de sobras. Cuando la obligó a mostrarle lo que llevaba, se desparramaron rosas en el piso. También es patrona de la ayuda doméstica, las sirvientas y los criados. Fue canonizada en 1696. Festividad: 27 de abril.

AMÉRICA, CENTRO Y SUR: Rosa de Lima, mística. Peruana (1586-1617). Isabel de Flores y del Oliva (Rosa), hija de españoles, se distingue por ser la primera santa que nació en el Nuevo Mundo. En vez de casarse con un hombre de clase acomodada, Rosa se unió a los Dominicos como terciaria. Se sometió a severas penitencias, tuvo visiones y padeció de estigmas (cinco heridas coincidentes con las cinco heridas de Cristo). Desde su muerte, a Rosa se le atribuye haber salvado a Lima de incontables terremotos locales. También es patrona de los bordadores. Fue canonizada en 1671. Festividad: 23 de agosto.

AMÉRICA DEL NORTE: Nuestra Señora de Guadalupe. Tepeyac, México. En el invierno de 1531, la Virgen María se le apareció a Juan Diego mientras éste caminaba por una ladera. Presentándose como la "Madre del Dios verdadero dador de vida", ordenó a Juan que construyera una iglesia en su honor. Juan le explicó la solicitud de María al obispo Juan de Zumárraga, quien le pidió una prueba de la aparición de la virgen. Cuando Juan Diego regreso a la ladera, la encontró cubierta de rosas en plena floración. Por indicación de María, llenó de flores su tilma y llevó el fardo a la residencia del obispo. Al extender la tilma, las rosas se desparramaron en el piso y en la prenda apareció impresa la imagen de la Virgen María con la tez aceitunada. También es patrona de México. Festividad: 12 de diciembre.

AMISTAD: El Divino Juan, apóstol. Galileo (s. I). Hermano de Santiago. Cristo llamó a estos hermanos "hijos del trueno". Se hablaba de Juan como el discípulo amado de Jesús (Juan 21: 20-24). Cristo, en la cruz, encargó a su madre a Juan (Juan 19: 25-27). Tiempo después fue exiliado a la isla de Patmos. Es el autor del cuarto Evangelio, tres epístolas bíblicas y el Libro de la Revelación. También es patrono de los comerciantes de arte, Asia Menor, los redactores y los editores. Festividad: 27 de diciembre.

AMPUTADOS: Antonio el Grande, ermitaño. Egipcio (251-356). Fundador del monaquismo y primer "mártir blanco". Vivía como ermitaño en una cueva y rechazó a la multitud de mujeres desnudas que fueron enviadas para tentarlo. Esto lo motivó a llevar una vida aún más solitaria en una cueva del Monte Kolzim. Sus seguidores llevaban camisas de cabello y hacían canastas y cepillos para sustentar su búsqueda intelectual y espiritual de Dios. Se cuenta que el Emperador Constantino visitó a este sabio ermitaño para pedirle consejo. Antonio murió cuando tenía más de 100 años de edad. También es patrono de los cesteros, los cepilleros, los sepultureros y los ermitaños e invocado contra la eczema. Festividad: 17 de enero.

ANESTESISTAS: René Goupil, mártir. Francés (1606-1642). Primer mártir estadounidense. Cuando era misionero fue capturado en Ossernenon (Auriesville, Nueva York) por indios hurones. Lo torturaron durante dos meses y lo mataron con un *tomahawk* por hacer la señal de la cruz sobre la cabeza de un niño indígena. Fue canonizado en 1930. Festividad: 26 de septiembre.

ANGINA, ENFERMOS DE: Swithbert, predicador. Originario de Northumbria (647-713). Este monje tuvo una gran habilidad para convertir a germanos, holandeses del sur y brabantes. En 693 fue nombrado obispo y en el desempeño de este cargo convirtió a los bortuctuarianos. Festividad: 1o. de marzo.

ANGOLA: Inmaculado/Sagrado Corazón de María. En 1942 el Papa Pío XII santificó el Corazón de María, que desde entonces ha sido reverenciado como encarnación de la pureza y la misericordia. Para que alguien se haga acreedor al Sagrado Corazón, tiene que cumplir con el código del cristiano decente: asistir a misa, rezar el rosario y comulgar, todo ello regularmente. También es patrono de Ecuador, Lesotho y Filipinas.

ANIMALES: Francisco de Asís, fundador. Italiano (1181-1226). Aunque nunca fue sacerdote, es una de la figuras predominantes de la religión cristiana. Hijo de un rico comerciante de telas, Francisco llevó una vida fastuosa e irresponsable. Cuando contaba 20 años fue a combatir a Perugia, donde lo capturaron y aprisionaron. Después de ser liberado tuvo varias visiones de Cristo. Entonces renunció a su herencia y fundó la Orden de los Hermanos Menores. Fue la primera persona que sufrió los estigmas (cinco heridas coincidentes con las cinco heridas de Cristo) mientras oraba; sus llagas nunca sanaron. En 1223 creó la primera escena de la Navidad. También es patrono de la acción católica, los ecologistas, Italia, los comerciantes y los zoológicos. Fue canonizado en 1228. Festividad: 4 de octubre.

ANIMALES SALVAJES: Blas, obispo. Armenio (s. IV). Leyenda. Los datos sobre este obispo son una combinación de cuentos. Durante la persecución de los cristiano, Blas se escondió en una cueva. Ahí atendía a animales heridos por las trampas y las flechas de los cazadores. Fue martirizado en una de las persecuciones ordenadas por Linio. Su patronato se debe a que en una ocasión le salvó la vida a un niño que se había tragado una espina de pescado. También es patrono de los veterinarios e invocado contra las afecciones de la garganta. Festividad: 3 de febrero.

APENDICITIS, INVOCADO CONTRA LA: Elmo (Erasmo), mártir. Italiano (s. IV). Leyenda. Cuenta una leyenda que durante las persecuciones de los cristianos salió ileso de su ejecución en la hoguera ordenada por el emperador Diocleciano. Otra relata que lo torturaron hasta sacarle los intestinos con un cabrestante. Se cree que la descarga eléctrica sobre el mástil de una embarcación, que a veces ocurre antes o después de una tormenta, es una señal de que San Elmo está protegiendo a la embarcación. También es patrono de los navegantes e invocado contra las afecciones intestinales y el mareo. Festividad: 2 de junio.

APOLOGISTAS: Justino, mártir. Palestino (s. II). Después de estudiar diversas filosofías, adoptó el cristianismo. Fundó una escuela de filosofía en Roma. Justino fue martirizado junto con otros cinco hombres y mujeres por negarse a adorar a dioses paganos. También es patrono de los filósofos. Festividad: 1º de junio.

APOPLEJÍA: Andrés , sacerdote. Napolitano (1521-1608). Cuando fue enviado a reformar el convento de Sant' Angelo, Andrés descubrió que las monjas heréticas lo habían convertido en una casa de mala reputación. Casi perdió la vida en ese esfuerzo de reforma y después se unió a los teatinos. Mientras pronunciaba un sermón, sufrió un ataque de apoplejía y quedó inconsciente para el resto de su vida. Algunos historiadores creen que Andrés cayó en un estado catatónico, por lo que lo dieron por muerto y lo enterraron. Es invocado contra la muerte súbita. Fue canonizado en 1712. Festividad: 10 de noviembre.

Aprendices: Juan Bosco, fundador. Italiano (1815-1888). Él y su madre establecieron un asilo para niños. Su "pueblo de niños" ofrecía educación y formación en diversos oficios a jóvenes sin hogar y explotados. Después fundó las Hijas de María de los Cristianos para niñas abandonadas. Juan escribió tres libros para ayudarse a financiar sus centros. También es patrono de los redactores y los jornaleros. Fue canonizado en 1934. Festividad: 31 de enero.

Aprendizaje: Ambrosio, obispo. Italiano (340-397). Sus contribuciones fueron decisivas para el avance del cristianismo durante la caída del imperio romano. San Antonio se convirtió al cristianismo después de oír un sermón suyo. Cuenta una leyenda que cuando Ambrosio era niño se le posó en los labios un enjambre de abejas y éstas no le causaron ningún daño. También es patrono de las abejas y los cerceros. Festividad: 7 de diciembre.

Argentina: Nuestra Señora de Luján. Hace más de trescientos años, una estatua de 609 cm. de alto de la Inmaculada Concepción desapareció de Buenos Aires y más tarde reapareció milagrosamente en Luján. En 1904 se erigió una iglesia alrededor de la frágil figurilla. También es patrona de Uruguay.

ARMENIA: 1) Gregorio el Iluminador, obispo. Armenio (257-332). También conocido como "Gregorio el Ilustrador". Su padre, Ansk, asesinó al rey Cosroes I. El pequeño Gregorio fue sacado de contrabando de Armenia antes de que los compatriotas de Cosroes vengaran su muerte. Ya de adulto, se separó de su familia y se ordenó. Años más tarde el obispo Gregorio regresó a su tierra natal. Cuando el hijo del rey Cosroes se enteró de su llegada, lo secuestró y lo torturó durante trece años. Con el tiempo, el prisionero convirtió al rey al catolicismo. Esta insólita pareja convirtió a la mayoría de la población de Armenia. Festividad: 30 de septiembre.

2) Bartolomeo, apóstol. Israelita (s. I). También conocido como Nataniel. Se cuestiona su autoría del Evangelio extra de la biblia; aparte de esto se conoce poco del hijo de Tolomeo. Se cree que viajó por Etiopía, India y Persia; fue martirizado en Armenia. En el arte suele representársele desollado. También es patrono de los tramperos. Festividad: 24 de agosto.

ARMEROS: Dunstan, obispo. Inglés (910-988). Uno de los grandes reformadores de la vida eclesiástica en Inglaterra durante el siglo X. Restauró Bath y la Abadía de Westminster. Fue consejero del rey Edwin hasta que éste lo envío al exilio por haberlo acusado de cometer abusos sexuales. Fue un diestro obrero metalúrgico y artista. También es patrono de los herreros, los orfebres, los cerrajeros, los músicos y los plateros. Festividad: 19 de mayo.

ARQUEÓLOGOS: Dámaso, papa. Romano (s. IV). Restauró las catacumbas y santuarios y tumbas de mártires; alentó la obra bíblica de San Jerónimo. Festividad: 11 de diciembre.

ARQUEROS: Sebastián, mártir. Galo (s. III). Uno de los personajes favoritos de los pintores del Renacimiento. Cuenta una leyenda que era oficial de la guardia imperial. Por confesar su fe cristiana, Sebastián fue acribillado a flechazos por sus excompañeros de trabajo. Sobrevivió a la ejecución y se restableció gracias a los cuidados de la viuda de San Cástulo. Cuando el emperador Diocleciano se enteró de la recuperación de San Sebastián, envió a unos guardias a que lo mataran a garrotazos. También es patrono de los atletas y los soldados. Festividad: 20 de enero.

ARQUITECTOS: 1) Bárbara, mártir. (s. IV). Ficción religiosa. Esta leyenda se remonta al siglo VII y puede encontrarse en escritos de Toscana, Roma, Antioquía, Heliópolis y Nicomedia. Se trata de una joven cuyo padre, que era pagano, la encerró en una torre antes de emprender un largo viaje. Durante su cautiverio se convirtió al cristianismo y ordenó que construyeran tres ventanas para representar a la Santa Trinidad. Cuando su padre regresó, lo enfureció tanto la preferencia religiosa de su hija que la entregó a las autoridades. Aunque fue sometida a una horrenda tortura, Bárbara se negó a renegar de su fe. El juez le ordenó al padre que le diera muerte con sus propias manos. La asesinó en una montaña e inmediatamente fue muerto por un rayo. También es patrona de los constructores, los moribundos, la prevención de incendios, los fundadores, los mineros, los prisioneros y los canteros. Festividad: 4 de diciembre.

2) Tomás, apóstol. Galileo (s. I). Hermano de San Santiago; también conocido como Dídimo o el gemelo; uno de los Doce Apóstoles. Dudó de la resurrección de Cristo (Juan 20: 24-29), hasta que se le permitió tocar las

heridas de los costados y de las manos del Señor. De aquí el origen de la frase "como Santo Tomás, hasta no ver no creer". Su leyenda empezó después de Pentecostés. A Tomás se le encomendó la conversión de la India, tarea que no sólo le causó temor sino que se negó a emprender. Cristo mismo falló en su intento de convencer al apóstol, en un sueño, de que fuera a la India. Así que el Señor se le apareció a un mercader llamado Abban, de camino a la India, y arregló que Tomás fuera vendido como esclavo. Cuando se dio cuenta de la dirección que llevaba su nuevo amo, Tomás se sometió a la voluntad de Dios. En la India, le anticiparon una gran suma para que construyera un palacio para el rey de Partia. Tomás donó ese dinero a los necesitados. Cuando el rey se enteró de lo que el apóstol había hecho, ordenó su ejecución. En esos momentos, el hermano del rey murió y resucitó. El relato de su visión del cielo bastó para que el rey cambiara de opinión. El patronato de Tomás se debe a las numerosas iglesias que construyó durante sus peregrinaciones. Se cree que fue martirizado en la India. También es patrono de los trabajadores de la construcción, las Indias Orientales y la India e invocado contra la duda. Festividad: 3 de julio.

ARTE: Catalina de Bolonia, misionera. Francesa (1413-1463). También conocida como Catalina de Virgi. Probablemente lo que la hizo más famosa fue su visión de la Virgen María meciendo al niño Jesús en sus brazos el día de Navidad, que sigue siendo un tema popular entre los artistas. Murió cuando era priora del nuevo Convento de Corpus Christi de las Madres Clarisas. También es patrona de las humanidades. Fue canonizada en 1712. Festividad: 9 de marzo.

ARTISTAS: Lucas, evangelista. Griego (s.i). Médico y artista. Se sabe poco de sus primeros años de vida. Es autor del tercer Evangelio y de los Hechos de los Apóstoles, que dan cuenta del avance del cristianismo en sus primeros tiempos. Murió en Grecia a la edad de 84 años. También es patrono de los carniceros, los cristaleros, los notarios, los pintores, los médicos y los cirujanos. Festividad: 18 de octubre.

ARTRITIS, INVOCADO CONTRA LA: Santiago el Mayor, apóstol. Galileo (s. i). Se le llama Santiago "el Mayor" para diferenciarlo del otro apóstol, Santiago "el Menor". Él y su hermano Juan "abandonaron sus redes de pesca" en el Mar de Galilea y siguieron a Jesús; fueron testigos tanto de la transfiguración como de la agonía de Jesús en el huerto. A Santiago lo decapitaron en Jerusalén; fue el primer apóstol martirizado. También es patrono de Chile, los peleteros, Guatemala, Nicaragua, los farmacéuticos, los peregrinos y España e invocado contra el reumatismo. Festividad: 25 de julio.

ASESINOS: Vladimir, rey. Ruso (975-1015). Asesinó a su medio hermano Yarpolk, rey de Rusia y después se coronó a sí mismo. Reinó imponiendo el terror hasta que se convirtió al catolicismo. Dejó a sus cinco esposas y a una docena de concubinas y exigió que todos sus súbditos de Kiev fueran bautizados. Esto marcó el inicio del catolicismo en Rusia. También es patrono de los conversos, los reyes y Rusia. Festividad: 15 de julio.

ASIA MENOR: El Divino Juan, apóstol. Galileo (s. i). Hermano de Santiago. Cristo llamó a estos hermanos "hijos del trueno". Se hablaba de Juan como el discípulo amado de

Jesús (Juan 21: 20-24). Cristo, en la cruz, encargó a su madre a Juan (Juan 19: 25-27). Tiempo después fue exiliado a la isla de Patmos. Es el autor del cuarto Evangelio, tres epístolas bíblicas y el Libro de la Revelación. También es patrono de los comerciantes de arte, los redactores, la amistad y los editores. Festividad: 27 de diciembre.

Asilos: 1) Catalina de Siena, mística. Italiana (1347-1380). Fue la vigésima cuarta de veinticinco hijos; una de las grandes místicas cristianas; padeció el dolor de los estigmas sin marcas visibles; trabajó incansablemente con leprosos; Doctora de la Iglesia. Persuadió al Papa Gregorio XI de que dejara Aviñón, con lo que el papado se reinstaló en Roma después de 68 años. Como era analfabeta, dictó su obra *Diálogo*. También es patrona de la prevención de incendios, Italia y las solteronas. Fue canonizada en 1461. Festividad: 29 de abril.

2) Isabel de Hungría, reina. Húngara (1207-1231). Aunque su matrimonio con Ludwig IV fue arreglado, la pareja se enamoró y procreó tres hijos. En 1227 Ludwig murió en una cruzada. Isabel y sus hijos fueron echados del castillo de Wartburg por sus parientes políticos. Ella hizo arreglos para sus hijos y después renunció a su propio título. Se unió a la orden de los Franciscanos y dedicó su vida a cuidar a los necesitados. Tuvo de consejero a un tirano de nombre Conrado de Marburgo, quien insistió en que se sometiera a privaciones y a una humildad extrema el resto de su corta vida, que terminó a la tierna edad de 23 años. Su patronato se deriva de una gran donación de grano que hizo a Alemania durante un año de hambruna. También es patrona de los panaderos y los terciarios. Fue canonizada en 1235. Festividad: 17 de noviembre.

ASISTENTES DE VUELO: Bona, peregrina. Originaria de Pisa (1156-1207). A los 14 años, Bona fue a visitar a su padre, que servía como soldado en una cruzada en Jerusalén. De regreso a casa la capturaron unos piratas en el Mediterráneo, pero fue rescatada y regresó al hogar. Guió a muchos en la peregrinación de las mil millas, e hizo el viaje nueve veces antes de caer enferma. Bona murió en su casa. También es patrona de los viajeros. Festividad: 29 de mayo.

ASTRONAUTAS: José de Cupertino, extático. Italiano (1603-1663). Era un enfermo mental, y de niño sus compañeros le apodaban "el Boquiabierto". Después de dos intentos fallidos, José se ordenó como franciscano en 1628. Sus milagros, éxtasis y levitaciones se convirtieron en leyenda. Era tan común que volara sobre el altar como que cayera en éxtasis. Conforme creció el número de sus seguidores, el "fraile volador" fue trasladado de un monasterio a otro y finalmente murió en total reclusión en Osimo. También es patrono de los aviadores y los pilotos. Fue canonizado en 1767. Festividad: 18 de septiembre.

ASTRÓNOMOS: Dominico, fundador. Español (1170-1221). Durante su bautizo, la madre de Dominico vio en el pecho de su hijo una estrella brillante. Sor Sonrisa, mejor conocida como la "monja cantante", rindió homenaje a este santo en 1963 con su popular éxito "Dominique". Se le atribuye la invención del rosario; murió el 6 de agosto; fue canonizado en 1234. Festividad: 8 de agosto

ATAQUES AL CORAZÓN, VICTIMAS DE: Teresa de Ávila, monja. Española (1515-1582). Fue obligada a dejar el convento por su delicada salud. Después fundó dieciséis conventos y varios monasterios correccionales y escribió diversos libros, entre ellos *El castillo interior*. Fue la primera Doctora de la Iglesia y es invocada contra los dolores de cabeza. Fue canonizada en 1622. Festividad: 15 de octubre.

ATLETAS: Sebastián, mártir. Galo (s. III). Uno de los personajes favoritos de los pintores del Renacimiento. Cuenta una leyenda que era oficial de la guardia imperial. Por confesar su fe cristiana, Sebastián fue acribillado a flechazos por sus excompañeros de trabajo. Sobrevivió a la ejecución y se restableció gracias a los cuidados de la viuda de San Cástulo. Cuando el emperador Diocleciano se enteró de la recuperación de San Sebastián, envió a unos guardias a que lo mataran a garrotazos. También es patrono de los arqueros y los soldados. Festividad: 20 de enero.

AUSTRALIA: Nuestra Señora del Socorro de los Cristianos. En 1964 el Papa Pablo VI honró a la Santa Virgen María como protectora de Australia y Nueva Zelanda.

AUSTRIA: 1) Nuestra Señora de Mariazell. En 1157, una figurilla austriaca de la Santa Virgen María fue consagrada por el monasterio benedictino de Mariazell.

2) Colmán, mártir. Irlandés (s. XI). La martirología romana tiene una lista de trescientos santos llamados Colmán. En una peregrinación a Jerusalén, este Colmán fue detenido por los desconfiados vieneses quienes, temiendo que fuera un espía moravo, lo enjuiciaron y colgaron. Después de su muerte, su cuerpo no mostró ningún signo de descomposición. Los milagros ocurridos desde entonces en su tumba han confirmado su

santidad. También es patrono del ganado cornado y es invocado contra las querellas. Festividad: 13 de octubre.

Automovilistas: 1) Cristóbal, mártir. Licio (s. III). Mito. Existen varias leyendas sobre este hombre que fue martirizado en Licia. Una de ellas cuenta que era un gigante espantoso de nombre Ofero que se ganaba la vida transportando viajeros de una orilla a otra de un río. Un día transportó a un pesado muchacho que llevaba el peso de los problemas del mundo. Este muchacho, por supuesto, era el joven Jesucristo. El nombre Cristóbal significa en griego "portador de Cristo". También es patrono de los solteros, los conductores de autobuses, los cargadores, los viajeros y los conductores de camiones e invocado contra las pesadillas. Festividad: 25 de julio.

2) Francisca Romana, activista. Romana (1384-1440). Dedicó su vida a cuidar víctimas de epidemias; fundó un hospital y los Oblatos de María. Fue canonizada en 1608. Festividad: 9 de marzo.

Autores: Francisco de Sales, obispo, escritor. Francés (1567-1622). Se doctoró en leyes a la edad de 24 años. En un lapso de cinco años sobrevivió a numerosos intentos de asesinato y logró reconvertir al catolicismo a miles de calvinistas. Los escritos de Francisco incluyen *Introducción a la vida devota* (1609) y *Tratado sobre el amor de Dios* (1616)). Fue el primer beatificado en San Pedro. También es patrono de la presa católica, los sordos, los periodistas y los escritores. Fue canonizado en 1877. Festividad: 24 de enero.

Aves: Galo, ermitaño. Irlandés (s. VII). Precursor del cristianismo en Suiza. Se cuenta que una vez exorcizó a la hija de un duque y que los malos espíritus salieron de la boca de ésta como una parvada de mirlos. Festividad: 16 de octubre.

AVIADORES: 1) José de Cupertino, extático. Italiano (1603-1663). Era un enfermo mental, y de niño sus compañeros le apodaban "el Boquiabierto". Después de dos intentos fallidos, José se ordenó como franciscano en 1628. Sus milagros, raptos y levitaciones se convirtieron en leyenda. Era tan común que volara sobre el altar como que cayera en éxtasis. Conforme creció el número de sus seguidores, el "fraile volador" fue trasladado de un monasterio a otro y finalmente murió en total reclusión en Osimo. También es patrono de los astronautas y los pilotos. Fue canonizado en 1767. Festividad: 18 de septiembre.

2) Teresa de Lisieux, monja. Francesa (1873-1897). También conocida como la "florecita". Ella y sus cinco hermanas se ordenaron como monjas carmelitas. Autora de *Historia de un alma*, Teresa escribió que "dejaría caer un aluvión de rosas" (milagros) a su paso. Murió de tuberculosis el 30 de septiembre y cumplió su palabra. También es patrona de los floristas, las misiones extranjeras y Francia. Fue canonizada en 1925. Festividad: 1º de octubre.

AYUDA DOMÉSTICA: Zita, sirvienta. Italiana (1218-1278). Cuenta una leyenda que esta sirvienta de la familia Fatinelli tomaba restos de alimentos de sus ricos patrones y se los daba a los pobres. Un día la dueña la sorprendió saliendo de la casa con el delantal lleno de sobras. Cuando la obligó a mostrarle lo que llevaba, se desparramaron rosas en el piso. También es patrona de las amas de llaves, las sirvientas y los criados. Fue canonizada en 1696. Festividad: 27 de abril.

El hombre que domina sus pasiones domina su
mundo. O las contenemos o somos esclavos de
ellas. Es mejor ser martillo que yunque.

— San Dominico

BAILARINES: Vito, mártir. Siciliano (s. III). Leyenda. Después de exorcizar de espíritus malignos (*Corea*) al hijo
del emperador Diocleciano, éste lo acusó de brujería.
Vito fue lanzado a un tanque de agua hirviendo, del cual
salió milagrosamente ileso. Junto con dos compañeros
escapó de Roma con la ayuda de un ángel y se cree que
fue martirizado en la provincia de Lucania. También es
patrono de los actores y los comediantes e invocado
contra la epilepsia. Festividad: 15 de junio.

BALSEROS: Julián el Hospitalario, hostelero (fechas desconocidas). Ficción piadosa. Creyendo que su esposa lo
engañaba, mató a una pareja que encontró en su lecho
conyugal. Pero las víctimas no eran su mujer y el amante

de ésta sino sus propios padres, que habían ido a
visitarlos. Su penitencia consistió en construir una hostería y un hospital para pobres en la desembocadura
de un río. Julián fue absuelto cuando cedió su lecho a
un ángel disfrazado de leproso. También es patrono
de los boteros, los cirqueros, los empleados de hoteles y los hosteleros. Festividad: 12 de febrero.

BALLENAS: Brendán el Navegante, fundador y explora-
dor. Irlandés (1303-1373). El monasterio de Clonfert,
que él fundó, fue durante siglos el centro de esfuerzos
misioneros. Algunos eruditos creen que su libro *Navigato
Sancti Brenardani Abbatis* está basado en sus relatos
sobre una expedición a América del Norte. También es
patrono de los navegantes. Festividad: 16 de mayo.

BANCOS DE SANGRE: Januario, mártir. Italiano (s. III). Leyenda. Obispo martirizado durante las persecuciones cristianas. En los últimos cuatro siglos, en Nápoles, un
recipiente que supuestamente contiene su sangre hierve
cuando se le quita la tapa en la catedral. Festividad: 19 de
septiembre.

BANQUEROS: Mateo, apóstol. Galileo (s. I). Su nombre
significa "don de Dios". También se le conoce como Levi
y no existen registros de sus primeros años de vida.
Recaudador de impuestos convertido en apóstol; escribió el primer Evangelio entre los años 60 y 90, el cual
contiene citas del Viejo Testamento. Fue martirizado en
Etiopía o en Persia. También es patrono de los contadores, los tenedores de libros, los agentes aduanales, los
guardias de seguridad y los recaudadores de impuestos.
Festividad: 21 de septiembre.

BARBEROS: Cosme y Damián, mártires. Árabes (s. IV). Conocidos como los "santos indigentes". Eran dos médicos gemelos que atendían gratuitamente a sus pacientes y fueron decapitados junto con sus otros tres hermanos por sus creencias cristianas. Algunos críticos opinan que su leyenda se deriva del mito griego de Cástor y Pólux. También son patronos de los médicos, los boticarios, los farmacéuticos y los cirujanos. Festividad: 26 de septiembre.

BARRILLEROS: Abdón y Senén, mártires. Persas (s. IV). Durante las persecuciones del siglo III, estos dos barrileros ayudaron a los prisioneros cristianos. Una noche fueron sorprendidos recogiendo los restos de mártires y fueron ejecutados por órdenes del emperador Diocleciano. Festividad: 30 de julio.

BATALLAS: Miguel, arcángel. Uno de los siete arcángeles de Dios, y uno de los tres arcángeles mencionados por su nombre en la Biblia. En el Viejo Testamento se citan dos apariciones suyas ante Moisés y Abraham. En el Nuevo Testamento se le menciona luchando contra Satanás con el cuerpo de Moisés y arrojando del cielo a Lucifer y a sus cohortes. En el arte suele representársele con una balanza (que simboliza que está pesando las almas) en una mano, y matando a un dragón (Satanás) con la otra. También es patrono de los difuntos, los abarroteros, los marinos, los soldados paracaidistas, los oficiales de policía y los radiólogos. Festividad: 29 de septiembre.

BATANEROS: 1) Anastasio, mártir. Aquileano (s. IV). Anastasio, de noble cuna, se encontró con los escritos de San Pablo que dicen que es sabio trabajar con las manos.

Entonces, se convirtió en batanero (persona que encoge y engrosa telas). Fue martirizado durante las persecuciones de los cristianos en los tiempos del emperador Diocleciano. Festividad: 7 de septiembre.

2) Santiago el Menor, apóstol. Galileo (s. I). Uno de los doce apóstoles y de los "cuatro hermanos" del Señor. Encabezó la Iglesia de Jerusalén después de la resurrección de Cristo. Más tarde lo echaron de un templo y lo martirizaron lapidándolo. También es patrono de los boticarios y los sombrereros. Festividad: 3 de mayo.

BAUTISMO: Juan Bautista, mártir. Israelita (s. I). Primo de Jesucristo; un ángel le anunció su nacimiento a su padre, Zacarías. Juan bautizó a varios de los apóstoles y a Jesús mismo. Fue encarcelado por condenar la relación incestuosa de Herodes con su sobrina Herodías, que era esposa de su medio hermano Felipe. Herodes ofreció a la hija de Herodías, Salomé, todo lo que quisiera. Hostigada por su madre, Salomé pidió la cabeza de Juan en una bandeja. También es patrono de los herreros e invocado contra los espasmos. Festividad: 24 de junio.

BAVARIA: Eduviges, reina. Bávara (1174-1243). Ella y su esposo Enrique I financiaron diversas obras de caridad. Después de la muerte de Enrique, Eduviges se sintió hostigada por la tribulaciones de sus seis hijos. Encontró solaz en un abadía cisterciense, una de las primeras empresas de la pareja real, y en adelante se dedicó a cuidar indigentes. También es patrona de los niños difuntos, las duquesas, las reinas y Silesia, e invocada contra los celos y los problemas maritales. Festividad: 16 de octubre.

Bebés: 1) Santos Inocentes. Según San Mateo (2.16-18), Herodes temía que el nuevo rey hubiera nacido en Belén, así que ordenó que se asesinara a todos los infantes varones. A éstos se los considera los primeros mártires de Cristo. También son patrones de los niños abandonados. Festividad: 28 de diciembre.

2) Zenón, obispo. Africano (s. IV). La Iglesia ha preservado noventa y tres sermones en latín de este deportista, que describen con exactitud las tradiciones y la cultura del siglo IV. La mayor parte de sus homilías versan sobre el nacimiento de Cristo, lo que probablemente explica su patronato. Fue canonizado en 372. Festividad: 12 de abril.

Bélgica: José, carpintero. Nazareno (s. I). Descendiente de David; esposo de la Virgen María; padrastro de Jesucristo. José dudó contraer matrimonio con María cuando se enteró de que estaba encinta, hasta que el arcángel Gabriel le explicó la llegada del Mesías. Después del nacimiento de Cristo, en un sueño se le advirtió acerca de los planes de Herodes, así que llevó a su joven familia a Egipto. Después de la muerte de Herodes, también en un sueño, recibió la instrucción de regresar a Israel. Por miedo al sucesor de Herodes, José decidió instalarse con su familia en Nazaret. Los eruditos creen que murió antes de la crucifixión de Cristo. También es patrono de Canadá, los carpinteros, la Iglesia, los moribundos, los padres, Corea, Perú, la justicia social y los trabajadores. Festividades: 19 de marzo y 1º de mayo.

Bibliotecas: Jerónimo, erudito. Originario de Dalmacia (342-420). Es famoso principalmente por haber traducido la Biblia del hebreo y del griego al latín: La Vulgata.

Fue la fuente bíblica más importante del catolicismo romano hasta 1979, cuando el Papa Juan Pablo II la actualizó con la Nueva Vulgata. Festividad: 30 de septiembre.

BOHEMIA: Wenceslao, príncipe. Bohemio (907-929). Su abuela, Santa Ludmila, le inculcó una fuerte fe cristiana al joven príncipe. Fue asesinada por un grupo opositor pagano. Cuando Wenceslao asumió el gobierno, promovió la fe cristiana en Bohemia y en los países circundantes. El hermano de Wenceslao, Boleslao, sentía tanta envidia por el príncipe que lo asesinó cuando se dirigía a la iglesia. El hijo de Wenceslao lo sucedió en el trono. También es patrono de Checoslovaquia. Festividad: 28 de septiembre.

BOLIVIA: Nuestra Señora de Copacabana. "Virgen de la Candelaria". A fines del siglo xix, pescadores nativos de Bolivia labraron una estatua de la Virgen María que actualmente se encuentra cerca del Lago Titicaca.

BOMBEROS: Floriano, mártir. Austríaco (s. iv). Este oficial se entregó voluntariamente al gobernador confesando su fe cristiana. Fue golpeado, quemado en la hoguera y lanzado al río Enns atado a una roca. También es invocado contra las inundaciones. Festividad: 4 de mayo.

BORDADORES: Rosa de Lima, mística. Peruana (1586-1617). Isabel de Flores y del Oliva (Rosa), hija de españoles, se distingue por ser la primera santa que nació en el nuevo mundo. En vez de casarse con un hombre de clase acomodada, Rosa se unió a los Dominicos como terciaria. Se sometió a severas penitencias, tuvo visiones y padeció de llagas (cinco heridas coincidentes con las cinco heridas de Cristo). Desde su muerte, a Rosa se le atribuye haber salvado a Lima de incontables terremotos locales. También es patrona de América del Centro y del Sur. Fue canonizada en 1671. Festividad: 23 de agosto.

BORNEO: Francisco Javier, misionero. Vasco (1506-1552). Uno de los siete fundadores de la orden de los Jesuitas, considerado entre los más grandes misioneros; precursor de la obra misionera en la India y el Oriente. Murió cuando se dirigía a China. También es patrono de Japón y de las misiones extranjeras. Fue canonizado en 1602. Festividad: 3 de diciembre.

BOSQUES: Gil, ermitaño. Inglés (s. VIII). Ermitaño de un bosque; fue herido por una flecha por proteger a una cierva que había estado alimentando durante un año. Al rey lo conmovió tanto la compasión del lisiado que lo nombró consejero suyo. También es patrono de los mendigos, la lactancia natural, los ermitaños, los caballos y los discapacitados. Festividad: 1° de septiembre.

BOTEROS: Julián el Hospitalario, hostelero (fechas desconocidas). Ficción piadosa. Creyendo que su esposa lo engañaba, mató a una pareja que encontró en su lecho conyugal. Pero las víctimas no eran su mujer y el amante de ésta sino sus propios padres, que habían ido a visitarlos. Su penitencia consistió en construir una hostería y un hospital para pobres en la desembocadura de un río. Julián fue absuelto cuando cedió su lecho a un ángel disfrazado de leproso. También es patrono de los cirqueros, los balseros, los empleados de hoteles y los hosteleros. Festividad: 12 de febrero.

Boticarios: 1) Santiago el Menor, apóstol. Galileo (s. i).
Uno de los doce apóstoles y de los "cuatro hermanos"
del Señor. Encabezó la Iglesia de Jerusalén después de
la resurrección de Cristo. Más tarde lo echaron de un
templo y lo martirizaron lapidándolo. También es patrono de los bataneros y los sombrereros. Festividad: 3 de
mayo.

2) Cosme y Damián, mártires. Árabes (s. iv). Conocidos como los "santos indigentes". Eran dos médicos
gemelos que atendían gratuitamente a sus pacientes y
fueron decapitados junto con sus otros tres hermanos
por sus creencias cristianas. Algunos críticos opinan que
su leyenda se deriva del mito griego de Cástor y Pólux.
También son patronos de los barberos, los farmacéuticos, los médicos y los cirujanos. Festividad: 26 de septiembre.

Brasil: Inmaculada Concepción. En 1854, el Papa Pío IX
declaró que la Santa Virgen María había sido concebida
sin el pecado original, inmaculadamente, y llevado una
vida libre de pecado. También es patrona de Córcega,
Portugal, Tanzania y Estados Unidos de América.

Brujería, invocado contra la: Benito de Nursia, monje.
Italiano (480-547). Se le reconoce como padre del
monaquismo occidental. A los 14 años de edad dejó a su
noble familia y a su hermana, Santa Escolástica, para
continuar sus estudios en Roma. A los 20, eligió llevar
una vida de ermitaño y se instaló en una cueva; a los 30,
ya había fundado una docena de monasterios. Durante
siglos, en toda Europa se tomó como modelo de la vida
monástica su libro de reglas sagradas. Después de que
un monje llamado Florentino intentó envenenarlo, por

considerar su método demasiado fastidioso, Benito renunció a su cargo de abad. Sistematizó una docena de monasterios y estableció el monaquismo occidental. También es patrono de Europa, los monjes y los espeleólogos y es invocado contra el envenenamiento. Festividad: 21 de marzo.

Buen clima: Agrícola de Aviñón, obispo. Francés (630-700). A la edad de 30 años, su padre, el obispo (San) Magno, lo nombró co-obispo de Aviñón, creando así un raro equipo de padre e hijo en la Iglesia católica romana. Es famoso por una oración que puso fin a una plaga de cigüeñas. También es patrono de la lluvia e invocado contra la mala suerte, el infortunio y las plagas. Festividad: 2 de septiembre.

Cuando un hombre desea tener una larga vida, también está deseando un padecimiento prolongado.

—San Agustín de Hipona

CABALLERÍA: Demetrio, mártir. Original de Salónica (fechas desconocidas). Leyenda. Este "soldado de Dios" fue encarcelado por predicar el Evangelio y, por órdenes del emperador Maximiliano, muerto con una lanza antes de que se iniciara su juicio. También es patrono de los soldados. Festividad: 8 de octubre.

CABALLEROS: Gengulfo, caballero. Borgoñés (s. VIII). Compatriota del rey Pipino el Breve. Al enterarse de que su esposa le era infiel, Gengulfo se mudó a un castillo de Avalon y ahí dedicó todo su tiempo a orar y a ayudar a los menos afortunados. El amante de su esposa lo asesinó mientras dormía. También es patrono de los infieles y de la separación conyugal. Festividad: 11 de mayo.

CABALLOS: 1) Hipólito, mártir. Romano (s. iii). Leyenda piadosa. Después de asistir al entierro de un mártir, este soldado recién bautizado fue conducido ante el emperador; fue sentenciado a que lo ataran a las ancas de dos caballos salvajes. Los hombres del emperador colocaron a los caballos en dirección del paraje más áspero y los soltaron. Un grupo de cristianos los siguió para ir recogiendo los restos fragmentados de su amigo. Hipólito significa "caballo suelto". Festividad: 13 de agosto.

2) Gil, ermitaño. Inglés (s. viii). Ermitaño de un bosque; fue herido por una flecha por proteger a una cierva que había estado alimentando durante un año. Al rey lo conmovió tanto la compasión del lisiado que lo nombró consejero suyo. También es patrono de los mendigos, la lactancia natural, los discapacitados y los bosques. Festividad: 1º de septiembre.

CALAMBRES, INVOCADO CONTRA: Pancracio, mártir. Sirio (s. iv). Leyenda. A la edad de 14 años, este huérfano fue decapitado por su fe. Años después un charlatán murió al decir una mentira mientras tocaba la tumba del niño. También es invocado contra el perjurio. Festividad: 12 de mayo.

CÁLCULOS BILIARES, INVOCADO CONTRA: Albino, mártir. Albanés (s. iii). Dejó su tierra natal, Albania, cuando fue conquistada por los arrianos. San Ambrosio lo nombró obispo y lo asignó junto con San Urso a la Galia, donde ambos fueron decapitados. También es invocado contra las afecciones del riñón. Festividad: 21 de junio.

CALDEREROS: Mauro, fundador. Romano (s. vi). A la edad de 12 años le fue confiado a San Benito y con el tiempo se convirtió en su asistente. Un día el joven San Plácido estaba a punto de ahogarse y Mauro se lanzó al agua y lo rescató. Dejó el monasterio de San Benito y fundó Saint-Maur-sur-Loire. También es invocado contra los resfriados. Festividad: 15 de enero.

CALUMNIA, INVOCADO CONTRA LA: Juan Nepomuceno, obispo y mártir. Checoslovaco (1345-1393). Hasta 1961 se creyó que Juan había sido lanzado de un puente por negarse a romper el voto del secreto de la confesión cuando el celoso rey Wenceslao IV le exigió que le revelara las confesiones que su esposa, la reina Sofía, le había hecho al obispo. Una razón más lógica de que lo hayan ahogado es que era un disidente en política y religión. También es patrono de los puentes, Checoslovaquia, la discriminación y el silencio. Fue canonizado en 1729. Festividad: 16 de mayo.

CAMPESINOS: Notburga, sirvienta. Austriaca (1264-1313). Mito religioso. Después de que la despidieron por dar de comer a los pobres, la tuerta Notburga se empleó como moza de campo. Un sábado por la tarde, su jefe la sorprendió saliendo un poco antes de la hora. Notburga le explicó que tenía que ir a la iglesia. El patrono se irritó con la cristiana y le ordenó que regresara a trabajar. Ella simplemente lanzó al aire su hoz, y ésta permaneció suspendida hasta que el jefe cedió. Festividad: 14 de septiembre.

CANADÁ: 1) José, carpintero. Nazareno (s. I). Descendiente de David; esposo de la Virgen María; padrastro de Jesucristo. José dudó contraer matrimonio con María cuando se enteró de que estaba encinta, hasta que el arcángel Gabriel le explicó la llegada del Mesías. Después del nacimiento de Cristo, en un sueño se le advirtió acerca de los planes de Herodes, así que llevó a su joven familia a Egipto. Después de la muerte de Herodes, también en un sueño, recibió la instrucción de regresar a Israel. Por miedo al sucesor de Herodes, José decidió instalarse con su familia en Nazaret. Los eruditos creen que murió antes de la crucifixión de Cristo. También es patrono de Bélgica, los carpinteros, la Iglesia, los moribundos, los padres, Corea, Perú, la justicia social y los trabajadores. Festividades: 19 de marzo y 1° de mayo.

2) Ana, ama de casa. Nazarena (s. I a.C.). Abuela de Jesús y esposa de Joaquín. Aparte de que procreó a la Santa Virgen María a la edad de 40 años, se conoce poco de su vida. También es patrona de los ebanistas, las abuelas, las amas de casa y las parturientas. Festividad: 26 de julio.

CÁNCER, ENFERMOS DE: 1) Peregrín Laziosi, predicador. Italiano (1260-1345). Auxiliaba a los pobres; le apareció un tumor canceroso en un pie, y los médicos decidieron amputarle la pierna. La noche anterior a la cirugía, Peregrín tuvo una visión. La mañana siguiente, al despertar, vio que el cáncer había desaparecido. Fue canonizado en 1726. Festividad: 1° de mayo.

2) Bernardo de Clairvaux, teólogo. Francés (1090-1135). A la edad de 23 años, Bernardo persuadió a cuatro de sus hermanos y a veintisiete amigos suyos de que se unieran a la orden Cistercense. Este persuasivo orador viajó con la Segunda Cruzada de Alemania y Francia. Su escritos incluyen *Del Cantar de los Cantares* y *Reglamento de los Templarios*. Fue el último de los Padres de la Iglesia. También es patrono de los cereros. Fue canonizado en 1174. Festividad: 20 de agosto.

Canonistas: Raimundo de Peñafort, arzobispo. Español (1175-1275). Revisó la Constitución Dominicana, creó órdenes de frailes y ayudó a establecer la Inquisición de Cataluña. Sus decretos papales sirvieron de fundamento al derecho canónico hasta que éste se actualizó en 1917. Festividad: 7 de enero.

Cantantes: 1) Cecilia, mártir. Romana (fechas desconocidas). Leyenda. El día de su boda, Cecilia no podía oír la música que estaban tocando porque sólo se oía a sí misma cantándole a Dios. Su esposo, Valerio, aceptó su petición de vivir con ella castamente. La pareja y el hermano de él fueron sorprendidos dando sepultura a cuerpos de cristianos. Los hermanos fueron decapitados primero. El verdugo falló al decapitarla, por lo que ella sufrió una agonía de tres días. También es patrona de los compositores, los poetas, los fabricantes de órganos y los músicos. Festividad: 22 de noviembre.

2) Gregorio Magno, Papa. Romano (540-604). Creador de los cantos gregorianos; Doctor de la Iglesia. Según dijo, el "colmo de su vergüenza" fue cuando lo nombraron Papa en 590. Convirtió a Inglaterra al cristianismo, inició el papado medieval y escribió catorce libros. También es patrono de los músicos, los papas y los docentes. Fue canonizado en 604. Festividad: 3 de septiembre.

Canteros: 1) Bárbara, mártir (s. IV). Ficción religiosa. Esta leyenda se remonta al siglo VII y puede encontrarse en escritos de Toscana, Roma, Antioquía, Heliópolis y Nicomedia. Se trata de una joven cuyo padre, que era pagano, la encerró en una torre antes de emprender un largo viaje. Durante su cautiverio se convirtió al cristianismo y ordenó que construyeran tres ventanas para representar a la Santa Trinidad. Cuando su padre regresó, lo enfureció tanto la preferencia religiosa de su hija que la entregó a las autoridades. Aunque fue sometida a una horrenda tortura, Bárbara se negó a renegar de su fe. El juez le ordenó al padre que le diera muerte con sus propias manos; la asesinó en una montaña e inmediatamente fue muerto por un rayo. También es patrona de los arquitectos, los constructores, los moribundos, la prevención de incendios, los fundadores, los mineros, los prisioneros y los albañiles. Festividad: 4 de diciembre.

2) Reinaldo, monje. Francés (s. x). Unos albañiles celosos asesinaron a este capataz porque trabajaba con más diligencia que ellos. Festividad: 7 de enero.

3) Esteban, mártir, griego (de la Diáspora) (s. I). Primer mártir cristiano. El consejo judío lo lapidó porque Esteban lo denunció. También es patrono de los albañiles y los diáconos.

4) Clemente I, mártir. Romano (s. I y II). Tercer Papa (el primero fue Pedro y el segundo, Cleto). Cuando el emperador Trajano expulsó a Clemente de Roma, éste fue condenado a trabajos forzados en las canteras de Rusia. Se cuenta que durante una escasez de agua en las minas, repentinamente surgió un manantial y apagó la sed de los prisioneros. En su destierro de Roma, Clemente fundó setenta y cinco iglesias. Lo martirizaron arrojándolo al Mar Negro atado a un ancla. También es patrono de los marmolistas. Festividad: 23 de noviembre.

CAPELLANES: Juan de Capistrano, predicador. Italiano (1386-1456). Era abogado, gobernador de Perugia y fiel esposo, pero recibió el llamado de Dios y renunció a esa vida. Después de ser liberado de sus votos matrimoniales, se unió a los Frailes Menores. Combatió en la Cruzada contra los turcos, y su radical ejército frustró la amenaza de éstos de conquistar Europa. También es patrono de los juristas y de los capellanes, incluidos los militares. Fue canonizado en 1690. Festividad: 28 de marzo.

CARGADORES: Cristóbal, mártir. Licio (s. III). Mito. Existen varias leyendas sobre este hombre que fue martirizado en Licia. Una de ellas cuenta que era un gigante espantoso de nombre Ofero que se ganaba la vida transportando viajeros de una orilla a otra de un río. Un día transportó a un pesado muchacho que llevaba el peso de los problemas del mundo. Este muchacho, por supuesto, era el joven Jesucristo. El nombre Cristóbal significa en griego "portador de Cristo". También es patrono de los solteros, los conductores de autobuses, los automovilistas, los viajeros y los conductores de camiones y es invocado contra las pesadillas. Festividad: 25 de julio.

CARNICEROS: 1) Adrián, mártir. Romano (s. III-IV). Oficial del ejército y pagano; le impresionó mucho la negativa de los cristianos a renegar de su fe. Cuando el prefecto supo que Adrián había sido bautizado, lo mandó desmembrar. También es patrono de los soldados. Festividad: 8 de septiembre.

2) Lucas, evangelista. Griego (s. I). Médico y artista. Se sabe poco de sus primeros años de vida. Es autor del tercer Evangelio y de los Hechos de los Apóstoles, que dan cuenta del avance del cristianismo en sus primeros tiempos. Murió en Grecia a la edad de 84 años. También es patrono de los artistas, los cristaleros, los notarios, los pintores, los médicos y los cirujanos. Festividad: 18 de octubre.

CARPINTEROS: José, carpintero. Nazareno (s. i). Descendiente de David; esposo de la Virgen María; padrastro de Jesucristo. José dudó contraer matrimonio con María cuando se enteró de que estaba encinta, hasta que el arcángel Gabriel le explicó la llegada del Mesías. Después del nacimiento de Cristo, en un sueño se le advirtió acerca de los planes de Herodes, así que llevó a su joven familia a Egipto. Después de la muerte de Herodes, también en un sueño, recibió la instrucción de regresar a Israel. Por miedo al sucesor de Herodes, José decidió instalarse con su familia en Nazaret. Los eruditos creen que murió antes de la crucifixión de Cristo. También es patrono de Bélgica, Canadá, la Iglesia, los moribundos, los padres, Corea, Perú, la justicia social y los trabajadores. Festividades: 19 de marzo y 1° de mayo.

CARTEROS: Gabriel, arcángel. Mensajero de Dios. Uno de los siete arcángeles de Dios y uno de los tres que se mencionan por su nombre en la Biblia. Le anunció el nacimiento de Jesús a María (Lucas 1: 11-21). También es patrono de los locutores, los clérigos, los diplomáticos, los mensajeros, los trabajadores de radio, los coleccionistas de estampillas, los trabajadores de telecomunicaciones y los trabajadores de televisión.

CASADAS: 1) Mónica, madre. Cartaginesa (331-387). Contrajo matrimonio con Patricio, alcohólico pagano de temperamento irascible, y lo convirtió al cristianismo. Con cierta persistencia, también convirtió a su hijo Agustín, quien más tarde se convirtió en el intelectual más distinguido de la Iglesia católica. También es patrona de los alcohólicos, las amas de casa, la infidelidad y las madres. Festividad: 27 de agosto.

Castidad: Tomás de Aquino, teólogo. Napolitano (1225-1274). Su aristocrática familia se oponía tanto a sus búsquedas religiosas que lo encerró durante quince meses. Este intento de hacerlo cambiar de opinión resultó infructuoso. Fue el pensador más grande de la Edad Media; autor de obras teológicas, entre ellas *Summa contra Gentiles y Summa Theologica*. Fue declarado Doctor de la Iglesia en 1567. También es patrono de los académicos, los colegios, los fabricantes de lápices y las escuelas. Fue canonizado en 1323. Festividad: 28 de enero.

Catequistas: Carlos Borromeo, obispo y cardenal. Italiano (1538-1584). Sufría un defecto del habla que no le impidió en absoluto predicar. Cuando tenía 22 años, el Papa Pío IV, tío suyo, lo nombró cardenal pese a que Carlos ni siquiera era sacerdote. Fue una de las figuras predominantes entre los reformadores de la educación clerical en la Iglesia católica romana, lo que constantemente le causó enfrentamientos con el clero y la aristocracia de la época. Es el fundador de las escuelas dominicales para niños. Se desconoce la razón de su patronato de los manzanares. También es patrono de los seminaristas. Fue canonizado en 1610. Festividad: 4 de noviembre.

Causas perdidas: Judas, apóstol. (s. i). También conocido como Tadeo y Lebeo, se le llama "hermano de Santiago". Los eruditos dudan de que el Judas que escribió la epístola que se le atribuye y el Judas de los apóstoles sean la misma persona. El primero escribió sobre los apóstoles en pasado. Se supone que fue martirizado en Persia junto con San Simón. El patronato de Judas se debe a unas cartas suyas que dicen que debemos soportar las dificultades como lo han hecho nuestros predecesores. También es patrono de las situaciones desesperadas. Festividad: 28 de octubre.

Cavas: 1) Morando, monje. Alemán (s. XII). Este monje benedictino fue consejero del Conde Federico Pferez de Alsacia. Su patronato se debe a que únicamente comía uvas durante la Pascua. Festividad: 3 de junio.

2)Vicente, mártir. Zaragozano (s. IV). Los emperadores Diocleciano y Maximiano habían unido fuerzas para castigar a los practicantes del cristianismo. Vicente fue capturado, juzgado y enviado a prisión; pero como aparentemente las condiciones de ésta le sentaban muy bien, los emperadores empezaron a sospechar que los guardias no eran muy exigentes con él. Así que ordenaron que lo devolvieran a su celda y que, esta vez, lo torturan con los medios más crueles ideados por el hombre. Cuando lo llevaron ante los emperadores, Vicente tachó a su verdugos de "pusilánimes". Los desconcertados verdugos fueron reprendidos antes de someterlo a nuevas torturas. Después de ejecutarlo, lo echaron a un campo cercano. Un cuervo protegió el cuerpo de los depredadores hasta el anochecer, cuando unos cristianos lo rescataron. También es patrono de las víctimas de tortura. Festividad: 22 de enero.

Cazadores: Eustaquio, mártir. Romano (s. I). Leyenda piadosa. Uno de los catorce "Ayudantes Santos". Fue general del ejército del emperador Trajano. Eustaquio se convirtió al cristianismo al cazar a un ciervo que tenía la forma de un crucifijo entre las astas. Fue quemado en la hoguera junto con su familia por negarse a denunciar su fe cristiana. También es patrono de las víctimas de tortura. Festividad: 20 de septiembre.

2) Huberto, obispo. Francés (s. VIII). Dio fin a la idolatría en su diócesis. La historia de su conversión al cristianismo es notablemente similar a la de Eustaquio. Una vez que se encontraba detrás de la cola de un ciervo, éste se dio vuelta y Huberto vio entre las astas del animal la marca de la cruz. Su patronato de los perros surgió cuando en su tumba empezaron a curarse enfermos de rabia. También es patrono de los perros y los contagiados de rabia. Festividad: 3 de noviembre.

CELOS, INVOCADOS CONTRA LOS: 1) Isabel de Portugal, reina. Aragonesa (1271-1336). Sobrina de Isabel de Hungría. El rey Pedro III de Aragón le ofreció al rey Dionisio de Portugal la mano de su hija de 12 años. Ella intercedió constantemente entre su hijo Alfonso y el padre de éste para que hicieran las paces. Un día el rey Dionisio creyó que Isabel estaba apoyando a su hijo para que subiera al trono y la echó de Portugal. Después de la muerte del rey, Isabel se unió a la orden de los Franciscanos Seglares y se instaló en un convento de las Hermanas Clarisas, orden que ella había fundado en Coimbra. También es patrona de las novias, los terciarios y la guerra e invocada contra los problemas maritales. Fue canonizada en 1626. Festividad: 4 de julio.

2) Eduviges, reina. Bávara (1174-1243). Ella y su esposo Enrique I financiaron diversas obras de caridad. Después de la muerte de Enrique, Eduviges se sintió hostigada por la tribulaciones de sus seis hijos. Encontró solaz en un abadía cisterciense, una de las primeras empresas de la pareja real, y en adelante se dedicó a cuidar indigentes. También es patrona de Bavaria, los niños difuntos, las duquesas, las reinas y Silesia e invocada contra los problemas maritales. Festividad: 16 de octubre.

Cepilleros: Antonio el Grande, ermitaño. Egipcio (251-356). Fundador del monaquismo y primer "mártir blanco". Vivía como ermitaño en una cueva y rechazó a la multitud de mujeres desnudas que fueron enviadas para tentarlo. Esto lo motivó a llevar una vida aún más solitaria en una cueva del Monte Kolzim. Sus seguidores llevaban camisas de cabello y hacían canastas y cepillos para sustentar su búsqueda intelectual y espiritual de Dios. Se cuenta que el emperador Constantino visitó a este sabio ermitaño para pedirle consejo. Antonio murió cuando tenía más de 100 años de edad. También es patrono de los amputados, los cesteros, los sepultureros y los ermitaños e invocado contra el eczema. Festividad: 17 de enero.

Cereros: 1) Ambrosio, obispo. Italiano (340-397). Sus contribuciones fueron decisivas para el avance del cristianismo durante la caída del Imperio Romano. San Antonio se convirtió al cristianismo después de oír un sermón suyo. Cuenta una leyenda que cuando Ambrosio era niño se le posó en los labios un enjambre de abejas y éstas no le causaron ningún daño. También es patrono de las abejas y del aprendizaje. Festividad: 7 de diciembre.

2) Bernardo de Clairvaux, teólogo. Francés (1090-1135). A la edad de 23 años, Bernardo persuadió a cuatro de sus hermanos y a veintisiete amigos suyos de que se unieran a la orden del Cister. Este persuasivo orador viajó con la Segunda Cruzada de Alemania y Francia. Su escritos incluyen *Del Cantar de los Cantares* y *Reglamento de los Templarios*. Fue el último de los padres de la Iglesia. También es patrono de los enfermos de cáncer. Fue canonizado en 1174. Festividad: 20 de agosto.

CERRAJEROS: Dunstano, obispo. Inglés (910-988). Uno de los grandes reformadores de la vida eclesiástica en Inglaterra durante el siglo x. Restauró Bath y la Abadía de Westminster. Fue consejero del rey Edwin hasta que éste lo envío al exilio por haberlo acusado de cometer abusos sexuales. Fue un diestro obrero metalúrgico y artista. También es patrono de los armeros, los orfebres, los músicos y los plateros. Festividad: 19 de mayo.

CERVECEROS: Agustín de Hipona, obispo y doctor. Norafricano (354-430). Se dedicaba a las fiestas, la diversión y los juegos de azar. Tenía una amante y procreó con ella un hijo ilegítimo. La conversión de Agustín se atribuye a las oraciones de su madre, Santa Mónica y a un sermón de San Ambrosio. Ya converso escribió numerosas obras, entre ellas *Confesiones* y *La ciudad de Dios*. Fue uno de los grandes intelectuales de la Iglesia católica y el primer filósofo del cristianismo. Asoció la expresión "pecado original" con Adán y Eva. También es patrono de los impresores y los teólogos. Festividad: 28 de agosto.

CESTEROS: Antonio el Grande, ermitaño. Egipcio (251-356). Fundador del monaquismo y primer "mártir blanco". Vivía como ermitaño en una cueva y rechazó a la multitud de mujeres desnudas que fueron enviadas para tentarlo. Esto lo motivó a llevar una vida aún más solitaria en una cueva del Monte Kolzim. Sus seguidores llevaban camisas de cabello y hacían canastas y cepillos para sustentar su búsqueda intelectual y espiritual de Dios. Se cuenta que el emperador Constantino visitó a este sabio ermitaño para pedirle consejo. Antonio murió cuando tenía más de 100 años de edad. También es patrono de los amputados, los cepilleros, los sepultureros y los ermitaños e invocado contra el eczema. Festividad: 17 de enero.

Checoslovaquia: 1) Juan Nepomuceno, obispo y mártir. Checoslovaco (1345-1393). Hasta 1961 se creyó que Juan había sido lanzado de un puente por negarse a romper el voto del secreto de la confesión cuando el celoso rey Wenceslao IV le exigió que le revelara las confesiones que su esposa, la reina Sofía, le había hecho al obispo. Una razón más lógica de que lo hayan ahogado es que era un disidente en política y religión. También es patrono de los puentes, la discriminación, la discreción y el silencio e invocado contra la calumnia. Fue canonizado en 1729. Festividad: 16 de mayo.

2) Wenceslao, príncipe. Bohemio (907-929). Su abuela, Santa Ludmila, le inculcó una fuerte fe cristiana al joven príncipe. Fue asesinada por un grupo opositor pagano. Cuando Wenceslao asumió el gobierno, promovió la fe cristiana en Bohemia y en los países circundantes. El hermano de Wenceslao, Boleslao, sentía tanta envidia por el príncipe que lo asesinó cuando se dirigía a la iglesia. El hijo de Wenceslao lo sucedió en el trono. También es patrono de Bohemia. Festividad: 28 de septiembre.

Chile: Santiago el Mayor, apóstol. Galileo (s. i). Se le llama Santiago "el Mayor" para diferenciarlo del otro apóstol Santiago "el Menor". Él y su hermano Juan "abandonaron sus redes de pesca" en el Mar de Galilea y siguieron a Jesús; fueron testigos tanto de la transfiguración como de la agonía de Jesús en el huerto. A Santiago lo decapitaron en Jerusalén; fue el primer apóstol martirizado. También es patrono de Guatemala, Nicaragua, los peleteros, los farmacéuticos, los peregrinos y España e invocado contra el reumatismo. Festividad: 25 de julio.

CIENTÍFICOS: Alberto Magno, teólogo. Alemán (1206-1280). "Doctor Universal". Gran intelectual de la Iglesia del Medioevo; mentor de Santo Tomás de Aquino; creía que la Tierra era redonda; precursor de las ciencias naturales. También es patrono de los técnicos médicos. Fue canonizado en 1931. Festividad: 15 de noviembre.

CIRQUEROS: Julián el Hospitalario, hostelero (fechas desconocidas). Ficción piadosa. Creyendo que su esposa lo engañaba, mató a una pareja que encontró en su lecho conyugal. Pero las víctimas no eran su mujer y el amante de ésta sino sus propios padres, que habían ido a visitarlos. Su penitencia consistió en construir una hostería y un hospital para pobres en la desembocadura de un río. Julián fue absuelto cuando cedió su lecho a un ángel disfrazado de leproso. También es patrono de los boteros, los balseros, los empleados de hoteles y los hosteleros. Festividad: 12 de febrero.

CIRUJANOS: 1) Cosme y Damián, mártires. Árabes (s. IV). Conocidos como los "Santos Indigentes". Eran dos médicos gemelos que atendían gratuitamente a sus pacientes y fueron decapitados junto con sus otros tres hermanos por sus creencias cristianas. Algunos críticos opinan que su leyenda se deriva del mito griego de Cástor y Pólux. También son patronos de los barberos, los doctores, los boticarios, los farmacéuticos y los médicos. Festividad: 26 de septiembre.

2) Lucas, evangelista. Griego (s. I). Médico y artista. Se sabe poco de sus primeros años de vida. Es autor del

tercer Evangelio y de los Hechos de los Apóstoles, que dan cuenta del avance del cristianismo en sus primeros tiempos. Murió en Grecia a la edad de 84 años. También es patrono de los artistas, los carniceros, los cristaleros, los notarios, los pintores y los médicos. Festividad: 18 de octubre.

CLARIVIDENCIA: Agabo, profeta. Romano (s. I). Después de convertirse al cristianismo, Agabo empezó a tener visiones del futuro. Sus predicciones incluyen la hambruna del año 49 d.C., la aprehensión de San Pablo y su propia muerte. También es patrono de los psíquicos. Festividad: 13 de febrero.

CLAVOS, FABRICANTES DE: Clodoaldo, ermitaño. Francés (s. VI). En su juventud, Clodoaldo y sus dos hermanos eran los sucesores más cercanos al trono franco. Sus celosos tíos los secuestraron y apuñalaron a los hermanos de Clodoaldo. Este último, que a la sazón tenía 18 años, se las arregló para escapar a Provenza. Años después se hizo ermitaño y renunció a su derecho de nacimiento al trono. Cuando regresó a París, perdonó a sus tíos y fundó un monasterio. Festividad: 7 de septiembre.

CLÉRIGOS: 1) Gabriel Francisco Possenti, sacerdote. Italiano (1838-1862). La madre de Francisco murió cuando él tenía 14 años, por lo que él y sus doce hermanos fueron criados por su padre, un prominente abogado. De joven le gustaban mucho las mujeres, hasta que cayó gravemente enfermo. Prometió a Dios que si se recuperaba, tomaría en serio la religión. Cuando se recuperó decidió unirse a la Compañía de Jesús. En un momento en que vacilaba respecto al voto que había hecho, su querida hermana murió víctima de una epidemia. Entonces, Francisco se unió a la orden de los Pasionarios, quienes le dieron el nombre de Gabriel de la Virgen de los Dolores. Él mismo se impuso tormentos severos y murió cuatro años después. Festividad: 26 de febrero.

2) Gabriel, arcángel. Mensajero de Dios. Uno de los siete arcángeles de Dios y de los tres que se mencionan por su nombre en la Biblia. Le anunció el nacimiento de Jesús a María (Lucas 1:11-21). También es patrono de los locutores, los diplomáticos, los mensajeros, los empleados de correos, los trabajadores de la radio, los coleccionistas de estampillas, los trabajadores de telecomunicaciones y los trabajadores de televisión.

CLERO SECULAR: Tomás Becket, mártir. Inglés (1118-1170). Tomás llegó a la cúspide de su carrera secular al ser nombrado arzobispo de Canterbury. Renunció a su eminente posición como protesta contra los favores del rey Enrique II con la iglesia. Un día, después de que había oficiado la misa, se le encontró asesinado en la catedral. Santo Tomás Moro correría una suerte similar unos trescientos años más tarde. Festividad: 29 de diciembre.

CLIMA FRÍO, INVOCADO CONTRA EL: Sebaldo, misionero. Anglosajón (s. VIII). Cuenta una leyenda que una fría noche invernal una pareja pobre le dio albergue. Como había poca leña, las flamas eran muy pequeñas. Sebaldo lanzó carámbanos a la chimenea y esto difundió el calor en toda la cabaña. Festividad: 19 de agosto.

COCINEROS: 1) Lorenzo, mártir. Español (s. III). Una predicción reveló que le quedaban tres días de vida. El prefecto de la ciudad ordenó que los tesoros de la iglesia se entregaran al emperador. Lorenzo los vendió todos y entregó el dinero a los pobres. A los tres días, regresó con un grupo de inadaptados sociales y dijo que ésos eran los tesoros de la iglesia. El prefecto hizo que lo ataran a una plancha caliente. En cierto momento, Lorenzo pidió que lo voltearan aduciendo que ya estaba asado de ese lado. También es patrono de los cuchilleros, los cristaleros, los pobres, los restauradores y Sri Lanka. Festividad: 29 de julio.

2) Marta, ama de casa. Originaria de Betania (s. I). Amiga de Jesús y hermana mayor de María y Lázaro. Durante una de las múltiples visitas de Jesús a su casa, Marta, agitada, se fue a la cocina mientras María escuchaba atentamente a Cristo. Después, Jesús le dijo: "Marta, Marta, te preocupas y te agitas por muchas cosas; y hay necesidad de pocas, o mejor, de una sola. María ha elegido la parte buena, que no le será quitada". (Lucas 10: 41-42). También es patrona de los dietistas, los sirvientes y el personal de servicio. Festividad: 29 de julio.

Coleccionistas: Benito Biscop, fundador. Originario de Northumbria (628-690). Biscop Baducing nació en el seno de una familia noble y a la edad de 25 años se ordenó como sacerdote. Fundó dos monasterios en Wearmouth y después viajó extensamente. De cada viaje, Benito regresaba con impresionantes pinturas, reliquias, libros y objetos de cristal para sus monasterios. Una vez incluso regresó a casa con el maestro del coro de San Pedro para que le enseñara a su propio coro el estilo de canto romano. En su vejez quedó paralizado y murió en su monasterio. Festividad: 12 de enero.

Coleccionistas de estampillas: Gabriel, arcángel. Mensajero de Dios. Uno de los siete arcángeles de Dios y uno de los tres que se mencionan por su nombre en la Biblia. Le anunció el nacimiento de Jesús a María (Lucas 1: 11-21). También es patrono de los clérigos, los diplomáticos, los mensajeros, los empleados de correos, los locutores, los trabajadores de la radio, los trabajadores de telecomunicaciones y los trabajadores de televisión.

Coleccionistas de monedas: Esteban el Joven, mártir. Originario de Constantinopla (s. VIII). Para probar la importancia de respetar los artefactos religiosos, este monje una vez lanzó al piso una moneda con la efigie del emperador Constantino V y después zapateó sobre ella, en presencia del mismo emperador. Esteban estuvo en prisión once meses. Después de que lo liberaron, se presentó ante el perplejo Constantino y decidió probarle otros puntos de vista. El emperador, agraviado, se dio por vencido y ordenó su ejecución. También es patrono de los fundidores. Festividad: 28 de noviembre.

Colegialas: Úrsula, mártir. Alemana (fechas desconocidas). Mito. Según un relato cincelado en una lápida de Colonia, en el siglo IV fue martirizado un grupo de doncellas cristianas. Cuatrocientos años después, los relatos sobre esas mujeres dieron lugar a esta leyenda. Úrsula, hija de un rey inglés, era cristiana, y se había fijado la fecha de su boda con un príncipe pagano. Para posponer las nupcias, abordó un barco junto con sus damas de compañía y emprendió una peregrinación a Roma. En Colonia, ella y sus doncellas (entre una docena y mil) fueron atacadas por los hunos. Úrsula rechazó la propuesta de matrimonio del cabecilla de los bárbaros y todas fueron asesinadas. También es patrona de las pañeras y las jóvenes. Festividad: 21 de octubre.

Colegios: Tomás de Aquino, teólogo. Napolitano (1225-1274). Su aristocrática familia se oponía tanto a sus búsquedas religiosas que lo encerró durante quince meses. Este intento de hacerlo cambiar de opinión resultó infructuoso. Fue el pensador más grande de la Edad Media; autor de obras teológicas, entre ellas S*umma contra Gentiles y Summa Theologica.* Fue declarado Doctor de la Iglesia en 1567. También es patrono de los académicos, la castidad, los fabricantes de lápices y las escuelas. Fue canonizado en 1323. Festividad: 28 de enero.

Cólera, invocado contra el: Roque (Rocco), ermitaño. Francés (1350-1380). Leyenda. Cayó enfermo por cuidar a víctimas de una peste en Italia. Aunque enfermo y solo, se recuperó gracias a que un perro extraviado lo alimentó. Más adelante fue acusado de espía y el gobernador, sin saber que era su sobrino, lo encarceló. Después de que Roque murió en la prisión, se le descubrió una marca de nacimiento en forma de cruz que reveló su verdadera identidad. También es patrono de los acusados en falso y los inválidos e invocado contra las plagas. Festividad: 28 de marzo.

Cólicos, invocado contra: Agapito, mártir. Romano (s. iii). Leyenda. A la edad de 15 años, este cristiano soportó golpes, hambre y quemaduras. Su patronato se debe a que antes de ser decapitado, la última tortura a que fue sometido por su inquebrantable fe consistió en que le derramaron agua hirviendo en el estómago. Festividad: 18 de agosto.

COLOMBIA: Pedro Claver, misionero. Catalán (1580-1654). Como misionero en Nueva Granada (Colombia), se ocupó de los trescientos mil esclavos africanos que fueron llevados a trabajar a las minas y plantaciones de Cartagena. También es patrono de los afroamericanos y de las víctimas de la esclavitud. Fue canonizado en 1888. Festividad: 9 de septiembre.

COMEDIANTES: Vito, mártir. Siciliano (s. III). Leyenda. Después de exorcizar los espíritus malignos (*Chorea)* del hijo del emperador Diocleciano, éste lo acusó de brujería. Vito fue lanzado a un tanque de agua hirviendo, del cual salió milagrosamente ileso. Junto con dos compañeros, escapó de Roma con la ayuda de un ángel y se cree que fue martirizado en la provincia de Lucania. También es patrono de los actores y los bailarines e invocado contra la epilepsia. Festividad: 15 de junio.

COMERCIANTES: 1) Francisco de Asís, fundador. Italiano (1181-1226). Aunque nunca fue sacerdote, es una de la figuras predominantes de la religión cristiana. Hijo de un rico comerciante de telas, Francisco llevó una vida fastuosa e irresponsable. Cuando contaba 20 años fue a combatir a Perugia, donde lo capturaron y aprisionaron. Después de ser liberado tuvo varias visiones de Cristo. Entonces renunció a su herencia y fundó la Orden de los Hermanos Menores. Fue la primera persona que sufrió los estigmas (cinco heridas coincidentes con las cinco heridas de Cristo) mientras oraba; sus llagas nunca sanaron. En 1223 creó la primera escena de la Navidad. También es patrono de los animales, la acción católica, los ecologistas, Italia y los zoológicos. Fue canonizado en 1228. Festividad: 4 de octubre.

2) Nicolás de Mira, obispo. Licio (s. IV). Mejor conocido como San Nicolás. Se tienen pocos datos de su vida. Dirigió un monasterio, fue prisionero durante las persecuciones cristianas y estuvo presente en el Concilio de Nicea. El resto es mito. Se cuenta que había un padre que era tan pobre que no podía dar dote a sus tres hijas. Nicolás arrojó tres sacos de oro por la ventana de su cocina y poco después las tres hijas se casaron. También es patrono de los muchachos, las novias, los niños, los estibadores, Grecia, los prestamistas, las solteronas y los viajeros. Festividad: 6 de diciembre.

COMERCIANTES DE ARTE: El Divino Juan, apóstol. Galileo (s. I). Hermano de Santiago. Cristo llamó a estos hermanos "hijos del trueno". Se hablaba de Juan como el discípulo amado de Jesús (Juan 21: 20-24). Cristo, en la cruz, encargó a su madre a Juan (Juan 19: 25-27). Tiempo después fue exiliado a la isla de Patmos. Es el autor del cuarto Evangelio, tres epístolas bíblicas y el Libro de la Revelación. También es patrono de Asia Menor, los redactores, la amistad y los editores. Festividad: 27 de diciembre.

COMPOSITORES: 1) Cecilia, mártir. Romana (fechas desconocidas). Leyenda. El día de su boda, Cecilia no podía oír la música que estaban tocando porque sólo se oía a sí misma cantándole a Dios. Su esposo, Valerio, aceptó su petición de vivir con ella en castidad. Ella, su esposo y el hermano de él fueron sorprendidos dando sepultura a cuerpos de cristianos. Los hermanos fueron decapitados primero. El verdugo falló al decapitarla, por lo que ella sufrió una agonía de tres días. También es patrona de los músicos, los fabricantes de órganos, los poetas y los cantantes. Festividad: 22 de noviembre.

2) Cadmón, hermano lego. Inglés (s. VII). Conocido como "padre de la poesía sacra inglesa". Se le atribuye haber sido el primer autor inglés de poesía sacra. Se cree que compuso en sueños uno de unos cuantos himnos que lo sobrevivió. También es patrono de los poetas. Festividad: 22 de noviembre.

COMPULSIÓN POR LOS JUEGOS DE AZAR: Bernardino de Siena, predicador. Italiano (1380-1444). "Predicador del pueblo". A la edad de 20 años tomó a su cargo un hospital de Siena durante la peste de 1400. En 1417, se lanzó a recorrer a pie Italia para predicar y convirtió a miles de personas; fue el segundo fundador de la orden de los Hermanos de la Estricta Observancia. Pese a sus atributos, creía que la brujería estaba aumentando desenfrenadamente y se dice que era antisemita. En sus sermones, solía denunciar los juegos de azar. También es patrono de la publicidad, los empleados de los medios de comunicación y las relaciones públicas. Fue canonizado en 1450. Festividad: 20 de mayo.

COMUNICACIONES, PERSONAL DE: Bernardino de Siena, predicador. Italiano (1380-1444). "Predicador del pueblo". A la edad de 20 años tomó a su cargo un hospital de Siena durante la peste de 1400. En 1417, se lanzó a recorrer a pie Italia para predicar y convirtió a miles de personas; fue el segundo fundador de la orden de los Hermanos de la Estricta Observancia. Pese a sus atributos, creía que la brujería estaba aumentando desenfrenadamente y se dice que era antisemita. En sus sermones, a menudo denunciaba los juegos de azar. También es patrono de la publicidad y las relaciones públicas e invocado contra la compulsión por lo juegos de azar. Fue canonizado en 1450. Festividad: 20 de mayo.

CONCEJALES: Nicolás von Flue, lego. Suizo (1417-1487). Después de combatir en dos guerras, criar a diez hijos y desempeñar los cargos de magistrado y concejal, Nicolás recibió el llamado de Dios. Dejó a su familia y vivió como ermitaño el resto de su vida. Se dice que a partir de ese día se alimentó únicamente con la Sagrada Eucaristía. También es patrono de la separación conyugal. Festividad: 21 de marzo.

CONDENADOS EN GALERAS A CADENA PERPETUA: Dimas, ladrón (s. I). Todo lo que se sabe de este "buen ladrón" es que fue crucificado al lado de Jesucristo. También es patrono de los directores de pompas fúnebres, los prisioneros, los ladrones y los empleados de agencias funerarias. Festividad: 25 de marzo.

CONDUCTORES DE AUTOBUSES: Cristóbal, mártir. Licio (s. III). Mito. Existen varias leyendas sobre este hombre que fue martirizado en Licia, una de ellas cuenta que era un gigante espantoso de nombre Ofero que se ganaba la vida transportando viajeros de una orilla a otra de un río. Un día transportó a un pesado muchacho que llevaba el peso de los problemas del mundo. Este muchacho, por supuesto, era el joven Jesucristo. El nombre Cristóbal significa en griego "portador de Cristo". También es patrono de los solteros, los automovilistas, los cargadores, los viajeros y los conductores de camiones y es invocado contra las pesadillas. Festividad: 25 de julio.

CONFESORES: Alfonso María de Liguri, teólogo. Italiano (1696-1787). A la edad de 16 años, Alfonso ya era doctor en derecho canónico y en derecho civil. Después de perder un caso por un tecnicismo, se desilusionó del derecho. Se ordenó como sacerdote y fundó la Congregación del Santísimo Redentor en 1731. Entre visiones, éxtasis y pronunciamientos de profecías, escribió *Teología moral* y *Glorias de María*. Su patronato de los confesores se atribuye a que atraía a multitudes a los confesionarios. También es patrono de los moralistas, los profesores, los teólogos y las vocaciones. Fue canonizado en 1839. Festividad: 1º de agosto.

Congelamiento, víctimas de: 1) Sebaldo, misionero. Anglosajón (s. VIII). Cuenta una leyenda que una fría noche invernal una pareja pobre le dio albergue. Como había poca leña, las flamas eran muy pequeñas. Sebaldo lanzó carámbanos a la chimenea y esto difundió el calor en toda la cabaña. También es patrono del clima frío. Festividad: 19 de agosto.

2) Valeriano, obispo. Africano (s. V). El rey Ariano de Genseric le exigió que le entregara los bienes de la Iglesia, pero el obispo Valeriano se negó. Entonces lo lanzaron de su casa. El rey decretó que aquel que intentara alimentar o alojar al vagabundo, que a la sazón tenía 86 años, sería castigado. Valeriano murió congelado una noche de invierno. Es invocado contra la exposición. Festividad: 15 de diciembre.

Congresos y sociedades eucarísticas: Pascual Bailón, lego. Español (1540-1592). Mostró una devoción superior por ayudar a los pobres y los enfermos. Fue canonizado en 1690. Festividad: 17 de mayo.

Conserjes: Teobaldo, lego. Italiano (s. XII). Después de rechazar la mano de la hija de su patrono y una partici-

pación en el negocio de esa familia, Teobaldo obtuvo el
empleo de conserje de la catedral de San Lorenzo.
También es patrono de los solteros y los conserjes de
iglesias. Festividad: 9 de marzo.

Constructores: 1) Bárbara, mártir. (s. iv). Ficción religiosa. Esta leyenda se remonta al siglo vii y puede encontrarse en escritos de Toscana, Roma, Antioquía, Heliópolis
y Nicomedia. Se trata de una joven cuyo padre, que era
pagano, la encerró en una torre antes de emprender un
largo viaje. Durante su cautiverio se convirtió al cristianismo y ordenó que construyeran tres ventanas para
representar a la Santa Trinidad. Cuando su padre regresó, lo enfureció tanto la preferencia religiosa de su hija
que la entregó a las autoridades. Aunque fue sometida a
una horrenda tortura, Bárbara se negó a renegar de su fe.
El juez le ordenó al padre que le diera muerte con sus
propias manos. La asesinó en una montaña e inmediatamente fue muerto por un rayo. También es patrona de
los arquitectos, los moribundos, la prevención de incendios, los fundadores, los mineros, los prisioneros y los
canteros. Festividad: 4 de diciembre.

2) Vicente Ferrer, misionero. Español (1350-1419).
Hombre extraordinariamente bien parecido; recibió el
llamado de Cristo durante un sueño. Convirtió a miles de
personas, entre ellas el rabino Pablo de Burgos, quien
después fue obispo de Cartagena. También convirtió a
San Bernardino de Siena y a Santa María de Saboya.
Vicente ayudó a terminar con el gran Cisma de Occidente al retirar su apoyo a Benito XIII. También es patrono
de los pavimentadores y los plomeros. Fue canonizado
en 1455. Festividad: 5 de abril.

CONSTRUCTORES DE CASAS: Nuestra Señora de Loreto. En 1291, la casa de la Santa Virgen María en Nazaret repentinamente se encontró en Loreto, Italia. Los investigadores han confirmado que las piedras de esa morada son del mismo tipo que aquellas con las que se construían las casas en Nazaret en el siglo I. Algunos dicen que la casa santa fue colocada ahí con la intervención divina; otros, que unos militares la cambiaron de lugar para protegerla de los musulmanes. También es patrona de los lampareros.

CONTADORES: Mateo, apóstol. Galileo (s. I). Su nombre significa "don de Dios". También se le conoce como Levi y no existen registros de sus primeros años de vida. Recaudador de impuestos convertido en apóstol; escribió el primer Evangelio entre los años 60 y 90, el cual contiene citas del Viejo Testamento. Fue martirizado en Etiopía o en Persia. También es patrono de los banqueros, los tenedores de libros, los agentes aduanales, los guardias de seguridad y los recaudadores de impuestos. Festividad: 21 de septiembre.

CONTUSIONES, INVOCADA CONTRA: Amalburga (Gúdula), lega. Alemana (s. VIII). Leyenda. El emperador Carlomagno se obsesionó a tal punto con su belleza que la acosaba continuamente. En una ocasión la sorprendió tratando de huir y la golpeó severamente. Ella sobrevivió al ataque y cruzó el Río Rin sobre el lomo de un esturión. Festividad: 8 de enero.

CONVERSOS: 1) Elena, emperatriz. Originaria de Bitinia (250-330). Hija de un hostelero; en el año 270 contrajo matrimonio con el general romano Constancio. Ambos se convirtieron al cristianismo. Más tarde, su hijo Constantino llegaría a ser el primer emperador cristiano del Imperio Romano. Cuenta una leyenda que durante una peregrinación a Tierra Santa, Elena descubrió la verdadera cruz de Cristo. También es patrona de los divorciados y de las emperatrices. Festividad: 18 de agosto.

2) Flora, mártir. Española (s. IX). Aunque su madre era cristiana, su hogar se regía por las estrictas creencias musulmanas de su padre. Por su rechazo de la fe islámica, su hermano y su padre le propinaban severas golpizas, que empeoraron cuando se convirtió al cristianismo. Ella y su mejor amiga, María, decidieron abandonar el hogar cuando los padres de Flora anunciaron su compromiso con un mahometano. Ambas se ocultaron por un breve lapso en la casa de la hermana de Flora, quien las echó a la calle por temor a que la asociaran con los cristianos. Flora y María confesaron su fe cristiana ante el consejo islámico, y fueron torturadas y decapitadas. También es patrona de las víctimas de traición y de las trabajadoras. Festividad: 24 de noviembre.

3) Vladimir, rey. Ruso (975-1015). Asesinó a su medio hermano Yarpolk, rey de Rusia, y después se coronó. Reinó imponiendo el terror hasta que se convirtió al cristianismo. Dejó a sus cinco esposas y a una docena de concubinas y exigió que todos sus súbditos de Kiev fueran bautizados. Esto marcó el inicio del catolicismo en Rusia. También es patrono de los reyes, los asesinos y Rusia. Festividad: 15 de julio.

Corazón, enfermos del: Juan de Dios, fundador. Portugués (1495-1550). Fue soldado, pastor, vagabundo y librero. A la edad de 40 años oyó un sermón de Juan de Ávila y enloqueció de culpa. Juan de Ávila lo visitó en su celda, donde Juan de Dios confesó sus pecados y se convirtió al cristianismo. Construyó un hospital y dedicó su vida a cuidar a enfermos y necesitados. Perdió la vida tratando de salvar a un hombre de morir ahogado. Después de su muerte se le nombró fundador de los Hermanos Hospitalarios. También es patrono de los alcohólicos, los libreros, los hospitales, las enfermeras, los impresores y los enfermos. Fue canonizado en 1690. Festividad: 8 de marzo.

CÓRCEGA: 1) Inmaculada Concepción. En 1854, el Papa Pío IX declaró que la Santa Virgen María había sido concebida sin el pecado original, inmaculadamente, y llevado una vida libre de pecado. También es patrona de Brasil, Portugal, Tanzania y Estados Unidos de América.

2) Devota, mártir. Originaria de Córcega (s. III). Esta joven cristiana fue arrastrada por las calles de Córcega y atormentada en un potro, pero se negó a retractarse. Se dice que en el momento de su muerte apareció una paloma seguida de dos hombres en un bote. Sus restos fueron enterrados en el sitio donde se posó la paloma, en Mónaco. También es patrona de Mónaco. Festividad: 17 de enero.

COREA: Santa Virgen María (s. I). Madre de Dios. La segunda persona santísima (Cristo, su hijo, es la primera); hija de Ana y Joaquín; sin pecado concebida; esposa de José; concibió por obra del Espíritu Santo; madre de Jesús; presenció el primer milagro de Cristo en Canán, donde convirtió agua en vino (Juan 2: 1-11) y su crucifixión (Juan 19: 25-27); oró por su hijo después de su muerte (Actos 1: 12-14). Su cuerpo ascendió al cielo a su muerte, donde se reunió con su alma. Ha aparecido con mensajes y profecías y es venerada en todo el mundo. También es patrona de las madres y las vírgenes. Festividad: 15 de agosto.

2) **José, carpintero.** Nazareno (s. i). Descendiente de David; esposo de la Virgen María; padrastro de Jesucristo. José dudó de contraer matrimonio con María cuando se enteró que estaba encinta, hasta que el arcángel Gabriel le explicó la llegada del Mesías. Después del nacimiento de Cristo, en un sueño se le advirtió acerca de los planes de Herodes, así que llevó a su joven familia a Egipto. Después de la muerte de Herodes, también en un sueño, recibió la instrucción de regresar a Israel. Por miedo al sucesor de Herodes, José decidió instalarse con su familia en Nazaret. Los eruditos creen que murió antes de la crucifixión de Cristo. También es patrono de Bélgica, Canadá, los carpinteros, la Iglesia, los moribundos, los padres, Perú, la justicia social y los trabajadores. Festividades: 19 de marzo y 1° de mayo.

Cosechas: 1) **Ansovino, obispo.** Italiano (s. ix). Los poderes curativos de este ermitaño convirtieron a muchos de sus seguidores. Un día en que escaseó el grano y las masas tenían hambre, Ansovino ordenó que cerraran las puertas del granero. Momentos después, éstas se abrieron de par en par y se desparramó una cantidad de grano suficiente para alimentar a todos los hambrientos. También es invocado contra las granizadas. Festividad: 13 de marzo.

2) **Walburga (Valburga), abadesa.** Inglesa (s. viii). Taumaturga. Poco después de que siguiera a Alemania a su tío San Bonifacio, la nombraron abadesa del convento de Heidenheim. En el folclor alemán se cuentan historias de Walpurgis, como la llamaron posteriormen-

te. El 30 de abril, las brujas honran a esta taumaturga santa en lo que se conoce como *Walpurgisnacht*. Se dice que cerca de su tumba fluye un líquido resbaladizo con poderes curativos. Una vez, Walburga satisfizo el voraz apetito de una niña dándole de comer tres mazorcas de grano. También es invocada contra la hambruna y las plagas. Festividad: 25 de febrero.

COSECHAS DE MAÍZ: Medardo, obispo. Francés (470-560). Fue asignado a la diócesis de Tournai y Noyan después del ataque de los hunos. Según las creencias locales, si llueve el día de su festividad, seguirá lloviendo cuarenta días después; en cambio, si hay sol, los siguientes cuarenta días serán asoleados. Esta leyenda es notablemente similar a la de San Swithun. También es patrono de los viñedos. Festividad: 8 de junio.

CRISTALEROS: Lucas, evangelista. Griego (s. I). Médico y artista. Se sabe poco de sus primeros años de vida. Es autor del tercer Evangelio y de los Hechos de los Apóstoles, que dan cuenta del avance del cristianismo en sus primeros tiempos. Murió en Grecia a la edad de 84 años. También es patrono de los artistas, los carniceros, los notarios, los pintores, los médicos y los cirujanos. Festividad: 18 de octubre.

CRUZADOS: Luis IX, rey. Francés (1214-1270). Fue coronado rey de Francia a la edad de 12 años. Contrajo matrimonio con Margarita, hermana de Eleanor, esposa de Enrique III, y tuvo once hijos. Botó la primera marina francesa. Participó en dos cruzadas: la de Damietta, en Egipto, donde el buen rey y sus hombres salieron victoriosos, y la de Mansurah, donde lo derrotaron y cayó prisionero. Fue liberado al cabo de seis años. Luis murió de tifoidea en su tercera cruzada, a Túnez. También es patrono de los novios, los reyes y la paternidad. Festividad: 25 de agosto.

CUBA: "La Virgen de la Caridad". Esta estatua fue descubierta en las redes de unos pescadores en 1605. En 1916 el Papa Benito XV honró a la Virgen del Cobre nombrándola patrona de Cuba.

CUCHILLEROS: 1) Lorenzo, mártir. Español (s. III). Una predicción reveló que le quedaban tres días de vida. El prefecto de la ciudad ordenó que los tesoros de la iglesia se entregaran al emperador. Lorenzo los vendió todos y entregó el dinero a los pobres. A los tres días, regresó con un grupo de inadaptados sociales y dijo que ésos eran los tesoros de la iglesia. El prefecto hizo que lo ataran a una plancha caliente. En cierto momento, Lorenzo pidió que lo voltearan aduciendo que ya estaba asado de ese lado. También es patrono de los cocineros, los cristaleros, los pobres, los restauradores y Sri Lanka. Festividad: 29 de julio.

2) Lucía, mártir. Italiana (s. IV). Mito piadoso. Se cuenta que una vez un pretendiente que le impusieron le dijo que tenía unos ojos muy bonitos. Lucía se los arrancó y se los entregó a su horrorizado futuro marido, quien de inmediato hizo que la condenaran por sus creencias cristianas. Como no ardió en las llamas, finalmente la acuchillaron en la garganta. Su nombre quiere decir "luz". También es patrona de los escritores e invocada contra los males de la vista y la hemorragia. Festividad: 13 de diciembre.

CUERPOS MILITARES FEMENINOS: Genoveva, monja. Francesa (420-500). Después de recibir el llamado de Dios a la edad de 7 años, Genoveva predijo la invasión del huno Atila en 451. Se atribuye a sus oraciones que París se haya salvado de la invasión de los bárbaros. En 1129 se reunieron las reliquias de Genoveva y cesó milagrosamente una epidemia de envenenamiento provocado por el cornezuelo del centeno. Es invocada contra los desastres y las plagas. Festividad: 3 de enero.

CURTIDORES: Crispín y Crispiniano, mártires. Romanos (s. III). Leyenda. Estos hermanos de día se dedicaban a convertir al cristianismo y de noche a hacer zapatos. Su torturador, Maximiano, se quitó la vida porque se sintió frustrado al ver que fallaban sus intentos de ejecutar a los hermanos, quienes después fueron decapitados. También son patronos de los zapateros remendones, los peleteros, los talabarteros y los zapateros. Festividad: 25 de octubre.

Puedes atar a un pájaro con un cadena o un hilo, y aún así volará.

—San Juan de la Cruz

DEMENTES: Román, fundador. Francés (s. v). Con un libro sobre ermitaños, algunas semillas y unos cuantos utensilios, Romano encontró un lugar apartado para construir su monasterio. Después envió por su hermano, San Lupencio, a quien siguieron varios discípulos. Juntos construyeron un monasterio en Condat, Lueconne, y un convento en Beaume, del cual nombraron abadesa a su hermana. El patronato de Romano se debe a que curó a dos dementes en una peregrinación a Valais. Festividad: 28 de febrero.

DENTISTAS: Apolonia, mártir. Originaria de Alejandría (s. III). Diaconisa anciana que se negó a mofarse de su fe durante las persecuciones de los cristianos. La golpearon tan fuerte que le rompieron los dientes. Rezando una plegaria, se lanzó a la hoguera que le prepararon sus verdugos. También es patrona de las víctimas de dolores de muelas. Festividad: 9 de febrero.

DEPENDIENTES DE CAFETERÍAS: Drogon, pastor. Flamenco (1105-1189). En su infancia se enteró de que su padre había muerto antes de que él naciera y que su madre se había suicidado por ello. Esto le causó una fuerte impresión al niño, que era de noble linaje y a la sazón tenía 10 años. A mediados de sus años cuarenta, mientras pastoreaba ovejas, se le reventó una hernia y esto lo dejó desfigurado. Perforó un orificio en una pared de la iglesia para poder escuchar misa sin distraer la atención del sermón. Sus cuarenta años de vida restantes los dedicó a la oración y la penitencia. También es patrono de los enfermos de hernia, la gente simple y los pastores. Festividad: 16 de abril.

DESAMPARADOS: 1) Benito José Labre, vagabundo. Boloñés (s. XVIII). Abandonó a su acaudalada familia para buscar a Dios. Durante tres años viajó por toda Europa, y en su santa búsqueda visitó todos los sitios de peregrinación. Benito el mendigo dio por terminado su recorrido en el Coliseo, donde pasó sus últimos años orando intensamente. Murió en la iglesia. También es patrono de las órdenes religiosas y los vagabundos. Festividad: 16 de abril.

2) Margarita de Cortona, mística. Italiana (1247-1297). Su madre murió súbitamente cuando ella tenía siete años. Su padre se casó en segundas nupcias con una mujer que trataba cruelmente a la niña. Cuando tuvo suficiente edad, Margarita abandonó la granja para irse a vivir con un caballero. Fue el ama del castillo durante

nueve años y procreó un hijo con su amante, que después fue asesinado. Hizo una confesión pública y cumplió su penitencia. Su padre la echó de su casa junto con su hijo. Entonces Margarita se unió a las Terciarias y empezó a tener visiones y a manifestar poderes curativos. Dedicó el resto de su vida a cuidar de los abandonados. También es patrona de las parteras, las madres solteras y las Terciarias. Fue canonizada en 1728. Festividad: 22 de febrero.

DESASTRES, INVOCADA CONTRA: Genoveva, monja. Francesa (420-500). Después de recibir el llamado de Dios a la edad de 7 años, Genoveva predijo la invasión del huno Atila en 451. Se atribuye a sus oraciones que París se haya salvado de la invasión de los bárbaros. En 1129 se reunieron las reliquias de Genoveva y cesó milagrosamente una epidemia de envenenamiento provocado por el cornezuelo del centeno. También es patrona de los cuerpos militares femeninos y es invocada contra las plagas. Festividad: 3 de enero.

DESÓRDENES CIVILES: Andrés Corsini, obispo. Florentino (s. XIV). El día que se ordenó, a Andrés le fueron conferidos los dones de la profecía y la curación. Urbano V lo comisionó para que intermediara en una lucha entre aristócratas y campesinos de Bolonia, lo que hizo eficazmente. Andrés murió en Navidad a los 71 años. Su primo el Papa Urbano VIII lo canonizó en 1609. Festividad: 4 de febrero.

DESÓRDENES GLANDULARES, INVOCADO CONTRA: Cadoc, abad. Galés (s. VI). Hijo de Gladys y de Gundleo y pupilo de San Tateo. Fundó el monasterio de Nant Carfan. Cuentos del Sur de Gales relatan que fue transportado en una nube a Roma. Lo nombraron obispo poco después de que fue martirizado un día en que oficiaba una misa. Festividad: 23 de septiembre.

DESÓRDENES INTESTINALES, INVOCADO CONTRA: Buenaventura de Potenza, fundador. Francés (800-856). Obispo constructor de iglesias y monasterios. Dejó su cargo cuando surgió una desavenencia con los monjes de St. Calais por causa de la jurisdicción, pero regresó antes de morir a causa de una afección intestinal. Es invocado contra las afecciones intestinales. Festividad: 7 de enero.

DESÓRDENES MENTALES: Dimpna, mártir. Irlandesa (s. VII). Cuento popular. Acompañada por su confesor, huyó de su incestuoso padre, un caudillo. En Bélgica, vivieron como ermitaños en un oratorio construido por ellos, hasta que su padre y sus hombres los acosaron. El confesor fue asesinado y ella decapitada por negarse a volver a su casa. En la tumba de Dimpna se han curado muchas personas. También es patrona de los epilépticos y los fugitivos e invocada contra la posesión diabólica y el sonambulismo. Festividad: 15 de mayo.

DESÓRDENES DEL SUEÑO, INVOCADOS CONTRA: Los Siete Durmientes. Efesianos (fechas desconocidas). Folclor religioso. Durante las persecuciones ordenadas por Decio, estos siete cristianos se emparedaron en una cueva en el año 250. Cuando despertaron habían pasado doscientos años y la religión oficial de Efeso era la cristiana. Este cuento se encuentra en la obra *La leyenda de oro*. Festividad: 27 de julio.

DETRACCIÓN: Juan Nepomuceno, obispo y mártir. Checoslovaco (1345-1393). Hasta 1961 se creyó que Juan había sido lanzado de un puente por negarse a romper el voto del secreto de la confesión cuando el celoso rey Wenceslao IV le exigió que le revelara las confesiones que su esposa, la reina Sofía, le había hecho al obispo. Una razón más lógica de que lo hayan ahogado es que era un disidente en política y religión. También es patrono de los puentes, Checoslovaquia, la discreción y el silencio, y es invocado contra la calumnia. Fue canonizado en 1729. Festividad: 16 de mayo.

DIÁCONOS: Esteban, mártir. Helenista (de la Diáspora) (s. I). Primer mártir cristiano. El consejo judío lo lapidó porque Esteban lo denunció. También es patrono de los albañiles y los canteros.

DIETISTAS: Marta, ama de casa. Originaria de Betania (s. I). Amiga de Jesús y hermana mayor de María y Lázaro. Durante una de las múltiples visitas de Jesús a su casa, Marta, agitada, se fue a la cocina mientras María escuchaba atentamente a Cristo. Después, Jesús le dijo: "Marta, Marta, te preocupas y te agitas por muchas cosas; y hay necesidad de pocas, o mejor, de una sola. María ha elegido la parte buena, que no le será quitada". (Lucas 10: 41-42). También es patrona de los cocineros, los sirvientes y el personal de servicio. Festividad: 29 de julio.

DIFUNTOS RECIENTES: Gertrudis de Nivelles, abadesa. Flamenca (626-659). Cuando el padre de Gertrudis murió, su madre, Ita, fundó un monasterio en Neville. A los 30 años de edad, Gertrudis recibió el nombramiento de abadesa y comprobó que lo merecía. Su centro monástico obtuvo renombre por su hospitalidad con los peregrinos y monjes. A los 13 años, Gertrudis cayó en cama por el temor de ser indigna del cielo. San Ultano le aseguró que San Patricio la estaba esperando. Murió el día de San Patricio. Se corrió el rumor de que el pozo de su monasterio tenía propiedades repelentes contra los roedores. También es patrona de los alojamientos y los gatos e invocada contra las ratas. Festividad: 17 de marzo.

DILACIÓN, INVOCADO CONTRA LA: Expedito. (Fechas desconocidas). No se sabe absolutamente nada de la vida de este santo. Un relato dudoso cuenta que las reliquias de un santo desconocido fueron enviadas a un convento de Francia con la palabra *spedito* escrita en la tapa. Las monjas la confundieron con la palabra *expedito* y pensaron que así se llamaba el santo difunto. Pero en el siglo XVIII también hubo un San Expedito, así que el asunto no está nada claro. También es patrono de las emergencias y las soluciones. Festividad: 19 de abril.

DINAMARCA: Anscario, monje. Francés (801-865). Llamado el "Apóstol del Norte". Dedicó su vida a convertir al cristianismo a Escandinavia, que a su muerte regresó a sus costumbres paganas. Doscientos años más tarde la presencia del cristianismo empezó a adquirir más prominencia. También es patrono de Escandinavia. Festividad: 3 de febrero.

DIPLOMÁTICOS: Gabriel, arcángel. Mensajero de Dios. Uno de los siete arcángeles de Dios y uno de los tres que se mencionan por su nombre en la Biblia. Le anunció el nacimiento de Jesús a María (Lucas 1: 11-21). También es patrono de los clérigos, los mensajeros, los empleados de correos, los locutores, los trabajadores de la radio, los coleccionistas de estampillas, los trabajadores de telecomunicaciones y los trabajadores de televisión.

DIRECTORES DE POMPAS FÚNEBRES: Dimas, ladrón (s. I). Todo lo que se sabe de este "buen ladrón" es que fue crucificado al lado de Jesucristo. También es patrono de los condenados a cadena perpetua, los prisioneros, los ladrones y los empleados. Festividad: 25 de marzo.

2) José de Arimatea, discípulo. Arimateo (s. I). Presenció la crucifixión de Cristo y depositó su cuerpo en una tumba. Se le cita en los cuatro Evangelios. Cuenta la leyenda que él conservó el cáliz sagrado de la Última Cena. Festividad: 17 de marzo.

DISCAPACITADOS: Gil, ermitaño. Inglés (s. VIII). Ermitaño de un bosque; fue herido por una flecha por proteger a una cierva que había estado alimentando durante un año. Al rey lo conmovió tanto la compasión del lisiado que lo nombró consejero suyo. También es patrono de los mendigos, de la lactancia natural, los discapacitados y los bosques. Festividad: 1° de septiembre.

DISCRECIÓN: Juan Nepomuceno, obispo y mártir. Checoslovaco (1345-1393). Hasta 1961 se creyó que Juan había sido lanzado de un puente por negarse a romper el voto del secreto de la confesión cuando el celoso rey Wenceslao IV le exigió que le revelara las confesiones que su esposa, la reina Sofía, le había hecho al obispo. Una razón más lógica de que lo hayan ahogado es que era un disidente en política y religión. También es patrono de los puentes, Checoslovaquia, la discriminación y el silencio e invocado contra la calumnia. Fue canonizado en 1729. Festividad: 16 de mayo.

DISENTERÍA, ENFERMOS DE: Matrona, portuguesa (fechas desconocidas). Martirología romana. Todo lo que se sabe de esta hija de la realeza es que padeció disentería. Una visión le ordenó ir a Italia, donde se curó. Festividad: 15 de marzo.

DIVORCIO: 1) Fabiola, fundadora. Romana (s. III). Se divorció de su abusivo marido y volvió a casarse. Esto le impidió recibir los sacramentos de la Iglesia. Fabiola se sometió a penitencia pública y después fundó el primer hospital cristiano. El Papa San Sirico le perdonó sus pecados, y más tarde murió su segundo marido. También es patrona de los infieles y de las viudas e invocada contra el abuso físico. Festividad: 27 de diciembre.

2) Elena, emperatriz. Originaria de Bitinia (250-330). Hija de un hostelero; en el año 270 contrajo matrimonio con el general romano Constancio. Ambos se convirtieron al cristianismo. Más tarde, su hijo Constantino llegaría a ser el primer emperador cristiano del Imperio Romano. Cuenta una leyenda que durante una peregrinación a Tierra Santa, Elena descubrió la verdadera cruz de Cristo. También es patrona de los conversos y las emperatrices. Festividad: 18 de agosto.

DOCENTES: 1) Gregorio Magno, Papa. Romano (540-604). Creador de los cantos gregorianos; Doctor de la Iglesia. Según dijo, el "colmo de su vergüenza" fue cuando lo nombraron papa en 590. Convirtió Inglaterra al cristianismo, inició el papado medieval y escribió catorce libros. También es patrono de los músicos, los papas y los cantantes. Fue canonizado en 604. Festividad: 3 de septiembre.

2) Juan Bautista de La Salle, educador. Francés (1651-1719). Donó su fortuna a los pobres y después dedicó su vida a la educación. Creó el método de enseñanza en grupo, en oposición a la instrucción individual y fundó numerosas escuelas. También es patrono de los maestros. Fue canonizado en 1900. Festividad: 7 de abril.

DOCTORES: 1) Lucas, evangelista. Griego (s. I). Médico y artista. Se sabe poco de sus primeros años de vida. Es autor del tercer Evangelio y de los Hechos de los Apóstoles, que dan cuenta del avance del cristianismo en sus primeros tiempos. Murió en Grecia a la edad de 84 años. También es patrono de los artistas, los carniceros, los cristaleros, los notarios, los pintores y los cirujanos. Festividad: 18 de octubre.

2) Cosme y Damián, mártires. Árabes (s. IV). Conocidos como los "santos indigentes". Eran dos médicos gemelos que atendían gratuitamente a sus pacientes y fueron decapitados junto con sus otros tres hermanos por su creencias cristianas. Algunos críticos opinan que su leyenda se deriva del mito griego de Cástor y Pólux. También son patronos de los barberos, los boticarios, los farmacéuticos, los médicos y los cirujanos. Festividad: 26 de septiembre.

3) Pantaleón, mártir. Originario de Bitinia (s. IV.). Este respetado galeno llevó una vida privilegiada como médico personal del emperador Galerio. Cuando éste se enteró de que Pantaleón se convirtió al cristianismo, lo sentenció a muerte. Los seis intentos de ejecutar al converso (hoguera, plomo hirviendo, leones, ahogamiento, potro y puñaladas) fallaron. Cuando Pantaleón estuvo seguro de haber probado su punto de vista teológico, hizo una inclinación con la cabeza y permitió

que su macilento verdugo lo decapitara. También es patrono de la resistencia y de los tuberculosos. Festividad: 27 de julio.

DOLOR, INVOCADO CONTRA EL: Madrón, monje. Inglés (s. VI). Durante siglos, el pozo de este misionero ha curado a peregrinos que sufren de dolores corporales. Festividad: 17 de mayo.

DOLORES DE CABEZA, INVOCADOS CONTRA: 1) Denis, mártir. Italiano (s. III). También conocido como Dionisio. San Clemente lo envió junto con tres compañeros a convertir la Galia, donde todos fueron decapitados. Se dice que Dionisio se levantó, recogió su cabeza y se encaminó a una abadía, a la que inmediatamente después le pusieron su nombre. Es patrono de Francia. Festividad: 9 de octubre.

2) Avertino, ermitaño. Francés (s. XII). Antes de ser martirizado, cuando se encontraba en Touraine, promovió a diácono a su compañero Avertino. Después Avertino se convirtió en ermitaño. En los ex votos de su iglesia en Tours pueden verse las razones de sus patronatos. También es invocado contra los mareos. Festividad: 5 de mayo.

3) Teresa de Ávila, monja. Española (1515-1582). Fue obligada a dejar el convento por su delicada salud. Después fundó dieciséis conventos y varios monasterios correccionales y escribió diversos libros, entre ellos *El castillo interior*. Fue la primera Doctora de la Iglesia y es patrona de las víctimas de ataques del corazón. Fue canonizada en 1622. Festividad: 15 de octubre.

DOLORES ESTOMACALES, INVOCADO CONTRA: Wolfango (Volfango), obispo. Suabo (924-994). Se cree que el lugar donde se encuentra la tumba de este educador de clérigos y del rey Enrique II cura padecimientos estomacales. También es patrono de los leñadores. Fue canonizado en 1052. Festividad: 31 de octubre.

DOLORES DE OÍDO, VÍCTIMAS DE: Policarpo, mártir. Esmirniano (69-155). Cuando tenía 86 años de edad, un consejo de Esmirna le ordenó jurar en el nombre de Dios en vano, pero el anciano se negó a hacerlo. Así que a sus cincuenta años de ser obispo, durante la persecución ordenada por Marco Aurelio, se le sentenció a morir en la hoguera. Policarpo rezó conforme lo rodeaban las llamas, y éstas no le hicieron ningún daño. Entonces, los guardias le perforaron la garganta con una espada. La primera festividad de la Iglesia católica se celebró en su honor. Su patronato se debe a que una vez dijo que prefería perder el oído a "oír argumentos a favor de doctrinas heréticas". Festividad: 23 de febrero.

DONCELLAS: Catalina de Alejandría, mártir. Originaria de Alejandría (s. IV). Leyenda piadosa. Mujer de noble cuna que prefirió estudiar filosofía a gozarse en su belleza. Se convirtió al cristianismo inspirada por un sueño de un ermitaño. Después, convirtió a la esposa del emperador Majencio, a un oficial y a doscientos soldados. En venganza, el emperador reunió a cincuenta eruditos paganos y la retó a un debate religioso. Después de una larga y acalorada discusión, las palabras de Catalina indujeron a los cincuenta eruditos a convertirse. Majencio ordenó que la ataran a un potro, que la despedazó enseguida. Después fue decapitada. También es patrona de la elocuencia, los filósofos, los predicadores, las solteras, las hilanderas y los estudiantes. Festividad: 25 de noviembre.

DROGADICTOS: Maximiliano Kolbe, sacerdote. Polaco (1894-1941). Fue recluido en Auschwitz por sus publicaciones contra el nacismo. Cambió de lugar con un joven casado al que iban a ejecutar a cambio de un fugitivo. Lo mataron con una inyección de ácido carbónico. También es patrono de los prisioneros políticos. Fue canonizado en 1982. Festividad: 14 de agosto.

DUDA, INVOCADO CONTRA LA: Tomás, apóstol. Galileo (s. I). Hermano de San Santiago; también conocido como Dídimo o el gemelo; uno de los doce apóstoles. Dudó de la resurrección de Cristo (Juan 20: 24-29), hasta que se le permitió tocar las heridas de los costados y de las manos del Señor. De aquí el origen de la frase "como Santo Tomás, hasta no ver no creer". Su leyenda empezó después de Pentecostés. A Tomás se le encomendó la conversión de la India, tarea que no sólo le causó temor sino que se negó a emprender. Cristo mismo falló en su intento de convencer al apóstol, en un sueño, de que fuera a la India. Así que el Señor se le apareció a un mercader llamado Abban, de camino a la India, y arregló que Tomás fuera vendido como esclavo. Cuando se dio cuenta de la dirección que llevaba su nuevo amo, Tomás se sometió a la voluntad de Dios. En la India le anticiparon una gran suma para que construyera un palacio para el rey de Partia. Tomás donó el dinero a los necesitados. Cuando el rey se enteró de lo que el apóstol había hecho, ordenó su ejecución. En esos momentos, el hermano del rey murió y resucitó. El relato de su visión del cielo bastó para que el rey cambiara de opinión. El patronato de Tomás se debe a las numerosas iglesias que construyó durante sus peregrinaciones. Se cree que fue martirizado en la India. También es patrono de los arquitectos, los trabajadores de la construcción, las Indias Orientales y la India. Festividad: 3 de julio.

Duques: Enrique II, emperador. Bávaro (s. xi). El buen rey Enrique y su esposa, Santa Cunegunda, no tuvieron hijos. Después de la muerte de la pareja empezaron a correr rumores sin fundamento de que ambos habían hecho votos de castidad. Fueron cofundadores de escuelas y reformadores de la iglesia. Enrique murió con el título de emperador del Sacro Imperio Romano. También es invocado contra la esterilidad. Festividad: 15 de julio.

Duquesas: Eduviges, reina. Bávara (1174-1243). Ella y su esposo Enrique I financiaron diversas obras de caridad. Después de la muerte de Enrique, Eduviges se sintió hostigada por la tribulaciones de sus seis hijos. Encontró solaz en un abadía cisterciense, una de las primeras empresas de la pareja real, y en adelante se dedicó a cuidar indigentes. También es patrona de Bavaria, las muertes infantiles, las reinas y Silesia e invocada contra los celos y los problemas maritales. Festividad: 16 de octubre.

La esperanza siempre desvía el alma de la belleza que se mira hacia lo que está más allá, siempre despierta el deseo de ver lo oculto a través de lo que se percibe.

—San Gregorio de NeoCesarea (Nyssa)

EBANISTAS: Ana, ama de casa. Nazarena (s. I a.C.). Abuela de Jesús y esposa de Joaquín. Aparte de que procreó a la Santa Virgen María a la edad de 40 años, se conoce poco de su vida. No se sabe bien a bien por qué es patrona de los ebanistas. También es patrona de Canadá, las abuelas, las amas de casa y las parturientas. Festividad: 26 de julio.

ECOLOGISTAS: Francisco de Asís, fundador. Italiano (1181-1226). Aunque nunca fue sacerdote, es una de la figuras dominantes de la religión cristiana. Hijo de un rico comerciante de telas, Francisco llevó una vida fastuosa e irresponsable. Cuando contaba 20 años fue a combatir a Perugia, donde lo capturaron y aprisiona-ron. Después de ser liberado tuvo varias visiones de Cristo. Entonces renunció a su herencia y fundó la Orden de los Hermanos Menores. Fue la primera persona que sufrió los estigmas (cinco heridas coincidentes con las cinco heridas de Cristo) mientras oraba; sus llagas nunca sanaron. En 1223 creó la primera escena de la Natividad. También es patrono de los animales, la acción católica, Italia, los comerciantes y los zoológicos. Fue canonizado en 1228. Festividad: 4 de octubre.

ECUADOR: Inmaculado/Sagrado Corazón de María. En 1942 el Papa Pío XII santificó el Corazón de María, que desde entonces ha sido reverenciado como encarnación de la pureza y la misericordia. Para que alguien se haga acreedor al Sagrado Corazón tiene que cumplir con el código del cristiano decente: asistir a misa, rezar el rosario y comulgar, todo ello regularmente. También es patrono de Angola, Lesotho y Filipinas.

ECUMENISTAS: Cirilo y Metodio, monje y obispo respectivamente. Griegos (826-869, 815-885). "Apóstoles de los eslavos". Estos hermanos tradujeron la Biblia al eslavo, inventaron el alfabeto glagolítico y fundaron la literatura eslava. También son patronos de Moravia. Fueron canonizados en 1980. Festividad: 14 de febrero.

ECZEMA, ENFERMOS DE: Antonio el Grande, ermitaño. Egipcio (251-356). Fundador del monaquismo y primer "mártir blanco". Vivía como ermitaño en una cueva y rechazó a la multitud de mujeres desnudas que fueron enviadas para tentarlo. Esto lo motivó a llevar una vida aún más solitaria en una cueva del Monte Kolzim. Sus seguidores llevaban camisas de cabello y hacían canastas y cepillos para sustentar su búsqueda intelectual y espiritual de Dios. Se cuenta que el Emperador Constantino visitó a este sabio ermitaño para pedirle consejo. Antonio murió cuando tenía más de 100 años de edad. También es patrono de los amputados, los cesteros, los cepilleros, sepultureros y los ermitaños. Festividad: 17 de enero.

EDITORES: 1) El Divino Juan, apóstol. Galileo (s. I). Hermano de Santiago. Cristo llamó a estos hermanos "hijos del trueno". Se hablaba de Juan como el discípulo amado de Jesús (Juan 21: 20-24). Cristo, en la cruz, encargó a su madre a Juan (Juan 19:25-27). Tiempo después fue exiliado a la isla de Patmos. Es el autor del cuarto Evangelio, tres epístolas bíblicas y el Libro de la Revelación. También es patrono de los comerciantes de arte, Asia Menor, los redactores y la amistad. Festividad: 27 de diciembre.

2) Columba, misionero. Irlandés (s. VI). Algunos historiadores creen que Columba desapareció intencionalmente de Irlanda por haber provocado la batalla de Cooldrevne. Sus críticos creen que este gran amante de los libros en una ocasión pidió en préstamo el primer ejemplar del salterio de San Jerónimo a San Finio y lo copió sin autorización. Columba fue enviado ante un juez, quien le ordenó que devolviera el bien a su propietario. En vez de devolver ambos ejemplares, Columba se retiró a Escocia. Fundó diversos monasterios en ese país. Festividad: 9 de junio.

EDUCACIÓN PÚBLICA: Martín de Porres, lego. Peruano (1579-1639). Aprendiz de barbero-cirujano antes de unirse a los hermanos legos. Auxilió a los esclavos africanos llevados a Perú, fundó un orfanatorio y un hospital para niños abandonados y tenía los dones de la bilocación y el vuelo. También es patrono de los estilistas (hombres), los trabajadores de la salud, la justicia interracial y las relaciones interraciales. Fue canonizado en 1962. Festividad: 3 de noviembre.

EL SALVADOR: Nuestra Señora de la Paz. En 1966, a María se la ungió "Reina de la Paz" en El Salvador. Esta creencia se remonta a los primeros siglos del cristianismo, cuando se le rezaba a la mujer más santa para que evitara la guerra y la destrucción.

ELOCUENCIA: Catalina de Alejandría, mártir. Originaria de Alejandría (s. IV). Leyenda piadosa. Mujer de noble cuna que prefirió estudiar filosofía a gozarse en su belleza. Se convirtió al cristianismo inspirada por un sueño de un ermitaño. Después, convirtió a la esposa del emperador Majencio, a un oficial y a doscientos soldados. En venganza, el emperador reunió a cincuenta eruditos paganos y la retó a un debate religioso. Después de una larga y acalorada discusión, las palabras de Catalina indujeron a los cincuenta eruditos a convertirse. Majencio ordenó que la ataran a una rueda, que la despedazó enseguida. Después fue decapitada. También es patrona de las mujeres vírgenes, los filósofos, los predicadores, las hilanderas, las solteras y los estudiantes. Festividad: 25 de noviembre.

EMBARAZADAS: 1) Margarita, mártir. Originaria de Antioquía (s. IV). Leyenda. Fue repudiada por su padre, sacerdote pagano, por convertirse al cristianismo. Margarita se convirtió en pastora, y en esa época el gobernador puso sus ojos en ella. Los intentos fallidos de seducir a la joven lo enfurecieron a tal punto que la encarceló. Margarita confesó su fe cristiana y fue sometida a horribles torturas. Una de ellas consistió en que se la tragara un dragón, cuyo vientre fue abierto por la cruz que Margarita llevaba. Finalmente fue decapitada. También es patrona del nacimiento y la intervención divina. Festividad: 20 de julio.

2) Raimundo Nonato, cardenal. Español (1204-1240). Su madre murió por una cesárea al darlo a luz. Fue mercenario y en una ocasión se ofreció a los moros como rescate a cambio de esclavos y rehenes cristianos. Hizo conversiones dentro de la prisión y esto enfureció a los musulmanes; pero como sus carceleros se dieron cuenta de que su rescate excedería el de los demás prisioneros, lo sometieron a torturas continuas por predicar. Las negociaciones de su liberación duraron ocho meses. También es patrono del alumbramiento, los acusados en falso, las parteras y los obstetras. Fue canonizado en 1657. Festividad: 31 de agosto.

3) Gerardo Majella, hermano lego. Italiano (1726-1755). Sanador; profeta; visionario; adivinador del pensamiento; extático; bilocacionista (capaz de estar en dos lugares al mismo tiempo). En una ocasión, Gerardo fue acusado de lascivia por una mujer, y él no se defendió. Más tarde ella admitió que había mentido y fue exonerado del cargo. Es probable que su madre sea la responsable de su peculiar patronato, pues alardeaba de que su hijo había "nacido para el cielo". También es patrono del alumbramiento. Fue canonizado en 1904. Festividad: 16 de octubre.

EMERGENCIAS: Expedito. (Fechas desconocidas). No se sabe absolutamente nada de la vida de este santo. Un relato dudoso cuenta que las reliquias de un santo desconocido fueron enviadas a un convento de Francia con la palabra *spedito* escrita en la tapa. Las monjas la confundieron con la palabra *expedito* y pensaron que así se llamaba el santo difunto. Pero en el siglo XVIII también hubo un Santo Expedito, así que el asunto no está nada claro. También es patrono de las soluciones e invocado contra la dilación. Festividad: 19 de abril.

EMIGRANTES: Francisca Javiera Cabrini, monja. Italiana (1850-1917). La madre Cabrini llegó a Nueva York e inmediatamente empezó a ayudar a los emigrantes italianos. Fundó hospitales, escuelas, orfanatorios y la orden de las Hermanas del Sagrado Corazón, que se difundió en toda América y Europa. Adoptó la ciudadanía estadounidense en 1909 y fue la primer ciudadana de Estados Unidos canonizada. Su cuerpo, incorrupto, se conserva como reliquia en Manhattan. También es patrona de los administradores de hospitales. Fue canonizada en 1946. Festividad: 13 de noviembre.

EMPERATRICES: 1) Elena, emperatriz. Originaria de Bitinia (250-330). Hija de un hostelero; en el año 270 contrajo matrimonio con el general romano Constancio. Ambos se convirtieron al cristianismo. Más tarde, su hijo Constantino llegaría a ser el primer emperador cristiano del Imperio Romano. Cuenta una leyenda que durante una peregrinación a Tierra Santa, Elena descubrió la verdadera cruz de Cristo. También es patrona de los conversos y de los divorciados. Festividad: 18 de agosto.

2) Adelaida, emperatriz. Borgoñesa (931-991). Estuvo casada brevemente con Lotario, rey de Italia, quien murió poco después del nacimiento de su hija Emma.

Más tarde, Adelaida fue raptada por Berengario, que intentó forzar a la joven reina a contraer matrimonio con su hijo. Como Adelaida se negó, mandó encerrarla en una mazmorra de un castillo cercano del Lago Garda. Otón el Grande de Alemania la rescató y derrotó al ejército de Berengario. Se casó con ella en Navidad, y esto unió a los imperios alemán e italiano. La pareja crió a sus cinco hijos, a Emma y a Rodolfo, hijo de Otón. En 962, Otón fue nombrado emperador de Roma. La emperatriz Adelaida fundó monasterios y conventos e hizo generosas donaciones a los necesitados. También es patrona de la maternidad y la paternidad, las princesas, las segundas nupcias y los padres adoptivos. Festividad: 16 de diciembre.

EMPLEADOS DE FUNERARIAS: 1) José de Arimatea, discípulo. Arimateo (s. I). Presenció la crucifixión de Cristo y depositó su cuerpo en una tumba. Se le cita en los cuatro Evangelios. Cuenta la leyenda que él conservó el cáliz sagrado de la Última Cena. También es patrono de los directores de pompas fúnebres. Festividad: 17 de marzo.

2) Dimas, ladrón (s. I). Todo lo que se sabe de este "buen ladrón" es que fue crucificado al lado de Jesucristo. También es patrono de los condenados a cadena perpetua, los directores de pompas fúnebres, los prisioneros y los ladrones. Festividad: 25 de marzo.

EMPLEADOS DE TRIBUNALES: Casiano, estenógrafo. Originario de Tánger (s. III). Se convirtió al cristianismo durante el injusto juicio de San Marcelo, en el que fungió de estenógrafo. Cuando se anunció la sentencia, lanzó al piso su tableta y demás implementos de escritura y fue ejecutado de inmediato. También es patrono de los estenógrafos. Festividad : 3 de diciembre.

EMPOBRECIDOS: Martín de Tours, obispo. Húngaro (316-397). Una noche, este soldado se encontró en el portal a un campesino temblando de frío. Rompió su capa en dos y con una mitad cubrió al anciano. En un sueño, Martín vio a Jesús con la mitad de su capa y cuando despertó se convirtió al cristianismo. Después de su bautizo, marchó al campo de batalla como un impugnador consciente. Más tarde abandonó el ejército para iniciar su obra como uno de los antecesores del monaquismo, y él y sus seguidores practicaron la mortificación y la penitencia. A pesar suyo, fue elegido obispo por el pueblo de Tours. Dejó su monasterio en el campo y asumió su cargo vestido de pieles de animales. La iglesia más antigua de Inglaterra lleva su nombre. También es patrono de los jinetes y los sastres. Festividad: 8 de noviembre.

EMPRESAS EXITOSAS: Servasio, obispo. Armenio (s. IV). Este nativo de Armenia dio albergue a San Atanasio en su exilio. Servacio predijo la invasión de los hunos setenta años antes de que Atila devastara la Galia y murió poco después al regresar de un viaje de penitencia a Roma. Su bastón, cáliz y clave, que San Pedro le obsequió en una aparición, se conservan en Maastricht. También es invocado contra las afecciones de las piernas y las sabandijas. Festividad: 13 de mayo.

ENAMORADOS: 1) Rafael, arcángel. Uno de los siete arcángeles de Dios; uno de los tres arcángeles mencionados por su nombre en la Biblia. Venerado tanto en la religión judía como en la cristiana. Su nombre significa "Dios cura". También es patrono de los invidentes, las enfermeras, los médicos y los viajeros. Festividad: 29 de septiembre.

2) Valentín, mártir. Romano (s. III). Fue decapitado y enterrado el 14 de febrero. Se cuenta que en el momento de su muerte empezaron a aparearse pájaros. También es patrono de los prometidos y los saludos. Festividad: 14 de febrero

ENCUADERNADORES: Pedro Celestino V, Papa. Italiano (1210-1296). El Papa más inepto de la historia. A la edad de 84 años, a este ermitaño le conmocionó la noticia de que había sido elegido Papa por disputas políticas dentro de la iglesia. Aparte de su santidad, no era apto para el cargo papal; duró cinco meses en el Vaticano. Fue canonizado en 1313. Festividad: 19 de mayo.

ENFERMERAS: Ágata, mártir. Siciliana (s. III). Leyenda. El gobernador Quintiano aprovechó la persecución de los cristianos para tratar de poseerla. Ella rechazó sus insinuaciones y fue brutalmente torturada. Su captor intentó someterla por hambre, le rebanó los senos y la envolvió en carbones y pedazos de cerámica ardiente. Ella murió en su celda. En las primera pinturas de esta santa se presentan sus pedazos de pecho en una bandeja, y parecen panes. De aquí que en su festividad se bendiga el pan. También es patrona de las víctimas de violación e invocada contra las erupciones volcánicas y las afecciones del pecho. Festividad: 5 de febrero.

2) Camilo de Lellis, fundador. Italiano (1550-1614). Una inflamación ulcerada en un pie le impidió unirse a la orden de los Capuchinos, entonces asumió el cargo de director de un hospital y se ordenó. Después fundó los Sirvientes de los Enfermos, orden lega de enfermeros que organizó el primer operativo de ambulancias militares.

También es patrono de los hospitales, los enfermeros y los enfermos. Festividad: 14 de julio.

3) Juan de Dios, fundador. Portugués (1495-1550). Fue soldado, pastor, vagabundo y librero. A la edad de 40 años oyó un sermón de Juan de Ávila y enloqueció de culpa. Juan de Ávila lo visitó en su celda, donde Juan de Dios confesó sus pecados y se convirtió al cristianismo. Construyó un hospital y dedicó su vida a cuidar a enfermos y necesitados. Perdió la vida tratando de salvar a un hombre de morir ahogado. Después de su muerte se le nombró fundador de los Hermanos Hospitalarios. También es patrono de los alcohólicos, los libreros, los enfermos del corazón, los hospitales, los impresores y los enfermos. Fue canonizado en 1690. Festividad: 8 de marzo.

4) Rafael, arcángel. Uno de los siete arcángeles de Dios; uno de los tres arcángeles mencionados por su nombre en la Biblia. Venerado tanto en la religión judía como en la cristiana. Su nombre significa "Dios cura". También es patrono de los invidentes, los enamorados, los médicos y los viajeros. Festividad: 29 de septiembre.

ENFERMEROS: Camilo de Lellis, fundador. Italiano (1550-1614). Una inflamación ulcerada en un pie le impidió unirse a la orden de los Capuchinos, entonces asumió el cargo de director de un hospital y se ordenó. Después fundó los Sirvientes de los Enfermos, orden lega de enfermeros que organizó el primer operativo de ambulancias militares. También es patrono de los hospitales, las enfermeras y los enfermos. Festividad: 14 de julio.

ENFERMOS: 1) Juan de Dios, fundador. Portugués (1495-1550). Fue soldado, pastor, vagabundo y librero. A la edad de 40 años oyó un sermón de Juan de Ávila y enloqueció de culpa. Juan de Ávila lo visitó en su celda, donde Juan de Dios confesó sus pecados y se convirtió al cristianismo. Construyó un hospital y dedicó su vida a cuidar a enfermos y necesitados. Perdió la vida tratando de salvar a un hombre de morir ahogado. Después de su muerte se le nombró fundador de los Hermanos Hospitalarios. También es patrono de los alcohólicos, los libreros, los enfermos del corazón, los hospitales, las enfermeras y los impresores. Fue canonizado en 1690. Festividad: 8 de marzo.

2) Camilo de Lellis, fundador. Italiano (1550-1614). Una inflamación ulcerada en un pie le impidió unirse a la orden de los Capuchinos, entonces asumió el cargo de director de un hospital y se ordenó. Después fundó los Sirvientes de los Enfermos, orden lega de enfermeros que organizó el primer operativo de ambulancias militares. También es patrono de los hospitales, los enfermeros y las enfermeras. Festividad: 14 de julio.

3) Miguel, arcángel. Uno de los siete arcángeles de Dios y uno de los tres mencionados por su nombre en la Biblia. En el Viejo Testamento se citan dos apariciones suyas ante Moisés y Abraham. En el Nuevo Testamento se le menciona luchando contra Satanás con el cuerpo de Moisés y arrojando del cielo a Lucifer y a sus cohortes. En el arte suele representársele con una balanza (que simboliza que está pesando las almas) en una mano, y matando a un dragón (Satanás) con la otra. También es patrono de las batallas, los difuntos, los abarroteros, los marinos, los soldados, los paracaidistas, los oficiales de policía y los radiólogos. Festividad: 29 de septiembre.

ENFERMOS DE HERNIA: 1) Conrado, ermitaño. Italiano (s. XIV). Un día que estaba cazando, le prendió fuego a unos arbustos al dispararles para hacer que las presas se pusieran al descubierto. El viento cambió y difundió el fuego hacia el pueblo, lo que causó que Conrado sintiera pánico y corriera a su casa. Había decidido no responsabilizarse de sus actos, hasta que se enteró que habían culpado del desastre a un viejo. Su ejecución estaba programada para el día siguiente. Conrado le reveló la verdad a su esposa y se entregó. Como pena, se le ordenó que compensara a todas las víctimas del incendio y pagara una fuerte multa, lo cual hicieron él y su esposa. Después donaron a obras de caridad lo poco que les quedó. Ella se unió a las Pobres Clarisas y él a una ermita, donde vivió muchos años. Su patronato se debe a que un gran número de enfermos de hernia se han recuperado en su tumba. Festividad: 19 de febrero.

2) Drogon, pastor. Flamenco (1105-1189). En su infancia se enteró de que su padre había muerto antes de que él naciera y que su madre se había suicidado por ello. Esto le causó una fuerte impresión al niño, que era de noble linaje y a la sazón tenía 10 años. A mediados de sus años cuarenta, mientras pastoreaba ovejas, se le reventó una hernia y esto lo dejó desfigurado. Perforó un orificio en una pared de la iglesia para poder escuchar misa sin distraer la atención del sermón. Sus cuarenta años de vida restantes los dedicó a la oración y la penitencia. También es patrono de los dependientes de cafeterías, la gente simple y los pastores. Festividad: 16 de abril.

ENVENENAMIENTO, INVOCADO CONTRA EL: Benito de Nursia monje. Italiano (480-547). Se le reconoce como padre del monaquismo occidental. A los 14 años de edad dejó a su noble familia y a su hermana, Santa Escolástica, para continuar sus estudios en Roma. A los 20, eligió llevar una vida de ermitaño y se instaló en una cueva; a los 30, ya había fundado una docena de monasterios. Durante siglos, en toda Europa se tomó como modelo de la vida monástica su libro de reglas sagradas. Después de que un monje llamado Florentino intentó envenenarlo, por considerar su método demasiado fastidioso, Benito renunció a su cargo de abad. Sistematizó una docena de monasterios y estableció el monaquismo occidental. También es patrono de Europa, los monjes y los espeleólogos e invocado contra la brujería. Festividad: 21 de marzo.

EPIDEMIAS, INVOCADA CONTRA: Godberta, monja. Alemana (s. VI). Se dice que en medio de una multitud, el obispo San Eligio le puso un anillo en un dedo y la proclamó casada con la Iglesia. Es famosa por haber extinguido un voraz incendio haciendo la señal de la cruz. También es invocada contra la sequía. Festividad: 5 de abril.

EPILÉPTICOS: 1) Dimpna, mártir. Irlandesa (s. VII). Cuento popular. Acompañada por su confesor, huyó de su incestuoso padre, un caudillo. En Bélgica vivieron como ermitaños en un oratorio construido por ellos, hasta que su padre y sus hombres los acosaron. El confesor fue asesinado y ella decapitada por negarse a volver a su casa. En la tumba de Dimpna se han curado muchos. También es patrona de los fugitivos e invocada contra los desórdenes mentales, la posesión diabólica y el sonambulismo. Festividad: 15 de mayo.

2) Vito, mártir. Siciliano (s. III). Leyenda. Después de exorcizar de espíritus malignos (*Chorea*) al hijo del

emperador Diocleciano, éste lo acusó de brujería. Vito fue lanzado a un tanque de agua hirviendo, del cual salió milagrosamente ileso. Junto con dos compañeros escapó de Roma con la ayuda de un ángel y se cree que fue martirizado en la provincia de Lucania. También es patrono de los actores, los comediantes y los bailarines. Festividad: 15 de junio.

ERMITAÑOS: 1) Gil, ermitaño. Inglés (s. VIII). Ermitaño de un bosque; fue herido por una flecha por proteger a una cierva que había estado alimentando durante un año. Al rey lo conmovió tanto la compasión del lisiado que lo nombró su consejero. También es patrono de los mendigos, la lactancia natural, los caballos, los discapacitados y los bosques. Festividad: 1º de septiembre.

2) Antonio el Grande, ermitaño. Egipcio (251-356). Fundador del monaquismo y primer "mártir blanco". Vivía como ermitaño en una cueva y rechazó a la multitud de mujeres desnudas que fueron enviadas para tentarlo. Esto lo motivó a llevar una vida aún más solitaria en una cueva del Monte Kolzim. Sus seguidores llevaban camisas de cabello y hacían canastas y cepillos para sustentar su búsqueda intelectual y espiritual de Dios. Se cuenta que el emperador Constantino visitó a este sabio ermitaño para pedirle consejo. Antonio murió cuando tenía más de 100 años de edad. También es patrono de los amputados, los cesteros, los cepilleros y los sepultureros e invocado contra el eczema. Festividad: 17 de enero.

ERUDITOS: 1) Beda el Venerable, monje. Originario de Northumbria (673-735). Doctor de la Iglesia y "padre" de la historia inglesa, si bien Beda nunca se aventuró más que unos cuantos kilómetros más allá de su monasterio de Wearmouth-Jarrow. En el canon se lo considera como uno de los hombres más ilustrados de la historia católica. Autor de *Historia de la Iglesia y el pueblo ingleses* y de varios himnos y homilías; primer autor de la prosa inglesa. La muerte lo sorprendió traduciendo las últimas palabras del Evangelio según San Juan. Festividad: 25 de mayo.

2) Brígida (Bridget), monja. Irlandesa (450-525). Sus padres fueron bautizados por San Patricio. Brígida se metió de monja; fundó el primer convento de Irlanda, un monasterio y una escuela de arte en Kildare. Su patronato se debe a un relato popular según el cual Brígida una vez convirtió agua en leche. Después se la dio a un leproso y éste se curó inmediatamente de su afección. También es patrona de los lecheros, Irlanda y las monjas. Festividad: 1º de febrero.

ERUPCIONES VOLCÁNICAS, INVOCADA CONTRA: Ágata, mártir. Siciliana (s. III). Leyenda. El gobernador Quintiano aprovechó la persecución de los cristianos para tratar de poseerla. Ella rechazó sus insinuaciones y fue brutalmente torturada. Su captor intentó someterla por hambre, le rebanó los senos y la envolvió en carbones y pedazos de cerámica ardiente. Ella murió en su celda. En las primera pinturas de esta santa se presentan sus pedazos de pecho en una bandeja, y parecen panes. De aquí que en su festividad se bendiga el pan. También es patrona de las enfermeras y las víctimas de violación e invocada contra las afecciones del pecho. Festividad: 5 de febrero.

ESCALOFRÍOS, INVOCADO CONTRA: Plácido, mártir. Italiano (s. VI). Cuenta una leyenda que él y sus tres hermanos, junto con treinta seguidores suyos, fueron martirizados por piratas por negarse a idolatrar a dioses paganos. Se descubrió que el documento de esta leyenda es una falsificación de Pedro el Diácono. A temprana edad, Plácido fue entregado al cargo de San Benito y toda su vida fue un monje devoto. Cuando era joven, San Mauro lo salvó de morir ahogado, lo cual puede ser la explicación de su patronato. Festividad: 5 de octubre.

ESCANDINAVIA: Anscario, monje. Francés (801-865). Llamado el "Apóstol del Norte". Dedicó su vida a convertir al cristianismo infieles en Escandinavia, que a su muerte regresaron a sus costumbres paganas. Doscientos años más tarde la presencia del cristianismo empezó a adquirir más prominencia. También es patrono de Dinamarca. Festividad: 3 de febrero.

ESCLAVITUD, VÍCTIMAS DE LA: Pedro Claver, misionero. Catalán (1580-1654). Como misionero en Nueva Granada (Colombia), se ocupó de los trescientos mil esclavos africanos que fueron llevados a trabajar a las minas y plantaciones de Cartagena. También es patrono de los afroamericanos y de Colombia. Fue canonizado en 1888. Festividad: 9 de septiembre.

ESCOCIA: Andrés, apóstol. Originario de Bethsaida (s. I). Hijo de Jonás. Este pescador fue el primero que siguió el llamado de Jesucristo, y después él convirtió a su hermano Pedro. Presenció la alimentación de los cinco mil (San Juan 6: 8-9). Después de la resurrección de Jesucristo, Andrés logró escapar a Grecia y fue crucificado en Achaia. También es patrono de los pescadores, Grecia y Rusia. Festividad: 30 de noviembre.

Escritores: 1) Francisco de Sales, obispo, escritor. Francés (1567-1622). Se doctoró en leyes a la edad de 24 años. En un lapso de cinco años sobrevivió a numerosos intentos de asesinato y logró reconvertir el catolicismo a miles de calvinistas. Los escritos de Francisco incluyen *Introducción a la vida devota* (1609) y *Tratado sobre el amor de Dios* (1616). Fue el primer beatificado en San Pedro. También es patrono de los autores, la prensa católica, los sordos y los periodistas. Fue canonizado en 1877. Festividad: 24 de enero.

2) Lucía, mártir. Italiana (s. IV). Mito piadoso. Se cuenta que una vez un pretendiente que le impusieron le dijo que tenía unos ojos muy bonitos. Lucía se los arrancó y se los entregó a su horrorizado futuro marido, quien de inmediato hizo que la condenaran por sus creencias cristianas. Como no ardió en las llamas, finalmente la acuchillaron en la garganta. Su nombre quiere decir "luz". También es patrona de los cuchilleros e invocada contra los problemas de la vista y las hemorragias. Festividad: 13 de diciembre.

Escuelas: 1) José de Calasanz, fundador. Aragonés (1557-1648). En 1597, este sacerdote graduado en ciencias divinas y leyes abrió una escuela en la parte sórdida del Tíber. Así empezó la orden de Clérigos Regulares de Escuelas Religiosas, dedicada a educar niños de escuela primaria. En toda Europa existen sus escuelas religiosas. Fue canonizado en 1767. Festividad: 25 de agosto.

2) Tomás de Aquino, teólogo. Napolitano (1225-1274). Su aristocrática familia se oponía tanto a sus búsquedas religiosas que lo encerró durante quince meses. Este intento de hacerlo cambiar de opinión resultó infructuoso. Fue el pensador más grande de la

Edad Media; autor de obras teológicas, entre ellas *Summa contra Gentiles* y *Summa Theologica*. Fue declarado Doctor de la Iglesia en 1567. También es patrono de los académicos, la castidad, los colegios, los fabricantes de lápices. Fue canonizado en 1323. Festividad: 28 de enero.

Escultores: Cuatro Mártires Coronados, mártires. Yugoslavos (s. iii). Cástulo, Clodoaldo, Nicostrato y Sempronio eran unos diestros talladores que se negaron a esculpir una estatua pagana para el emperador Diocleciano. Fueron lanzados a un río atados a pesas de plomo. También son patronos de los francmasones. Festividad: 8 de noviembre.

Eslovaquia: Nuestra Señora de los Dolores. Los siete dolores de la Santa Virgen María son los siguientes: 1) la aprehensión de Cristo; 2) el juicio de Cristo ante Poncio Pilatos; 3) la condena de Cristo ante Pilatos y el pueblo judío; 4) la crucifixión de Cristo; 5) la muerte de Cristo en la cruz; 6) el descenso de Cristo de la cruz; y 7) la inhumación de Cristo.

España: Santiago el Mayor, apóstol. Galileo (s. i). Se le llama Santiago "el Mayor" para diferenciarlo del otro apóstol Santiago "el Menor". Él y su hermano Juan "abandonaron sus redes de pesca" en el Mar de Galilea y siguieron a Jesús; fueron testigos tanto de la transfiguración como de la agonía de Jesús en el huerto. A Santiago lo decapitaron en Jerusalén; fue el primer apóstol martirizado. También es patrono de Chile, los peleteros, Guatemala, Nicaragua, los farmacéuticos y los peregrinos e invocado contra la artritis y el reumatismo. Festividad: 25 de julio.

ESPASMOS, INVOCADO CONTRA: Juan Bautista, mártir. Israelita (s. I). Primo de Jesucristo; un ángel le anunció su nacimiento a su padre, Zacarías. Juan bautizó a varios de los apóstoles y a Jesús mismo. Fue encarcelado por condenar la relación incestuosa de Herodes con su sobrina Herodías, que era esposa de su medio hermano Felipe. Herodes ofreció a la hija de Herodías, Salomé, todo lo que quisiera. Hostigada por su madre, Salomé pidió la cabeza de Juan en una bandeja. También es patrono del bautismo y los herradores. Festividad: 24 de junio.

ESPELEÓLOGOS: Benito de Nursia, monje. Italiano (480-547). Se le reconoce como padre del monaquismo occidental. A los 14 años de edad dejó a su noble familia y a su hermana, Santa Escolástica, para continuar sus estudios en Roma. A los 20, eligió llevar una vida de ermitaño y se instaló en una cueva; a los 30, ya había fundado una docena de monasterios. Durante siglos, en toda Europa se tomó como modelo de la vida monástica su libro de reglas sagradas. Después de que un monje llamado Florentino intentó envenenarlo, por considerar su método demasiado fastidioso, Benito renunció a su cargo de abad. Sistematizó una docena de monasterios y estableció el monaquismo occidental. También es patrono de Europa y los monjes e invocado contra el envenenamiento y la brujería. Festividad: 21 de marzo.

ESQUIADORES: Bernardo de Montijoix, sacerdote. Italiano (996-1081). Dedicó sus cuarenta años de sacerdote a la residencia de los Alpes. Constructor de escuelas e iglesias, es famoso por el Gran Bernardo y el Pequeño Bernardo, dos refugios creados en pasos de montaña para viajeros de todas la religiones y orígenes. También es patrono de los alpinistas y los montañistas. Festividad: 28 de mayo.

ESTADOS UNIDOS DE AMÉRICA: Inmaculada Concepción. En 1854, el Papa Pío IX declaró que la Santa Virgen María había sido concebida sin el pecado original, inmaculadamente, y llevado una vida libre de pecado. También es patrona de Brasil, Córcega, Portugal y Tanzania.

ESTENÓGRAFOS: 1) Casiano, estenógrafo. Originario de Tánger (s. III). Se convirtió al cristianismo durante el injusto juicio de San Marcelo, en el que fungió de estenógrafo. Cuando se anunció la sentencia, lanzó al piso su tableta y demás implementos de escritura y fue ejecutado de inmediato. También es patrono de los empleados de tribunales.

2) Genesio, mártir. Romano (s. III). Leyenda. Este comediante se convirtió al cristianismo durante una representación de una pieza medieval del bautismo cristiano en Roma, para el emperador Diocleciano. Por no obedecer la orden del emperador de que abjurara, Genesio fue torturado y decapitado en el escenario. También es patrono de los actores, los abogados, los impresores y los secretarios. Festividad: 25 de agosto.

ESTERILIDAD, INVOCADO CONTRA LA: 1) Enrique II, emperador. Bávaro (s. XI). El buen rey Enrique y su esposa, Santa Cunegunda, no tuvieron hijos. Después de la muerte de la pareja empezaron a correr rumores sin fundamento de que ambos habían hecho votos de castidad. Fueron cofundadores de escuelas y reformadores de la Iglesia. Enrique murió con el título de emperador del Sacro Imperio Romano. También es patrono de los duques. Festividad: 15 de julio.

2) Rita, monja. Italiana (1381-1457). Su matrimonio, que fue arreglado, tocó a su fin cuando su abusivo marido fue asesinado en una riña. Sus dos hijos buscaban vengar la muerte de su padre, pero Rita prefería verlos muertos antes de que se convirtieran en asesinos. Oró por sus almas y poco después ambos enfermaron y murieron. Rita intentó por tercera vez ser aceptada en un convento de Agustinos (las dos primeras veces fue rechazada por no ser virgen). Mientras escuchaba un sermón sobre la corona de espinas, en su frente apareció una herida en forma de espina que permaneció ahí el resto de su vida. Se le atribuyen milagros después de su muerte y es invocada contra la hemorragia y los problemas maritales. Fue canonizada en 1900. Festividad: 22 de mayo.

ESTIBADORES: Nicolás de Mira, obispo. Licio (s.IV). Mejor conocido como San Nicolás. Se tienen pocos datos de su vida. Dirigió un monasterio, fue prisionero durante las persecuciones cristianas y estuvo presente en el Concilio de Nicea. El resto es mito. Se cuenta que había un padre que era tan pobre que no podía dar dote a sus tres hijas. Nicolás arrojó tres sacos de oro por la ventana de su cocina y poco después las tres hijas se casaron. También es patrono de los muchachos, las novias, los niños, Grecia, los comerciantes, los prestamistas, las solteronas y los viajeros. Festividad: 6 de diciembre.

ESTILISTAS (HOMBRES): Martín de Porres, lego. Peruano (1579-1639). Aprendiz de barbero-cirujano antes de unirse a los hermanos legos. Auxilió a los esclavos africanos llevados a Perú, fundó un orfanatorio y un hospital para niños abandonados y tenía los dones de la bilocación y el vuelo. También es patrono de los trabajadores de la salud, la justicia interracial, la educación pública y las relaciones interraciales. Fue canonizado en 1962. Festividad: 3 de noviembre.

ESTILISTAS (MUJERES): María Magdalena. Originaria de Magdalena (s. I). Es famosa por haber lavado con sus lágrimas, secado con su cabello y ungido con perfume los pies a Cristo. No existe ninguna referencia a que la adúltera arrepentida que se menciona en el Nuevo Testamento realmente fuera María. Cristo expulsó del cuerpo de ella siete demonios (San Marcos 16: 9; San Lucas 8: 2). María Magdalena presenció la crucifixión (San Mateo 27: 56; San Marcos 15: 40; San Juan 19: 25) y fue la primera persona que vio a Cristo después de su resurrección (San Mateo 28: 9; San Marcos 16: 9; San Juan 20: 1-18). También es patrona de los perfumistas y las prostitutas arrepentidas.

ESTRÉS: Gualterio de Pontnoise, abad. Francés (s. XVII). Profesor de filosofía; fue reclutado por el rey Felipe I, quien lo persuadió de que ocupara el cargo de abad de un monasterio local. Gualterio aceptó con la condición de no estar subordinado a la corona. Poco después de asumir el cargo, se sintió abrumado por sus responsabilidades y empezó a escabullirse para orar a solas. Sin embargo, puesto que era muy solicitado como abad, cada vez que encontraba un lugar de retiro, sus fanáticos lo buscaban. Su situación empeoró cuando el Papa Gregorio XV rechazó su renuncia.

Gualterio pasó el resto de su vida ayudando a otros y buscando rincones silenciosos para automortificarse. También es patrono del estrés laboral y de los vinateros. Festividad: 8 de abril.

ESTUDIANTES: Catalina de Alejandría, mártir. Originaria de Alejandría (s. IV). Leyenda piadosa. Mujer de noble cuna que prefirió estudiar filosofía a gozarse en su belleza. Se convirtió al cristianismo inspirada por un sueño de un ermitaño. Después, convirtió a la esposa del emperador Majencio, a un oficial y a doscientos soldados. En venganza, el emperador reunió a cincuenta eruditos paganos y la retó a un debate religioso. Después de una larga y acalorada discusión, las palabras de Catalina indujeron a los cincuenta eruditos a convertirse. Majencio ordenó que la ataran a una rueda, que la despedazó enseguida. Después fue decapitada. También es patrona de la elocuencia, las doncellas, los filósofos, los predicadores, las solteras y las hilanderas. Festividad: 25 de noviembre.

EUROPA: Benito de Nursia, monje. Italiano (480-547). Se le reconoce como padre del monaquismo occidental. A los 14 años de edad dejó a su noble familia y a su hermana, Santa Escolástica, para continuar sus estudios en Roma. A los 20, eligió llevar una vida de ermitaño y se instaló en una cueva; a los 30, ya había fundado una docena de monasterios. Durante siglos, su libro de reglas sagradas se tomó como modelo de la vida monástica en toda Europa. Después de que un monje llamado Florentino intentó envenenarlo por considerar su método demasiado fastidioso, Benito renunció a su cargo de abad. Sistematizó una docena de monasterios y estableció el monaquismo occidental. Es patrono de los monjes y los espeleólogos e invocado contra el envenenamiento y la brujería. Festividad: 21 de marzo.

EXPOSICIÓN, INVOCADO CONTRA LA: Valeriano, obispo. Africano (s. v). El rey Ariano de Genseric le exigió que le entregara los bienes de la Iglesia, pero el obispo Valeriano se negó. Entonces lo lanzaron de su casa. El rey decretó que aquel que intentara alimentar o alojar al vagabundo, que a la sazón tenía 86 años, sería castigado. Valeriano murió congelado una noche de invierno. También es patrono de las víctimas de congelamiento. Festividad: 15 de diciembre.

Pobre razón humana, que cuando confía en sí misma confunde los absurdos más extraños con los conceptos divinos más elevados.

—San Juan Crisóstomo

FABRICANTES DE CINTURONES: Alexis, sirviente. Romano (s. v). También conocido como "Hombre de Dios". Después de su muerte se encontró una autobiografía que reveló que era hijo de un acaudalado senador a quien sirvió durante sus últimos diecisiete años. También es patrono de los mendigos. Festividad: 17 de julio.

FABRICANTES DE LÁPICES: Tomás de Aquino, teólogo. Napolitano (1225-1274). Su aristocrática familia se oponía tanto a sus búsquedas religiosas que lo encerró durante quince meses. Este intento de hacerlo cambiar de opinión resultó infructuoso. Fue el pensador más grande de la Edad Media; autor de obras teológicas, entre ellas *Summa contra Gentiles* y *Summa Theologica*.

Fue declarado Doctor de la Iglesia en 1567. También es patrono de los académicos, la castidad, los colegios y las escuelas. Fue canonizado en 1323. Festividad: 28 de enero.

FABRICANTES DE ÓRGANOS: Cecilia, mártir. Romana (fechas desconocidas). Leyenda. El día de su boda, Cecilia no podía oír la música que estaban tocando porque sólo se oía a sí misma cantándole a Dios. Su esposo, Valerio, aceptó su petición de vivir con ella castamente. La pareja y el hermano de él fueron sorprendidos dando sepultura a los cuerpos de cristianos. Los hermanos fueron decapitados primero. El verdugo falló al decapitarla, por lo que ella sufrió una agonía de tres días. También es patrona de los compositores, los músicos, los poetas y los cantantes. Festividad: 22 de noviembre.

FARMACÉUTICOS: 1) Gemma Galani, mística. Italiana (1878-1903). Quedó huérfana a los 19 años; padecía de tuberculosis espinal y esto le impidió convertirse en monja pasionaria. Se curó milagrosamente rezándole a su intercesor, San Gabriel Possenti. A los 21 años empezaron a aparecerle estigmas y otras marcas de las aflicciones del Señor. El diablo también la visitó y la indujo a escupir en la cruz y romper un rosario. Gemma murió pacíficamente a la edad de 25 años. Su canonización en 1940 levantó mucha polémica. Su patronato de los farmacéuticos se debe a la ocupación de su padre. También es patrona de los tuberculosos. Festividad: 11 de abril.

2) Cosme y Damián, mártires. Árabes (s. IV). Conocidos como los "santos indigentes". Eran dos médicos gemelos que atendían gratuitamente a sus pacientes y fueron decapitados junto con sus otros tres hermanos

por sus creencias cristianas. Algunos críticos opinan que su leyenda se deriva del mito griego de Cástor y Pólux. También son patronos de los barberos, los doctores, los boticarios, los médicos y los cirujanos. Festividad: 26 de septiembre.

3) Santiago el Mayor, apóstol. Galileo (s. i). Se le llama Santiago "el Mayor" para diferenciarlo del otro apóstol Santiago "el Menor". Él y su hermano Juan "abandonaron sus redes de pesca" en el Mar de Galilea y siguieron a Jesús; fueron testigos tanto de la transfiguración como de la agonía de Jesús en el huerto. A Santiago lo decapitaron en Jerusalén; fue el primer apóstol martirizado. También es patrono de Chile, los peleteros, Guatemala, Nicaragua, los peregrinos y España e invocado contra la artritis y el reumatismo. Festividad: 25 de julio.

Fiebre, enfermos de: 1) Antonino de Florencia, arzobispo. Italiano (1389-1405). Fundador de la orden de San Marco, sanador y teólogo. Fue canonizado en 1523. Festividad: 10 de mayo.

2) Alberto de Trapani, fraile. Italiano (s. xvii). Este fraile carmelita ayudaba a las víctimas de la peste en Sicilia. También es patrono de los enfermos de ictericia. Festividad: 8 de agosto.

Filipinas: Inmaculado/Sagrado Corazón de María. En 1942 el Papa Pío XII santificó el Corazón de María, que desde entonces ha sido reverenciado como encarnación de la pureza y la misericordia. Para que alguien se haga acreedor al Sagrado Corazón, tiene que cumplir con el código del cristiano decente: asistir a misa, rezar el rosario y comulgar, todo ello regularmente. También es patrona de Angola, Ecuador y Lesotho.

Filósofos: 1) Catalina de Alejandría, mártir. Originaria de Alejandría (s. IV). Leyenda piadosa. Mujer de noble cuna que prefirió estudiar filosofía a gozarse en su belleza. Se convirtió al cristianismo inspirada por un sueño de un ermitaño. Después, convirtió a la esposa del emperador Majencio, a un oficial y a doscientos soldados. En venganza, el emperador reunió a cincuenta eruditos paganos y la retó a un debate religioso. Después de una larga y acalorada discusión, las palabras de Catalina indujeron a los cincuenta eruditos a convertirse. Majencio ordenó que la ataran a un potro, que la despedazó enseguida. Después fue decapitada. También es patrona de la elocuencia, las doncellas, los predicadores, las solteras, las hilanderas y los estudiantes. Festividad: 25 de noviembre.

2) Justino el Filósofo, mártir. Palestino (s. II). Después de estudiar diversas filosofías, adoptó el cristianismo. Fundó una escuela de filosofía en Roma. Fue martirizado junto con cinco hombres y una mujer por negarse a adorar a dioses paganos. También es patrono de los apologistas. Festividad: 1° de junio.

Finlandia: Enrique de Upsala, mártir. Inglés (s.XII). Este obispo fue compañero del rey Eric de Suecia durante las batallas contra los piratas finlandeses. Enrique se quedó en Finlandia para servir como misionero. Un converso descontento llamado Lali asesinó a Enrique porque hacía tiempo le había impuesto una pena severa por un crimen. Festividad: 19 de enero.

Floristas: Teresa de Lisieux, monja. Francesa (1873-1897). También conocida como la "florecita". Ella y sus cinco hermanas se ordenaron como monjas carmelitas. Autora de *Historia de un alma*, Teresa escribió que "dejaría caer un aluvión de rosas" (milagros) a su paso. Murió de tuberculosis el 30 de septiembre y cumplió su palabra. También es patrona de los aviadores, las misiones extranjeras y Francia. Fue canonizada en 1925. Festividad: 1º de octubre.

Forjadores de espadas: Mauricio, oficial. Egipcio (s. III). Leyenda. Mauricio, oficial de la legión tebana, alentó a su pelotón cristiano a rechazar la petición de Maximiano Herculio de que adorara a dioses paganos. Maximiano ordenó la ejecución de uno de cada diez hombres, pero con esto no logró disuadirlos. Entonces, ordenó una segunda y una tercera ejecución, hasta que acabó con toda la unidad. También es patrono de los tintoreros, los soldados de infantería, los afiladores y los tejedores, e invocado contra la gota. Festividad: 22 de septiembre.

Francia: 1) Nuestra Señora de la Asunción. En 1950, el Papa Pío XII supuso que dado que la Santa Virgen María fue concebida sin pecado ("revelado por Dios y definido como dogma" por el Papa Pío IX en 1854), a su muerte había ascendido al cielo (en cuerpo y alma). También es patrona de la India, Malta, Paraguay y Sudáfrica.
2) Juana de Arco, soldado. Francesa (1412-1431). Conocida en Francia como Jean la Pucelle (la Doncella de Orléans). Hija de un campesino; a la edad de 14 años empezó a oír voces que le decían que estaba destinada a salvar a Francia del dominio inglés. Después de que un consejo de teólogos dictaminó la salud mental de Juana, el rey Carlos VII puso a un ejército bajo su mando, con el cual derrotó a los invasores ingleses. Después fue capturada y

vendida a los enemigos. El rey Carlos no movió un dedo para salvarla. Como los ingleses no podían admitir abiertamente que los había derrotado, la acusaron de herejía y brujería y la condenaron a morir en la hoguera. Juana murió a la edad de 19 años. También es patrona de los soldados. Fue canonizada en 1920. Festividad: 30 de mayo.

3) Teresa de Lisieux, monja. Francesa (1873-1897). También conocida como la "florecita". Ella y sus cinco hermanas se ordenaron como monjas carmelitas. Autora de *Historia de un alma*, Teresa escribió que "dejaría caer un aluvión de rosas" (milagros) a su paso. Murió de tuberculosis el 30 de septiembre y cumplió su palabra. También es patrona de los aviadores, los floristas y las misiones extranjeras. Fue canonizada en 1925. Festividad: 1º de octubre.

4) Denis, mártir. Italiano (s. III). También conocido como Dionisio. San Clemente lo envió junto con tres compañeros a convertir la Galia, donde todos fueron decapitados. Se dice que Dionisio se levantó, recogió su cabeza y se encaminó a una abadía, a la que inmediatamente después le pusieron su nombre. Es invocado contra los dolores de cabeza. Festividad: 9 de octubre.

Francmasones: Cuatro Mártires Coronados, mártires. Yugoslavos (s. III). Cástulo, Clodoaldo, Nicostrato y Sempronio eran unos diestros talladores que se negaron a esculpir una estatua pagana para el emperador Diocleciano. Fueron lanzados a un río atados a pesas de plomo. También son patronos de los escultores. Festividad: 8 de noviembre.

Fugitivos: 1) Elodia, mártir. Española (s. IX). Ella y su hermana, Santa Nunilo, eran golpeadas con frecuencia por su padrastro, un musulmán. Ambas huyeron cuando su padrastro las amenazó con obligarlas a romper sus votos de castidad dándolas en matrimonio a unos musulmanes. Elodia y Nunilo fueron denunciadas ante las autoridades por su fe cristiana, y aprendidas y decapitadas. También son patronas de los niños víctimas de abuso. Festividad: 22 de octubre.

2) Dimpna, mártir. Irlandesa (s. VII). Cuento popular. Acompañada por su confesor, huyó de su incestuoso padre, un caudillo. En Bélgica vivieron como ermitaños en un oratorio construido por ellos, hasta que su padre y sus hombres los acosaron. El confesor fue asesinado y ella decapitada por negarse a volver a su casa. En la tumba de Dimpna se han curado muchas personas. También es patrona de los epilépticos e invocada contra la posesión diabólica, los desórdenes mentales y el sonambulismo. Festividad: 15 de mayo.

FUNDACIONES: Antonio Claret, arzobispo. Catalán (s. XIX). Antonio María Claret y Clara trabajaban de día con su padre, un tejedor de telas, y de noche estudiaban latín y religión. Antonio se ordenó a los 25 años y posteriormente fue nombrado arzobispo de Cuba. Sus sermones (que ascendieron a más de diez mil) eran tan persuasivos que una mujer que se reconvirtió al catolicismo influida por ellos estuvo a punto de ser asesinada por su celoso amante. Antonio fundó un museo de historia natural, un laboratorio de ciencias, escuelas de idiomas y música y otras instituciones. Publicó 200 libros y panfletos religiosos, muchos de los cuales se encuentran en la Librería Religiosa de Barcelona, otra de sus obras. Festividad: 24 de octubre.

FUNDADORES: Bárbara, mártir. (s. IV). Ficción religiosa. Esta leyenda se remonta al siglo VII y puede encontrarse en escritos de Toscana, Roma, Antioquía, Heliópolis y Nicomedia. Se trata de una joven cuyo padre, que era pagano, la encerró en una torre antes de emprender un largo viaje. Durante su cautiverio se convirtió al cristianismo y ordenó que construyeran tres ventanas para representar a la Santa Trinidad. Cuando su padre regresó, lo enfureció tanto la preferencia religiosa de su hija que la entregó a las autoridades. Aunque fue sometida a una horrenda tortura, Bárbara se negó a renegar de su fe. El juez le ordenó al padre que le diera muerte con sus propias manos; la asesinó en una montaña e inmediatamente fue muerto por un rayo. También es patrona de los arquitectos, los constructores, los moribundos, la prevención de incendios, los mineros, los prisioneros y los canteros. Festividad: 4 de diciembre.

FUNDIDORES: Esteban el Joven, mártir. Originario de Constantinopla (s. VIII). Para probar la importancia de respetar los artefactos religiosos, este monje una vez lanzó al piso una moneda con la efigie del emperador Constantino V y después zapateó sobre ella, en presencia del mismo emperador. Esteban estuvo en prisión once meses. Después de que lo liberaron, se presentó ante el perplejo Constantino y decidió probarle otros puntos de vista. El emperador, agraviado, se dio por vencido y ordenó la ejecución de Esteban. También es patrono de los coleccionistas de monedas. Festividad: 28 de noviembre.

No te inquietes por lo que tienes, sino por lo que eres.

—San Gregorio Magno

GALES: David (Dewi), obispo. Galés (s. VI). Tercer hijo del rey Sant y de Santa Non. Se ordenó como sacerdote y después fundó doce monasterios. Cuenta una leyenda que un día que estaba a punto de pronunciar un sermón en Brefi, el suelo se elevó para que él pudiera ser visto por la gente que estaba al final de la multitud, y una paloma se posó en su hombro. También es patrono de las palomas. Festividad: 1º de marzo.

GANADO CORNADO: Colmán, mártir. Irlandés (s. XI). La martirología romana tiene una lista de trescientos santos llamados Colmán. En una peregrinación a Jerusalén, este Colmán fue detenido por los desconfiados vieneses, quienes, temiendo que fuera un espía moravo, lo enjuiciaron y colgaron. Después de su muerte, su cuerpo no mostró ningún signo de descomposición. Los milagros ocurridos desde entonces en su tumba han confirmado su santidad. También es patrono de Austria e invocado contra los linchamientos. Festividad: 13 de octubre.

GATOS: Gertrudis de Nivelles, abadesa. Flamenca (626-659). Cuando el padre de Gertrudis murió, su madre, Ita, fundó un monasterio en Neville. A los 14 años de edad, Gertrudis recibió el nombramiento de abadesa y comprobó que lo merecía. Su centro monástico obtuvo renombre por su hospitalidad con los peregrinos y monjes. A los 13 años, Gertrudis cayó en cama por el temor de ser indigna del cielo. San Ultano le aseguró que San Patricio la estaba esperando. Murió el día de San Patricio. Se corrió el rumor de que el pozo de su monasterio tenía propiedades repelentes contra los roedores. También es patrona de los alojamientos y los difuntos recientes e invocada contra las ratas. Festividad: 17 de marzo.

GENTE SIMPLE: Drogon, pastor. Flamenco (1105-1189). En su infancia se enteró de que su padre había muerto antes de que él naciera y que su madre se había suicidado por ello. Esto le causó una fuerte impresión al niño, que era de noble linaje y a la sazón tenía 10 años. A mediados de sus años cuarenta, mientras pastoreaba ovejas, se le reventó una hernia y esto lo dejó desfigurado. Perforó un orificio en una pared de la iglesia para poder escuchar misa sin distraer la atención del sermón. Sus cuarenta años de vida restantes los dedicó a la oración y la penitencia. También es patrono de los dependientes de cafeterías, los enfermos de hernia y los pastores. Festividad: 16 de abril.

Gibraltar: Nuestra Señora de Europa. El 31 de mayo de 1979, los ciudadanos de Gibraltar rindieron tributo a la Santa Virgen María confiriéndole ese título.

Gobernantes: Fernando III, rey. Castellano (1198-1252). Se casó con la princesa Beatriz y procreó diez hijos con ella. Unió fuerzas con su padre, el rey Alfonso, para expulsar a los moros de España. Fundó la Universidad de Salamanca, mandó construir la Catedral de Burgos y reformó el código de leyes canónicas. También es patrono de los ingenieros, los gobernadores, los magistrados y la paternidad. Fue canonizado en 1671. Festividad: 30 de mayo.

Gota: Mauricio, oficial. Egipcio (s. III). Leyenda. Mauricio, oficial de la legión tebana, alentó a su pelotón cristiano a rechazar la petición de Maximiano Herculio de que adoraran a dioses paganos. Maximiano ordenó la ejecución de uno de cada diez hombres, pero con esto no logró disuadirlos. Entonces ordenó una segunda y una tercera ejecución, hasta que acabó con toda la unidad. También es patrono de los soldados de infantería, los afiladores, los forjadores de espadas y los tejedores. Festividad: 22 de septiembre.

Granizadas, invocado contra: Ansovino, obispo. Italiano (s. IX). Los poderes curativos de este ermitaño convirtieron a muchos de sus seguidores. Un día en que escaseó el grano y las masas tenían hambre, Ansovino ordenó que cerraran las puertas del granero. Momentos después, éstas se abrieron de par en par y se desparramó una cantidad abundante de grano para alimentar a todos los hambrientos. También es patrono de las cosechas. Festividad: 13 de marzo.

GRECIA: 1) Nicolás de Mirra, obispo. Licio (s. IV). Mejor conocido como San Nicolás. Se tienen pocos datos de su vida. Dirigió un monasterio, fue prisionero durante las persecuciones cristianas y estuvo presente en el Concilio de Nicea. El resto es mito. Se cuenta que había un padre que era tan pobre que no podía dar dote a sus tres hijas. Nicolás arrojó tres sacos de oro por la ventana de su cocina y poco después las tres hijas se casaron. También es patrono de los muchachos, las novias, los niños, los comerciantes, los prestamistas, las solteronas y los viajeros. Festividad: 6 de diciembre.

2) Andrés, apóstol. Originario de Bethsaida (s. I). Hijo de Jonás. Este pescador fue el primero que siguió el llamado de Jesucristo, y después él convirtió a su hermano Pedro. Presenció la alimentación de los cinco mil (San Juan 6: 8-9). Después de la resurrección de Jesucristo, Andrés logró escapar a Grecia y fue crucificado en Achaia. También es patrono de los pescadores, Rusia y Escocia. Festividad: 30 de noviembre.

GUARDABOSQUES: Juan Gualberto, abad. Florentino (s. XI). El pensamiento de Cristo crucificado lo incitó a perdonarle la vida al asesino de su hermano Hugo. Después, Juan se hizo monje y construyó su propio monasterio en Vallombrosa con madera de un bosque cercano. Es una ironía que sea patrono de los guardabosques. También es patrono de los servicios de parques. Fue canonizado en 1193. Festividad: 12 de julio.

GUARDAFAROS: Venerio, obispo. Italiano (s. v). Segundo obispo de Milán, asistió al Concilio de Cartago en 401. Según el Papa Juan XXIII, "porque el resplandor de su vida irradiaba", se le honró con este patronato. Fue canonizado en 1961. Festividad: 13 de septiembre.

GUARDIANES: Mamas, mártir. Capadocio (s. III). San Gregorio y San Basilio mencionan que este pastor fue martirizado en los tiempos del emperador Aureliano. Las leyendas al respecto han variado con el tiempo: según una, de niño murió lapidado y según otra, murió en la hoguera a edad muy avanzada. Festividad: 17 de agosto.

GUARDIAS DE SEGURIDAD: Mateo, apóstol. Galileo (s. I). Su nombre significa "don de Dios". También se le conoce como Levi y no existen registros de sus primeros años de vida. Recaudador de impuestos convertido en apóstol; escribió el primer Evangelio entre los años 60 y 90, el cual contiene citas del Viejo Testamento. Fue martirizado en Etiopía o en Persia. También es patrono de los contadores, los banqueros, los tenedores de libros, los agentes aduanales y los recaudadores de impuestos. Festividad: 21 de septiembre.

GUATEMALA: Santiago el Mayor, apóstol. Galileo (s. I). Se le llama Santiago "el Mayor" para diferenciarlo del otro apóstol Santiago "el Menor". Él y su hermano Juan "abandonaron sus redes de pesca" en el Mar de Galilea y siguieron a Jesús; fueron testigos tanto de la transfiguración como de la agonía de Jesús en el huerto. A Santiago lo decapitaron en Jerusalén; fue el primer apóstol martirizado. También es patrono de Chile, los peleteros, Nicaragua, los farmacéuticos, los peregrinos y

España e invocado contra la artritis y el reumatismo. Festividad: 25 de julio.

GUERRA: Isabel de Portugal, reina. Aragonesa (1271-1336). Sobrina de Isabel de Hungría. El rey Pedro III de Aragón el ofreció al rey Dionisio de Portugal la mano de su hija de 12 años. Ella intercedió constantemente entre su hijo Alfonso y el padre de éste para que hicieran las paces. Un día el rey Dionisio creyó que Isabel estaba apoyando a su hijo para que subiera al trono y la echó de Portugal. Después de la muerte del rey, Isabel se unió a la orden de los Franciscanos Seglares y se instaló en un convento de las Hermanas Clarisas, orden que ella había fundado en Coimbra. También es patrona de las novias y los Terciarios e invocada contra los celos y los problemas maritales. Fue canonizada en 1626. Festividad: 4 de julio.

*No es extraño que tengas tan pocos amigos, ya
que así los tratas.*

—Santa Teresa de Ávila

(*Palabras que Santa Teresa dirigió a Dios después de
que se volcó un carruaje que la transportaba; el conduc-
tor alcanzó a oírlas*).

HAMBRE, INVOCADO CONTRA EL: Antonio de Padua, predicador. Portugués (1195-1231). Su nombre original era Fernando; conocido como el "obrador de prodigios" por su
astucia para predicar; primer conferencista en teología;
Doctor de la Iglesia; colega de San Francisco de Asís. En
una ocasión un discípulo tomó sin permiso el salterio de
Antonio. Aterrorizado, el novicio lo devolvió de inmediato afirmando que por su acto lo perseguían apariciones.
También es patrono de las mujeres estériles, los objetos
perdidos, los pobres, Portugal, los naufragios y los viajeros. Fue canonizado en 1232. Festividad: 13 de junio.

HAMBRUNA, INVOCADOS CONTRA LA: 1) Domiciano, obispo. Francés (s. VI). Cuando lo destituyeron de su cargo de obispo, Domiciano se lanzó a los caminos. Construyó iglesias y convirtió a miles. En el último año de una gran hambruna, imploró a los ricos que compartieran su granos y les prometió una abundante cosecha para el otoño siguiente. Festividad: 7 de mayo.

2) Walburga (Valburga), abadesa. Inglesa (s. VIII). Curandera. Poco después de que siguiera a Alemania a su tío San Bonifacio, la nombraron abadesa del convento de Heidenheim. En el folclor alemán se cuentan historias de Walpurgis, como la llamaron posteriormente. El 30 de abril, las brujas honran a esta curandera santa en lo que se conoce como *Walpurgisnacht*. Se dice que cerca de su tumba fluye un líquido resbaladizo con poderes curativos. Una vez, Walburga satisfizo el voraz apetito de una niña dándole de comer tres mazorcas de grano. También es patrona de las cosechas e invocada contra las plagas. Festividad: 25 de febrero.

HEMORRAGIA, INVOCADA CONTRA LA: 1) Lucía, mártir. Italiana (s. IV). Mito piadoso. Se cuenta que una vez un pretendiente que le impusieron le dijo que tenía unos ojos muy bonitos. Lucía se los arrancó y se los dio a su horrorizado futuro marido, quien de inmediato hizo que la condenaran por sus creencias cristianas. Como no ardió en las llamas, finalmente la acuchillaron en la garganta. Su nombre quiere decir "luz". También es patrona de los cuchilleros y los escritores e invocada contra los problemas de la vista. Festividad: 13 de diciembre.

2) Rita, monja. Italiana (1381-1457). Su matrimonio, el cual fue arreglado, tocó a su fin cuando su abusivo

marido fue asesinado en una riña. Sus dos hijos buscaban vengar la muerte de su padre, pero Rita prefería verlos muertos antes de que se convirtieran en asesinos. Oró por sus almas y poco después ambos enfermaron y murieron. Rita intentó por tercera vez ser aceptada en un convento de Agustinos (las dos primeras veces fue rechazada por no ser virgen). Mientras escuchaba un sermón sobre la corona de espinas, en su frente apareció una herida en forma de espina que permaneció ahí el resto de su vida. Se le atribuyen milagros después de su muerte. También es patrona de las situaciones desesperadas y la maternidad e invocada contra la esterilidad y los problemas maritales. Fue canonizada en 1900. Festividad: 22 de mayo.

HEMORROIDES, INVOCADO CONTRA LAS: Fiacro, ermitaño. Fiacro, ermitaño. Irlandés (s. VII). Sanador; construyó un asilo para enfermos y pobres. Una vez, San Faro le ofreció donarle toda la tierra que pudiera desbrozar en un día. Cuando el santo regresó al anochecer, se encontró con un vasto campo despejado y listo para la siembra. La primera parada de taxis en París se situó cerca del Hotel Saint Fiacre; es por ello que en francés otra palabra para taxi es *fiacre*. También es patrono de los taxistas y los jardineros, es invocado contra la sífilis. Festividad: 1º de septiembre.

HENIFICADORES: Gervasio y Protasio, mártires. Milaneses (s. I). Mito. En un sueño, San Ambrosio fue conducido a los esqueletos de estos hermanos. Se cree que fueron los primeros mártires de Milán. Festividad: 19 de junio.

HEREDEROS: Felícitas y sus siete hijos, mártires. Romanos (s. II). Leyenda piadosa. Esta joven viuda tenía siete hijos. Su fuerte fe cristiana llamó la atención de Antonino Pío, quien trató de persuadir a Felicitas y a sus hijos de que adoraran a dioses paganos. Como vio que sus promesas y amenazas no surtían efecto, Antonino hizo sentenciar a muerte a los muchachos en siete tribunales distintos. Obligó a Felicitas a presenciar cada ejecución y después mandó decapitarla. También es patrona de las mujeres estériles y los niños difuntos. Festividad: 10 de julio.

HERREROS: 1) Eligio (Eloy), obispo. Francés (588-660). Metalista; fabricó dos tronos para el rey Clotario II con los sobrantes del oro y las joyas que le habían entregado para hacer uno solo. Después lo pusieron a cargo de la casa de moneda y utilizó su influencia para ayudar a los enfermos y los desamparados. También es patrono de los mecánicos, los joyeros y los acereros. Festividad: 1º de diciembre.

2) Juan Bautista, mártir. Israelita (s. I). Primo de Jesucristo; un ángel le anunció su nacimiento a su padre, Zacarías. Juan bautizó a varios de los apóstoles y a Jesús mismo. Fue encarcelado por condenar la relación incestuosa de Herodes con su sobrina Herodías, que era esposa de su medio hermano Felipe. Herodes ofreció a la hija de Herodías, Salomé, todo lo que quisiera. Hostigada por su madre, Salomé pidió la cabeza de Juan en una bandeja. También es patrono del bautismo e invocado contra los espasmos. Festividad: 24 de junio.

3) Dunstano, obispo. Inglés (910-988). Uno de los grandes reformadores de la vida eclesiástica en Inglaterra durante el siglo X. Restauró Bath y la Abadía de Westminster. Fue consejero del rey Edwin hasta que éste lo envió al exilio por haberlo acusado de cometer abusos

sexuales. Fue un diestro obrero metalúrgico y artista. También es patrono de los armeros, los orfebres, los cerrajeros, los músicos y los plateros. Festividad: 19 de mayo.

Hijos adoptivos: 1) Clotilde, reina. Francesa (s. vi). Procreó dos varones y una hija con el rey Clodoveo, antes de la muerte de éste en 511. Sus codiciosos hijos reñían constantemente entre sí por el control sobre el reino. Esta rivalidad provocó la muerte de Clodomiro, el mayor; de inmediato Clotilde adoptó a sus tres hijos, lo que enfureció a Clotario, su hijo menor, quien procedió a asesinar a dos de los pequeños. Clotilde logró ocultar al joven San Clodoaldo de la ira de su tío y después dedicó el resto de su vida a atender a los necesitados. También es patrona de los niños difuntos, la maternidad y la paternidad, las reinas y las viudas. Festividad: 3 de junio.

2) Tomás Moro, mártir. Inglés (1478-1535). Escritor y abogado. Se opuso al divorcio del rey Enrique VIII de Catalina de Aragón; fue encarcelado por no firmar el Acta de Sucesión en la que se reconocía a la hija de Enrique y Ana Bolena como heredera al trono de Inglaterra. Entonces fue acusado de traición y finalmente decapitado. Su madre murió cuando era niño; junto con sus tres hermanos, fue educado por la Madre Maude, enfermera de la familia. También es patrono de los abogados. Fue canonizado en 1935. Festividad: 22 de junio.

Hijos ilegítimos: Juan Francisco Regis, misionero. Francés (1507-1640). Este jesuita no sólo fue un predicador profundo sino que también fundó orfanatorios y mejoró las condiciones de cárceles. Estableció una fábrica de encaje para capacitar a las prostitutas arrepentidas. Juan

Francisco trabajó intensamente con los abandonados hasta que murió de agotamiento a los 33 años de edad. También es patrono de los pasamaneros y los trabajadores sociales médicos. Fue canonizado en 1737. Festividad: 16 de junio.

HOLANDA: Wilehado, misionero. Inglés (658-739). "Apóstol de los frisios". Cuando tenía siete años, su hermano decidió vivir como ermitaño y lo envió a un monasterio irlandés. Wilehado se ordenó a los 20 años. Después se aventuró en Holanda y ahí influyó significativamente en el cristianismo. Festividad: 7 de noviembre.

HOMBRES INFELIZMENTE CASADOS: Gumaro, cortesano. Flamenco (s. VIII). También se le conoce como Gomero. Era sirviente en la corte de Pipino y contrajo matrimonio con la atroz Guinimaria. Al cabo de varios años de sufrir la persecución de esta brutal mujer, Gumaro pagó el dinero que su mujer había retenido de los salarios de los sirvientes y se refugió en una ermita. Fundó la abadía de Lierre. También es patrono de los vaqueros y de la separación conyugal e invocado contra la impotencia. Festividad: 11 de octubre.

HOMBRES DE NEGOCIOS: Homobono, pañero. Italiano (s. XII). Entró al negocio de la sastrería, que era el de su familia, y se convirtió en un rico mercader. Donó casi todo su dinero a los pobres. Hombono murió en una misa. También es patrono de los textileros y de los sastres. Festividad: 13 de noviembre.

HOSPITALES: Camilo de Lellis, fundador. Italiano (1550-1614). Una inflamación ulcerada en un pie le impidió unirse a la orden de los Capuchinos, entonces asumió el cargo de director de un hospital y se ordenó. Después fundó los Sirvientes de los Enfermos, orden lega de enfermeros que organizó el primer operativo de ambulancias militares. También es patrono de los enfermeros, las enfermeras y los enfermos. Festividad: 14 de julio.

2) Juan de Dios, fundador. Portugués (1495-1550). Fue soldado, pastor, vagabundo y librero. A la edad de 40 años oyó un sermón de Juan de Ávila y enloqueció de culpa. Juan de Ávila lo visitó en su celda, donde Juan de Dios confesó sus pecados y se convirtió al cristianismo. Construyó un hospital y dedicó su vida a cuidar a enfermos y necesitados. Perdió la vida tratando de salvar a un hombre de morir ahogado. Después de su muerte se le nombró fundador de los Hermanos Hospitalarios. También es patrono de los alcohólicos, los libreros, los enfermos del corazón, las enfermeras, los impresores y los enfermos. Fue canonizado en 1690. Festividad: 8 de marzo.

HOSPITALES, ADMINISTRADORES DE: 1) Basilio el Viejo, obispo. Capadocio (329-379). Hijo de una familia de santos (sus dos padres, dos hermanos y su abuela materna); instituyó el primer monasterio de Asia Menor. También se lo considera padre del monaquismo oriental. Doctor de la Iglesia. Festividad: 2 de enero.

2) Francisca Javiera Cabrini, monja. Italiana (1850-1917). La madre Cabrini llegó a Nueva York e inmediatamente empezó a ayudar a los emigrantes italianos. Fundó hospitales, escuelas, orfanatorios y la orden de las Hermanas del Sagrado Corazón, que se difundió en toda América y Europa. Adoptó la ciudadanía de estadunidense en 1909 y fue la primer ciudadana de Estados Unidos canonizada. Su cuerpo, incorrupto, se conserva

como reliquia en Manhattan. También es patrona de los emigrantes. Fue canonizada en 1946. Festividad: 13 de noviembre.

HOTELES, EMPLEADOS DE: Julián el Hospitalario, hostelero (fechas desconocidas). Ficción piadosa. Creyendo que su esposa lo engañaba, mató a una pareja que encontró en su lecho conyugal. Pero las víctimas no eran su mujer y el amante de ésta sino sus propios padres, que habían ido a visitarlos. Su penitencia consistió en construir una hostería y un hospital para pobres en la desembocadura de un río. Julián fue absuelto cuando cedió su lecho a un ángel disfrazado de leproso. También es patrono de los boteros, los cirqueros, los barqueros y los hosteleros. Festividad: 12 de febrero.

HUÉRFANOS: Jerónimo, fundador. Italiano (1481-1537). Prisionero de guerra liberado después de que le rezó a la Virgen María. A partir de entonces, dedicó su vida a cuidar huérfanos. Fundó varios orfanatos, una casa para prostitutas reformadas y la Orden de los Samashi; introdujo el sistema de enseñanza del catecismo. Murió atendiendo enfermos. También es patrono de los niños abandonados. Fue canonizado en 1767. Festividad: 8 de febrero.

HUESOS ROTOS, INVOCADO CONTRA LOS: Estanislao Kostka, niño. Polaco (1550-1568). Era víctima de los constantes abusos de su hermano mayor. A los 16 años, Estanislao recorrió a pie cerca de 600 kilómetros con la esperanza de unirse a los jesuitas en Roma. Una año más tarde murió en la orden de San Francisco. Fue canonizado en 1726. Festividad: 13 de noviembre.

HUMANIDADES: Catalina de Bolonia, misionera. Francesa (1413-1463). También conocida como Catalina de Virgi. Probablemente lo que la hizo más famosa fue su visión de la Virgen María meciendo al niño Jesús en sus brazos el día de Navidad, que sigue siendo un tema popular entre los artistas. Murió cuando era priora del nuevo Convento de Corpus Christi de las Madres Clarisas. También es patrona de las artes. Fue canonizada en 1712. Festividad: 9 de marzo.

HUNGRÍA: Esteban I, rey. Húngaro (975-1038). A los 26 años fue coronado primer rey de Hungría. Como a los 10 años de edad había sido bautizado junto con su padre, el duque Geza, Esteban se propuso convertir a sus súbditos. Construyó iglesias y monasterios y reestructuró el gobierno. Cuando decayera su salud, lo sucedería su hijo Emeric como segundo rey de Hungría. Por desgracia, el joven príncipe sufrió una herida fatal durante una partida de caza en 1031. Fue canonizado en 1083. Festividad: 16 de agosto.

*Mientras más nos entregamos a la vida cómoda
y a mimar nuestro cuerpo, más se rebelarán
contra el espíritu.*

—Santa Rita de Casia

ICTERICIA, ENFERMOS DE: Alberto de Trapani, fraile. Italiano
(s. XVII). Este fraile carmelita ayudaba a las víctimas de la
peste en Sicilia. También es patrono de los enfermos de
fiebre. Festividad: 8 de agosto.

IGLESIA: José, carpintero. Nazareno (s. I). Descendiente
de David; esposo de la Virgen María; padrastro de
Jesucristo. José dudó contraer matrimonio con María
cuando se enteró de que estaba encinta, hasta que el
arcángel Gabriel le explicó la llegada del Mesías. Después del nacimiento de Cristo, en un sueño se le advirtió
acerca de los planes de Herodes, así que llevó a su joven
familia a Egipto. Después de la muerte de Herodes,
también en un sueño, recibió la instrucción de regresar

a Israel. Por miedo al sucesor de Herodes, José decidió instalarse con su familia en Nazaret. Los eruditos creen que murió antes de la crucifixión de Cristo. También es patrono de Bélgica, Canadá, los carpinteros, los moribundos, los padres, Corea, Perú, la justicia social y los trabajadores. Festividades: 19 de marzo y 1° de mayo.

IMPOTENCIA, INVOCADO CONTRA LA: Winwaloe, monje. Inglés (s. VI). Se dice que en una iglesia de la ciudad de Brest se encuentra una inusitada estatua de este monje inglés, y que la antigua figurita tiene tallado un pene erecto. Durante más de un milenio ha habido creyentes que se llevan astillas de ella con la esperanza de remediar sus deficiencias. Sorprendentemente, su tamaño no se ha reducido ni un ápice. Festividad: 3 de marzo.

2) Gumaro, cortesano. Flamenco (s. VIII). También se le conoce como Gomero. Era sirviente en la corte de Pipino y contrajo matrimonio con la atroz Guinimaria. Al cabo de varios años de sufrir la persecución de esta brutal mujer, Gumaro pagó el dinero que ella había retenido de la paga de los sirvientes y se refugió en una ermita. Fundó la abadía de Lierre. También es patrono de los vaqueros, la separación conyugal y los hombres infelizmente casados. Festividad: 11 de octubre.

IMPRESORES: 1) Agustín de Hipona, obispo y doctor. Norafricano (354-430). Se dedicaba a las fiestas, la diversión y los juegos de azar. Tenía una amante y procreó con ella un hijo ilegítimo. La conversión de Agustín se atribuye a las oraciones de su madre, Santa Mónica y a un sermón de San Antonio. Ya converso escribió numerosas obras, entre ellas *Confesiones* y *La ciudad de Dios*. Fue uno de los grandes intelectuales de la Iglesia católica y el primer filósofo del cristianismo. Asoció la expresión "pecado original" con Adán y Eva. También es patrono de los cerveceros y los teólogos. Festividad: 28 de agosto.

2) Genesio, mártir. Romano (s. III). Leyenda. Este comediante se convirtió al cristianismo durante una representación de una pieza medieval del bautismo cristiano en Roma, para el emperador Diocleciano. Por no obedecer la orden del emperador de que abjurara, Genesio fue torturado y decapitado en el escenario. También es patrono de los actores, los abogados, los secretarios y los estenógrafos. Festividad: 25 de agosto.

3) Juan de Dios, fundador. Portugués (1495-1550). Fue soldado, pastor, vagabundo y librero. A la edad de 40 años oyó un sermón de Juan de Ávila y enloqueció de culpa. Juan de Ávila lo visitó en su celda, donde Juan de Dios confesó sus pecados y se convirtió al cristianismo. Construyó un hospital y dedicó su vida a cuidar a enfermos y necesitados. Perdió la vida tratando de salvar a un hombre de morir ahogado. Después de su muerte se le nombró fundador de los Hermanos Hospitalarios. También es patrono de los alcohólicos, los libreros, los enfermos del corazón, los hospitales, las enfermeras, los impresores y los enfermos. Fue canonizado en 1690. Festividad: 8 de marzo.

INDIA: 1) Nuestra Señora de la Asunción. En 1950, el Papa Pío XII supuso que dado que la Santa Virgen María fue concebida sin pecado ("revelado por Dios y definido como dogma" por el Papa Pío IX en 1854), a su muerte había ascendido al cielo (en cuerpo y alma). También es patrona de Francia, Malta, Paraguay y Sudáfrica.

2) Tomás, apóstol. Galileo (s. I). Hermano de San Santiago; también conocido como Dídimo o el gemelo; uno de los Doce Apóstoles. Dudó de la resurrección de Cristo (Juan 20: 24-29), hasta que se le permitió tocar las heridas de los costados y de las manos del Señor. De aquí el origen de la frase "como Santo Tomás, hasta no ver no creer". Su leyenda empezó después de Pentecostés. A Tomás se le encomendó la conversión de la India, tarea que no sólo le causó temor sino que se negó a emprender. Cristo mismo falló en su intento de convencer al apóstol, en un sueño, de que fuera a la India. Así que el Señor se le apareció a un mercader llamado Abban, de camino a la India, y arregló que Tomás fuera vendido como esclavo. Cuando se dio cuenta de la dirección que llevaba su nuevo amo, Tomás se sometió a la voluntad de Dios. En la India le anticiparon una gran suma para que construyera un palacio para el rey de Partia. Tomás donó el dinero a los necesitados. Cuando el rey se enteró de lo que el apóstol había hecho, ordenó su ejecución. En esos momentos, el hermano del rey murió y resucitó. El relato de su visión del cielo bastó para que el rey cambiara de opinión. El patronato de Tomás se debe a las numerosas iglesias que construyó durante sus peregrinaciones. Se cree que fue martirizado en la India. También es patrono de los arquitectos, los trabajadores de la construcción y las Indias Occidentales. Festividad: 3 de julio

INDIAS OCCIDENTALES: Gertrudis, mística. Sajona (1256-1302). Huérfana abandonada en la puerta de un convento benedictino, donde las monjas la educaron. En sus escritos, que incluyen *Revelación de Santa Gertrudis*, relata sus visiones de Cristo. Festividad: 16 de noviembre.

INDIAS ORIENTALES: Tomás, apóstol. Galileo (s. I). Hermano de San Santiago; también conocido como Dídimo o el gemelo; uno de los Doce Apóstoles. Dudó de la resurrección de Cristo (Juan 20: 24-29), hasta que se le permitió tocar las heridas de los costados y de las manos del Señor. De aquí el origen de la frase "como Santo Tomás, hasta no ver no creer". Su leyenda empezó después de Pentecostés. A Tomás se le encomendó la conversión de la India, tarea que no sólo le causó temor sino que se negó a emprender. Cristo mismo falló en su intento de convencer al apóstol, en un sueño, de que fuera a la India. Así que el Señor se le apareció a un mercader llamado Abban, de camino a la India, y arregló que Tomás fuera vendido como esclavo. Cuando se dio cuenta de la dirección que llevaba su nuevo amo, Tomás se sometió a la voluntad de Dios. En la India le anticiparon una gran suma para que construyera un palacio para el rey de Partia. Tomás donó el dinero a los necesitados. Cuando el rey se enteró de lo que el apóstol había hecho, ordenó su ejecución. En esos momentos, el hermano del rey murió y resucitó. El relato de su visión del cielo bastó para que el rey cambiara de opinión. El patronato de Tomás se debe a las numerosas iglesias que construyó durante sus peregrinaciones. Se cree que fue martirizado en la India. También es patrono de los arquitectos, los trabajadores de la construcción y la India. Festividad: 3 de julio

INFANTES: 1) Vita (Wita), madre. Bretona (fechas desconocidas). Mito religioso. También se la conoce como Cándida, Gwen y Whyte. Se dice que después de que procreó trillizos le apareció un tercer seno. Festividad: 1º de junio.

2) Nicolás de Tolentino, predicador. Italiano (1245-1305). Hijo único de un matrimonio viejo. Un sueño le

indicó que debía ir a la ciudad de Tolentino. Ahí se dedicó el resto de su vida a ayudar a niños abandonados y a delincuentes. Según un mito sajón, en una ocasión Nicolás recuperó el cuerpo de un hombre que se había ahogado la semana anterior, lo resucitó y lo mantuvo vivo hasta administrarle los últimos sacramentos. También es patrono de las almas perdidas y los marinos. Festividad: 10 de septiembre.

INFIDELIDAD: 1) Mónica, madre. Cartaginesa (331-387). Contrajo matrimonio con Patricio, alcohólico pagano de temperamento irascible, y lo convirtió al cristianismo. Con cierta persistencia, también convirtió a su hijo Agustín, quien más tarde se convirtió en el intelectual más distinguido de la Iglesia católica. También es patrona de los alcohólicos, las amas de casa, las casadas y las madres. Festividad: 27 de agosto.

2) Fabiola, fundadora. Romana (s. III). Se divorció de su abusivo marido y volvió a casarse. Esto le impidió recibir los sacramentos de la Iglesia. Fabiola se sometió a penitencia en público y después fundó el primer hospital cristiano. El Papa San Sirico le perdonó sus pecados, y más tarde murió su segundo marido. También es patrona de los divorciados y las viudas e invocada contra el abuso físico. Festividad: 27 de diciembre.

3) Gengulfo, caballero. Borgoñés (s. VIII). Compatriota del rey Pipino el Breve. Al enterarse de que su esposa le era infiel, Gengulfo se mudó a un castillo de Avalon y ahí dedicó todo su tiempo a orar y a ayudar a los menos afortunados. El amante de su esposa lo asesinó mientras dormía. También es patrono de los caballeros y de la separación conyugal. Festividad: 11 de mayo.

INFORTUNIO: Agrícola de Aviñón, obispo. Francés (630-700). A la edad de 30 años, su padre, el obispo (San) Magno, lo nombró co-obispo de Aviñón, creando así un raro equipo de padre e hijo en la Iglesia católica romana. Es famoso por una oración que puso fin a una plaga de cigüeñas. También es patrono del buen clima y la lluvia e invocado contra la mala suerte y las plagas. Festividad: 2 de septiembre.

INGENIEROS: Fernando III, rey. Castellano (1198-1252). Se casó con la princesa Beatriz y procreó diez hijos con ella. Unió fuerzas con su padre, el rey Alfonso, para expulsar a los moros de España. Fundó la Universidad de Salamanca, mandó construir la Catedral de Burgos y reformó el código de derecho canónico. También es patrono de los gobernadores, los magistrados, la paternidad y los gobernantes. Fue canonizado en 1671. Festividad: 30 de mayo.

INGLATERRA: Jorge, mártir. Inglés (s. III). Aparte de que fue torturado en Palestina, lo que se cuenta de la vida de este caballero cristiano es pura ficción. Es famoso por haber matado a un dragón y, con ello, salvado a una princesa de que la sacrificaran. Después se casó con ella. En *La leyenda de oro,* obra del siglo XVIII, hay un relato de su vida. También es patrono de los niños exploradores, los labradores y los soldados. Festividad: 21 de febrero.

INOCENCIA: Halvard, mártir. Noruego (s. XI). Cuento popular religioso. Hijo de un terrateniente. Un día que iba a abordar su bote para ir de pesca, entre la maleza irrumpió una mujer frenética que le dijo al sorprendido Halvard que la habían acusado falsamente de robo y le pidió que la ayudara. Cuando empezaron a alejarse remando, una multitud llegó a la orilla e insistió en que la mujer regresara, pero Halvard no dejó de remar. Los perseguidores los mataron a ambos a flechazos. También es patrono de la virtud. Festividad: 15 de mayo.

INTERVENCIÓN DIVINA: Margarita, mártir. Originaria de Antioquía (s. IV). Leyenda. Fue repudiada por su padre, sacerdote pagano, por convertirse al cristianismo. Margarita se convirtió en pastora, y en esa época el gobernador puso sus ojos en ella. Los intentos fallidos de seducir a la joven lo enfurecieron a tal punto que la encarceló. Margarita confesó su fe cristiana y fue sometida a horribles torturas . Una de ellas consistió en que se la tragara un dragón, cuyo vientre fue abierto por la cruz que Margarita llevaba. Finalmente fue decapitada. También es patrona del nacimiento y de las embarazadas. Festividad: 20 de julio.

INUNDACIONES, INVOCADO CONTRA: Floriano, mártir. Austriaco (s. IV). Este oficial se entregó voluntariamente al gobernador confesando su fe cristiana. Fue golpeado, quemado en la hoguera y lanzado al Río Enns atado a una roca. También es patrono de los bomberos. Festividad: 4 de mayo.

INVÁLIDOS: Roque (Rocco), ermitaño. Francés (1350-1380). Leyenda. Cayó enfermo por cuidar a víctimas de una peste en Italia. Aunque enfermo y solo, se recuperó gracias a que un perro extraviado lo alimentó. Más adelante fue acusado de espía y el gobernador, sin saber que era su sobrino, lo encarceló. Después de que Roque murió en la prisión, se le descubrió una marca de nacimiento en forma de cruz que reveló su verdadera identidad. También es patrono de los acusados en falso e invocado contra el cólera y las plagas. Festividad: 28 de marzo.

INVIDENTES: 1) Odilia, abadesa. Originaria de Oberheiman (s. VIII). Su padre, un noble, se sintió tan avergonzado por la ceguera de su hija recién nacida que se la entregó a un plebeyo para que la criara. Milagrosamente, Odilia empezó a ver a la edad de 12 años, en el momento de su bautizo. Fundó un convento en Odilienberg. También es patrona de Alsacia. Festividad: 13 de diciembre.

2) Rafael, arcángel. Uno de los siete arcángeles de Dios; uno de los tres arcángeles mencionados por su nombre en la Biblia. Venerado tanto en la religión judía como en la cristiana. Su nombre significa "Dios cura". También es patrono de los enamorados, las enfermeras, los médicos y los viajeros. Festividad: 29 de septiembre.

IRLANDA: 1) Patricio, obispo. Romano-britano (389-461). Es difícil distinguir entre el mito y la realidad de este hombre. A la edad de 16 años fue raptado de su tierra natal, Kilpatrick, y esclavizado en Irlanda. Después de trabajar seis años como pastor, huyó a la Galia y ahí se ordenó. De regreso a Irlanda, llevó a la práctica la obra de San Palidio para convertir a gran parte de la población del país. Aunque uno de sus emblemas es la serpiente (el otro es el trébol), los estudiosos sostienen que ese animal nunca ha existido en el suelo irlandés. También es patrono de las serpientes. Festividad: 17 de marzo.

2) Brígida (Bridget), monja. Irlandesa (450-525). Sus padres fueron bautizados por San Patricio. Brígida se metió de monja; fundó el primer convento de Irlanda, un

monasterio y una escuela de arte en Kildare. Su patronato se debe a un relato popular según el cual Brígida una
vez convirtió agua en leche. Después se la dio a un
leproso y éste se curó inmediatamente de su afección.
También es patrona de los lecheros, las monjas y los
eruditos. Festividad: 1° de febrero.

3) Columbano, misionero. Irlandés (540-615). Europa adquirió un monje sumamente persuasivo en Irlanda, que fundó monasterios en Francia, Alemania, Suiza
e Italia. En Francia, se negó a bautizar a los hijos ilegítimos del rey Thierry II; fue deportado junto con todos los
demás monjes irlandeses. De regreso a Irlanda, su barco
perdió el rumbo por una tormenta y Columbano fue
acogido por el rey Teodoberto II de Neustria. Nuevamente fundó monasterios. Tiempo después Thierry
derrotó al ejército de Teodoberto, y una vez más
Columbano se vio obligado a huir. En esta ocasión se fue
a Italia y ahí recibió una calurosa acogida del rey Agilulfo.
Volvió a fundar monasterios. Columbano dejó para la
posteridad varios sermones y poemas. También es patrono de los poetas. Festividad: 23 de noviembre.

ISLANDIA: Torlac Thorhallsson, obispo. Islandés (1133-
1193). Torlac recibió el llamado de Dios a muy tierna
edad; se hizo diácono a los 15 años y se ordenó a los 18.
Al regresar de sus estudios en Inglaterra, fundó un
monasterio en Thykkviboer. Fue nombrado patrono de
Islandia en 1984 y canonizado en 1198. Festividad: 23
de diciembre.

ITALIA: 1) Francisco de Asís, fundador. Italiano (1181-
1226). Aunque nunca fue sacerdote, es una de la figuras
predominantes de la religión cristiana. Hijo de un rico

comerciante de telas, Francisco llevó una vida fastuosa e irresponsable. Cuando contaba 20 años fue a combatir a Perugia, donde lo capturaron y aprisionaron. Después de ser liberado tuvo varias visiones de Cristo. Entonces renunció a su herencia y fundó la Orden de los Hermanos Menores. Fue la primera persona que sufrió los estigmas (cinco heridas coincidentes con las cinco heridas de Cristo) mientras oraba; sus llagas nunca sanaron. En 1223 creó la primera escena de la Navidad. También es patrono de los animales, la acción católica, los ecologistas, los comerciantes y los zoológicos. Fue canonizado en 1228. Festividad: 4 de octubre.

2) Catalina de Siena, mística. Italiana (1347-1380). Fue la vigésima cuarta de veinticinco hijos; una de las grandes místicas cristianas; padeció el dolor de los estigmas sin marcas visibles; trabajó incansablemente con leprosos; Doctora de la Iglesia. Persuadió al Papa Gregorio XI de que dejara Aviñón, con lo que el papado se reinstaló en Roma después de 68 años. Como era analfabeta, dictó su obra *Diálogo*. También es patrona de la prevención de incendios, los asilos y las solteronas. Fue canonizada en 1461. Festividad: 29 de abril.

*Si queremos estar en paz con nuestros vecinos,
jamás debemos recordar a nadie sus defectos
naturales.*

—San Felipe Neri

JAPÓN: 1) Pedro Bautista, mártir. Español (1545-1597).
Condujo a un grupo de misioneros a Japón, donde se les
unieron San Pablo Miku y San Leo Karasuma. Todo el
grupo, compuesto por veintiséis hombres y muchachos
fue martirizado. Por orden del emperador Toyomi
Hideyoshi, en Nagasaki los crucificaron y acuchillaron.
Fue canonizado en 1862. Festividad: 6 de febrero.

2) Francisco Javier, misionero. Español vasco
(1506-1552). Uno de los siete fundadores de los Jesuitas y de los más grandes misioneros; precursor de la
obra misionera en la India y el Oriente. Murió en un
viaje a China. También es patrono de Borneo y de las
misiones extranjeras. Fue canonizado en 1602. Festividad: 3 de diciembre.

JARDINEROS: 1) Dorotea, mártir. Originaria de Capodia (s. IV). Leyenda. El prefecto Fabrico no pudo convencerla de que se casara con él, así que la entregó a las autoridades por ser cristiana. Cuando se dirigía a su ejecución, un abogado de nombre Téofilo le pidió de broma que le enviara algún fruto del "jardín celestial". Ese invierno, Teófilo encontró en su puerta una cesta con peras y rosas. Después de eso se convirtió al cristianismo. También es patrona de las novias. Festividad: 6 de febrero.

2) Focas, mártir. Originario de Paflagonia (fechas desconocidas). Leyenda. Focas, posadero y jardinero de mercados en la inmediaciones del Mar Negro, regalaba a los pobres los excedentes de sus cosechas. Cuenta una leyenda que un día dio alojamiento a los soldados que fueron enviados para asesinarlo. A la mañana siguiente les reveló que él era el cristiano que tenían que asesinar y al percatarse de su aprensión, les insistió en que le dieran muerte. Después de algunos momentos de incomodidad, los soldados decapitaron a su gracioso anfitrión. Después lo enterraron en una tumba que Focas había cavado para sí durante la noche. También es patrono de los agricultores. Festividad: 22 de septiembre.

3) Fiacro, ermitaño. Fiacro, ermitaño. Irlandés (s. VII). Sanador; construyó un asilo para enfermos y pobres. Una vez, San Faro le ofreció donarle toda la tierra que pudiera desbrozar en un día. Cuando el santo regresó al anochecer, se encontró con un vasto campo despejado y listo para la siembra. La primera parada de taxis en París se situó cerca del Hotel Saint Fiacre; es por ello que en francés otra palabra para taxi es *fiacre*. También es patrono de los taxistas e invocado contra las hemorroides y la sífilis. Festividad: 1º de septiembre.

JINETES: Martín de Tours, obispo. Húngaro (316-397). Una noche, este soldado se encontró en el portal a un campesino temblando de frío. Rompió su capa en dos y con una mitad cubrió al anciano. En un sueño, Martín vio a Jesús con la mitad de su capa y cuando despertó se convirtió al cristianismo. Después de su bautizo, marchó al campo de batalla como un impugnador consciente. Más tarde abandonó el ejército para iniciar su obra como uno de los antecesores del monaquismo, y él y sus seguidores practicaron la mortificación y la penitencia. A pesar suyo, fue elegido obispo por el pueblo de Tours. Dejó su monasterio en el campo, asumió su cargo vestido de pieles de animales. La iglesia más antigua de Inglaterra lleva su nombre. También es patrono de los empobrecidos y los sastres. Festividad: 8 de noviembre.

JORNALEROS: 1) Isidro Labrador, lego. Español (1070-1130). Mozo de campo que obraba milagros y compartía sus escasas posesiones con los menos afortunados que él, que eran pocos. También es patrono de los agricultores. Fue canonizado en 1622. Festividad: 10 de mayo.

2) Juan Bosco, fundador. Italiano (1815-1888). Él y su madre establecieron un asilo para niños. Su "pueblo de niños" ofrecía educación y formación en diversos oficios a jóvenes sin hogar y explotados. Después abrió las Hijas de María de los Cristianos para niñas abandonadas. Juan escribió tres libros para ayudarse a financiar sus centros. También es patrono de los aprendices y los redactores. Fue canonizado en 1934. Festividad: 31 de enero.

JÓVENES (HOMBRES): Juan Berchmans. Originario de Brabante (1599-1621). Este novicio jesuita se las arregló de alguna manera para obrar numerosos milagros después de su muerte. También es patrono de los acólitos. Fue canonizado en 1888. Festividad: 26 de noviembre.

Jóvenes (mujeres): Úrsula, mártir. Alemana (fechas desconocidas). Mito. Según un relato cincelado en una lápida de Colonia, un grupo de doncellas cristianas fue martirizado en el siglo IV. Cuatrocientos años después, los relatos sobre esas mujeres dieron lugar a esta leyenda. Úrsula, hija de un rey inglés, era cristiana, y se había fijado la fecha de su boda con un príncipe pagano. Para posponer las nupcias, abordó un barco junto con sus damas de compañía y emprendió una peregrinación a Roma. En Colonia, ella y sus doncellas (entre una docena y mil) fueron atacadas por los hunos. Úrsula rechazó la propuesta de matrimonio del cabecilla de los bárbaros y todas fueron asesinadas. También es patrona de las pañeras y las colegialas. Festividad: 21 de octubre.

Joyeros: Eligio (Eloy), obispo. Francés (588-660). Metalista; fabricó dos tronos para el rey Clotario II con los sobrantes del oro y las joyas que le habían entregado para hacer uno solo. Después lo pusieron a cargo de la casa de moneda y utilizó su influencia para ayudar a los enfermos y los desamparados. También es patrono de los herreros, los mecánicos y los acereros. Festividad: 1° de diciembre.

Juristas: 1) Juan de Capistrano, predicador. Italiano (1386-1456). Era abogado, gobernador de Perugia y fiel esposo, pero recibió el llamado de Dios y renunció a esa vida. Después de ser liberado de sus votos matrimoniales, se unió a los Frailes Menores. Combatió en la Cruzada contra los turcos, y su radical ejército frustró la amenaza de éstos de conquistar Europa. También es patrono de los capellanes, incluidos los militares. Fue canonizado en 1690. Festividad: 28 de marzo.

2) Ivo Kermartin (Yves), sacerdote. Bretón (1253-1303). Estudió leyes en París y Orléans. Como abogado, defendió gratuitamente a los pobres. A la edad de 30 años Ivo fue nombrado juez diocesano y probó ser incorruptible. Se ordenó como sacerdote en 1284 y se dedicó a dar ayuda espiritual y legal a sus feligreses. También es patrono de los abogados. Fue canonizado en 1347. Festividad: 19 de mayo.

JUGUETEROS: Claudio, obispo. Francés (s. VII). Hijo de una familia de la congregación; en vez de enrolarse en el ejército, se ordenó sacerdote. Se unió a la orden de los Benedictinos y reformó un monasterio en las Montañas Jura. Después fue elegido obispo de Bensançon. En el arte se le representa resucitando a un niño. También es patrono de los afinadores. Festividad: 6 de junio.

JUSTICIA INTERRACIAL: Martín de Porres, lego. Peruano (1579-1639). Aprendiz de barbero-cirujano antes de unirse a los hermanos legos. Auxilió a los esclavos africanos llevados a Perú, fundó un orfanatorio y un hospital para niños abandonados, y tenía los dones de la bilocación y el vuelo. También es patrono de los estilistas (hombres), los trabajadores de la salud, la educación pública y las relaciones interraciales. Fue canonizado en 1962. Festividad: 3 de noviembre.

JUSTICIA SOCIAL: José, carpintero. Nazareno (s. I). Descendiente de David; esposo de la Virgen María; padrastro de Jesucristo. José dudó de contraer matrimonio con María cuando se enteró de que estaba encinta, hasta que el arcángel Gabriel le explicó la llegada del Mesías. Después del nacimiento de Cristo, en un sueño se le advirtió acerca de los planes de Herodes, así que llevó a su joven familia a Egipto. Después de la muerte de Herodes, también en un sueño, recibió la instrucción de regresar a Israel. Por miedo al sucesor de Herodes, José decidió instalarse con su familia en Nazaret. Los eruditos creen que murió antes de la crucifixión de Cristo. También es patrono de Bélgica, Canadá, los carpinteros, la Iglesia, los moribundos, los padres, Corea, Perú y los trabajadores. Festividades: 19 de marzo y 1º de mayo.

La ira es una especie de locura temporal.

—San Basilio

LABRADORES: 1) Jorge, mártir. Inglés (s. III). Aparte de que fue torturado en Palestina, lo que se cuenta de la vida de este caballero cristiano es pura ficción. Es famoso por haber matado a un dragón y, con ello, salvado a una princesa de que la sacrificaran. Después se casó con ella. En la obra del siglo XIII, *La leyenda de oro*, hay un relato de su vida. También es patrono de los niños exploradores, Inglaterra y los soldados. Festividad: 21 de febrero.

2) Isidro Labrador, lego. Español (1070-1130). Mozo de campo que obraba milagros y compartía sus escasas posesiones con los menos afortunados que él, que eran pocos. También es patrono de los jornaleros. Fue canonizado en 1622. Festividad: 10 de mayo.

Lactancia natural: Gil, ermitaño. Inglés (s. VIII). Ermitaño de un bosque; fue herido por una flecha por proteger a una cierva que había estado alimentando durante un año. Al rey lo conmovió tanto la compasión del lisiado que lo nombró su consejero. También es patrono de los mendigos, los ermitaños, los caballos, los discapacitados y los bosques. Festividad: 1º de septiembre.

Ladrones: Dimas, ladrón (s. I). Todo lo que se sabe de este "buen ladrón" es que fue crucificado al lado de Jesucristo. También es patrono de los condenados a cadena perpetua, los directores de pompas fúnebres, los prisioneros y los empleados de agencias funerarias. Festividad: 25 de marzo.

Lampareros: Nuestra Señora de Loreto. En 1291, la casa de la Santa Virgen María en Nazaret repentinamente se encontró en Loreto, Italia. Los investigadores han confirmado que las piedras de esa morada son del mismo tipo que aquellas con las que se construían las casas en Nazareth en el siglo I. Algunos dicen que la casa santa fue colocada ahí con la intervención divina; otros, que unos militares la cambiaron de lugar para protegerla de los musulmanes. También es patrona de los constructores de casas.

Lavanderas: 1) Verónica, lega (s. I). Según la tradición, Verónica es la mujer que enjuagó con un lienzo el rostro de Cristo cuando iba cargando la cruz de camino al Calvario. Su nombre significa *vera icon* o "imagen verdadera". Festividad: 12 de julio.

2) Huna, matrona. Alsaciana (s. VII). Esposa de un noble; decidió ocupar su tiempo ayudando a los

menesterosos, quienes la llamaban afectuosamente la "Santa Lavandera" porque les lavaba la ropa. Fue canonizada en 1520. Festividad: 15 de abril.

LECHEROS: Brígida (Bridget), monja. Irlandesa (450-525). Sus padres fueron bautizados por San Patricio. Brígida se metió de monja; fundó el primer convento de Irlanda, un monasterio y una escuela de arte en Kildare. Su patronato se debe a un relato popular según el cual Brígida una vez convirtió agua en leche. Después se la dio a un leproso y éste se curó inmediatamente de su afección. También es patrona de Irlanda, las monjas y los eruditos. Festividad: 1° de febrero.

LECTORES: 1) Polio, mártir. Romano (s. IV). En los tiempos de las persecuciones de los cristianos, Polio era lector de una iglesia y lo acusaron de desafiar verbalmente las órdenes del emperador Diocleciano. Fue quemado en la hoguera. Festividad: 28 de abril.

2) Sabás, mártir. Rumano (s. IV). Cuenta una leyenda que Sabino era solista en Sansalas y que, junto con otros cincuenta discípulos, fue martirizado por negarse a ingerir alimentos que habían sido dedicados a dioses paganos. Debido a que se manifestó públicamente en contra de esta práctica, lo ejecutaron ahogándolo. Festividad: 12 de abril.

LEÑADORES: Wolfango (Volfango), obispo. Suabo (924-994). Se cree que el lugar donde se encuentra la tumba de este educador de clérigos y del rey Enrique II cura afecciones estomacales, y es invocado contra ellas. Fue canonizado en 1052. Festividad: 31 de octubre.

LESIONES, INVOCADA CONTRA LAS: Aldegunda (Aldegonda), monja. Franca (s. VII). Cuento popular. Nació en una familia de santos; sus padres fueron Walberto y Bertilia y su hermana, Waudru. Su madrastra le insistía en que los cristianos devotos se casaban. Aldegonda huyó al bosque para ocultarse de su madrastra y de su prometido, y ahí la protegieron los animales. Cuando se disolvió el grupo que enviaron en su búsqueda, se unió a la orden de las Benedictinas. También es invocada contra las afecciones infantiles. Festividad: 30 de enero.

LESIONES CORPORALES, INVOCADA CONTRA: Nuestra Señora de Lourdes, Francia. En 1858, la Santa Virgen María se le apareció a una joven llamada Bernardita Soubirous. La aparición estaba vestida de blanco y se refirió a si misma como "La Inmaculada Concepción". En ese sitio, que visitó dieciocho veces, surgió una fuente de aguas medicinales. Después se construyó ahí una iglesia. Lourdes es uno de los sitios de peregrinación más populares entre los católicos de todo el mundo y cada año atrae a más de cuatro millones de ellos.

LESOTHO: Inmaculado/Sagrado Corazón de María. En 1942 el Papa Pío XII santificó el Corazón de María, que desde entonces ha sido reverenciado como encarnación de la pureza y la misericordia. Para que alguien se haga acreedor al Sagrado Corazón, tiene que cumplir con el código del cristiano decente: asistir a misa, rezar el rosario y comulgar, todo ello regularmente. También es patrono de Angola, Ecuador y Filipinas.

LIBREROS: Juan de Dios, fundador. Portugués (1495-1550). Fue soldado, pastor, vagabundo y librero. A la edad de

40 años oyó un sermón de Juan de Ávila y enloqueció de culpa. Juan de Ávila lo visitó en su celda, donde Juan de Dios confesó sus pecados y se convirtió al cristianismo. Construyó un hospital y dedicó su vida a cuidar a enfermos y necesitados. Perdió la vida tratando de salvar a un hombre de morir ahogado. Después de su muerte se le nombró fundador de los Hermanos Hospitalarios. También es patrono del alcoholismo, los enfermos del corazón, los hospitales, las enfermeras, los impresores y los enfermos. Fue canonizado en 1690. Festividad: 8 de marzo.

LINCHAMIENTOS, INVOCADO CONTRA LOS: Colmán, mártir. Irlandés (s. XI). La martirología romana tiene una lista de trescientos santos llamados Colmán. En una peregrinación a Jerusalén, este Colmán fue detenido por los desconfiados vieneses, quienes, temiendo que fuera un espía moravo, lo enjuiciaron y colgaron. Después de su muerte, su cuerpo no mostró ningún signo de descomposición. Los milagros ocurridos desde entonces en su tumba han confirmado su santidad. También es patrono de Austria y del ganado cornado. Festividad: 13 de octubre.

LINGÜISTAS: Gotardo (Gotteschalc), príncipe. Alemán (s. XI). Alumno de San Miguel; rompió con el cristianismo cuando supo de la muerte de su padre, Uto. Al tratar de vengar a su padre, los sajones lo capturaron y aprisionaron. Cuando fue liberado, regresó a su tierra natal y reconfirmó su fe cristiana. También es patrono de los príncipes. Festividad: 7 de junio.

LITIGIOS: Agia, viuda. Flamenca (s. VII). Mito piadoso. Acaudalada mujer que al morir legó toda su fortuna a un prisionero llamado Mons. Cuando la familia de ella impugnó el testamento, desde su tumba Agia atestiguó ominosamente a favor de Mons. Festividad: 18 de abril.

LITUANIA: Casimiro, príncipe. Polaco (1458-1484). También se lo conoce como el "Pacifista". El rey Casimiro ordenó al príncipe que se apoderara de Hungría. Su negativa a hacerlo no le dejó al rey más opción que encarcelar a su decimotercer hijo. El príncipe Casimiro nunca titubeó y le rezó a la Santa Virgen María horas y horas. Después de su liberación murió en Lituania. También es patrono de Polonia y los príncipes. Fue canonizado en 1522. Festividad: 4 de marzo.

LOBOS, INVOCADO CONTRA LOS: Hervé (Harvey), abad. Mito piadoso. Este músico nació ciego, y se dice que deambulaba por el campo y convertía a la gente con canciones. Obró uno de sus milagros más populares un día mientras araba. Un lobo se comió a su bestia de carga. Antes de que Hervé terminara de pronunciar la palabra "Amén", el lobo se metió en el arnés y terminó de arar el campo. Otro relato cuenta que una zorra le robó una gallina de su corral y le devolvió al ave viva. También es invocado contra los males de la vista y los zorros. Festividad: 17 de junio.

LOCURA, INVOCADO CONTRA LA: Filan, monje. Irlandés (s. VIII). Hijo de Santa Kentigerna. Cerca del monasterio de San Andrés, llevaba una vida de ermitaño. Se mudó a Gledochart y ahí construyó una iglesia. Durante siglos después de su muerte, en las aguas de sus fuentes se han bañado enfermos mentales y muchos se han curado milagrosamente. Festividad: 19 de enero.

Locutores: Gabriel, arcángel. Mensajero de Dios. Uno de los siete arcángeles de Dios y de los tres que se mencionan por su nombre en la Biblia. Le anunció el nacimiento de Jesús a María (Lucas 1: 11-21). También es patrono de los clérigos, los diplomáticos, los mensajeros, los empleados de correos, los trabajadores de radio, los coleccionistas de estampillas, los trabajadores de telecomunicaciones y los trabajadores de televisión.

Longevidad: Pedro, apóstol. Originario de Bethesda (s. i). Hijo de Jonás; hermano de Andrés; primer Papa; presenció la transfiguración y la agonía de Jesús en el huerto. Pedro una vez caminó sobre el agua, pero se hundió por dudar; negó tres veces al Señor. Pidió que lo colgaran de cabeza cuando lo crucificaron en Roma. Su nombre de pila era Simón, pero Jesús lo distinguió llamándolo *Kephas*, que en arameo significa "roca". La representación de Pedro como guardián de las puertas del cielo se debe a que Cristo una vez le confió simbólicamente las "llaves del reino" a su apóstol principal. También es patrono de los pescadores y el papado. Festividad: 29 de junio.

Lunáticos: Cristina la Increíble, lega. Flamenca (1150-1224). A la edad de 21 años, Cristina sufrió un ataque apoplético que aparentemente la mató. En su misa fúnebre, abrió los ojos y voló a las alfardas de la catedral. Después se posó en el altar y relató su viaje por el cielo, el infierno, el purgatorio y de regreso. Cristina creía que había sido liberada del Más Allá para que rezara por las almas del purgatorio. Se dice que nunca volvió a ser la misma, que repelía el olor de la gente y se ocultaba en espacios pequeños, como alacenas u hornos. Unos años después murió en el convento de Santa Catalina. También es patrona de los terapistas. Festividad: 24 de julio.

Quien se ama a sí mismo ama a todos los hombres.

—San Antonio el Grande

MADRES: 1) Santa Virgen María (s. I). Madre de Dios. La segunda persona santísima (Cristo, su hijo, es la primera); hija de Ana y Joaquín; sin pecado concebida; esposa de José; concibió por obra del Espíritu Santo; madre de Jesús; presenció el primer milagro de Cristo en Caná, donde convirtió agua en vino (San Juan 2: 1-11) y su crucifixión (San Juan 19: 25-27); oró por su hijo después de su muerte (Actas 1: 12-14). Su cuerpo ascendió al cielo a su muerte, donde se reunió con su alma. Ha aparecido con mensajes y profecías y es venerada en todo el mundo. También es patrona de Corea y de las vírgenes. Festividad: 15 de agosto.

2) Mónica, madre. Cartaginesa (331-387). Contrajo matrimonio con Patricio, alcohólico pagano de temperamento irascible, y lo convirtió al cristianismo. Con

cierta persistencia, también convirtió a su hijo Agustín, quien más tarde se convirtió en el intelectual más distinguido de la Iglesia católica. También es patrona de los alcohólicos, las amas de casa, la infidelidad y las casadas. Festividad: 27 de agosto.

MADRES SOLTERAS: Margarita de Cortona, mística. Italiana (1247-1297). Su madre murió súbitamente cuando ella tenía siete años. Su padre se casó en segundas nupcias con una mujer que trataba cruelmente a la niña. Cuando tuvo suficiente edad, Margarita abandonó la granja para irse a vivir con un caballero. Fue el ama del castillo durante nueve años y procreó un hijo con su amante, que después fue asesinado. Hizo una confesión pública y cumplió su penitencia. Su padre la echó de su casa junto con su hijo. Entonces Margarita se unió a las Terciarias y empezó a tener visiones y a manifestar poderes curativos. Dedicó el resto de su vida a cuidar de los abandonados. También es patrona de los desamparados, las parteras y los Terciarios. Fue canonizada en 1728. Festividad: 22 de febrero.

MAGISTRADOS: Fernando III, rey. Castellano (1198-1252). Se casó con la princesa Beatriz y procreó diez hijos con ella. Unió fuerzas con su padre, el rey Alfonso, para expulsar a los moros de España. Fundó la Universidad de Salamanca, mandó construir la Catedral de Burgos y reformó el código de derecho canónico. También es patrono de los ingenieros, los gobernadores, la paternidad y los gobernantes. Fue canonizado en 1671. Festividad: 30 de mayo.

MAL TIEMPO, INVOCADA CONTRA EL: Eurosia, mártir. Bayonesa (s. VIII). Según una leyenda, Eurosia era un doncella de noble cuna que fue comprometida con un pagano. Con la esperanza de que su prometido, que era moro, renunciara a la idea del matrimonio, se escondió en una cueva. El humo de una fogata que encendió llamó la atención del grupo que él había mandado a buscarla, el cual la sacó a rastras del refugio jalándola de los cabellos, y la mató. Festividad: 25 de junio.

MALA SUERTE, INVOCADO CONTRA LA: Agrícola de Aviñón, obispo. Francés (630-700). A la edad de 30 años, su padre, el obispo (San) Magno, lo nombró co-obispo de Aviñón, creando así un raro equipo de padre e hijo en la Iglesia católica romana. Es famoso por una oración que puso fin a una plaga de cigüeñas. También es patrono del buen tiempo y la lluvia e invocado contra el infortunio y las plagas. Festividad: 2 de septiembre.

MALES DE LA VISTA, INVOCADOS CONTRA: 1) Hervé (Harvey), abad. Mito piadoso. Este músico nació ciego, y se dice que deambulaba por el campo y convertía a la gente con canciones. Obró uno de sus milagros más populares un día mientras araba. Un lobo se comió a su bestia de carga. Antes de que Hervé terminara de pronunciar la palabra "Amén", el lobo se metió en el arnés y terminó de arar el campo. Otro relato cuenta que una zorra le robó una gallina de su corral y le devolvió al ave viva. También es invocado contra los zorros y los lobos. Festividad: 17 de junio.

2) Lucía, mártir. Italiana (s. IV). Mito piadoso. Se cuenta que una vez un pretendiente que le impusieron le dijo que tenía unos ojos muy bonitos. Lucía se los arrancó y se los dio a su horrorizado futuro marido, quien de inmediato hizo que la condenaran por sus

creencias cristianas. Como no ardió en las llamas, finalmente la acuchillaron en la garganta. Su nombre quiere
decir "luz". También es patrona de los cuchilleros y los
escritores e invocada contra la hemorragia. Festividad:
13 de diciembre.

MALOS ESPÍRITUS, INVOCADA CONTRA LOS: Agripina, mártir.
Romana (s. III). Durante la persecución de los cristianos,
Agripina fue torturada y después ejecutada cuando se negó
a renunciar a su fe ante el emperador Valeriano o Diocleciano.
Tres mujeres llevaron su cadáver a Sicilia, lugar donde se
encuentra su tumba y en el que durante siglos se han curado
enfermos. Es invocada contra las afecciones bacteriales y las
tormentas. Festividad: 23 de junio.

MALTA: 1) Pablo, apóstol. Romano (s. I). El "Gran Apóstol". Pablo, un toldero judío originalmente llamado Saúl,
fue uno de los perseguidores de los primeros cristianos
hasta que un día oyó que la voz de Cristo le preguntó
desde el cielo por qué perseguía a "Su pueblo". Después
de esto, Pablo se convirtió y viajó a Jerusalén, donde los
apóstoles le dieron la bienvenida. De ahí emprendió tres
viajes misioneros cruciales por toda Europa y Asia Menor. Convirtió a miles y escribió catorce cartas del Nuevo
Testamento. Pablo y San Pedro fueron arrestados en
Roma. A Pablo lo decapitaron y San Pedro fue crucificado de cabeza durante las persecuciones de los cristianos
ordenadas por el emperador Nerón. En una ocasión,
Pablo naufragó en Malta de camino a Roma, pero logró
abordar otra embarcación y continuar a su destino y su
martirio. También es patrono de las relaciones públicas
y de los tolderos e invocado contra las mordeduras de
serpiente. Festividad: 29 de junio.

2) Nuestra Señora de la Asunción. En 1950, el Papa Pío XII supuso que dado que la Santa Virgen María fue concebida sin pecado ("revelado por Dios y definido como dogma" por el Papa Pío IX en 1854), a su muerte había ascendido al cielo (en cuerpo y alma). También es patrona de Francia, India, Paraguay y Sudáfrica.

Manzanares: Carlos Borromeo, obispo/cardenal. Italiano (1538-1584). Sufría un defecto del habla que no le impidió en absoluto predicar. Cuando tenía 22 años, el Papa Pío IV, tío suyo, lo nombró cardenal pese a que Carlos ni siquiera era sacerdote. Fue una de las figuras predominantes entre los reformadores de la educación clerical en la Iglesia católica romana, lo que constantemente le causó enfrentamientos con el clero y la aristocracia de la época. Es el fundador de las escuelas dominicales para niños. Se desconoce la razón de su patronato de los manzanares. También es patrono de los catequistas y los seminaristas. Fue canonizado en 1610. Festividad: 4 de noviembre.

Mareo, invocado contra el: 1) Avertino, ermitaño. Francés (s. xii). Antes de ser martirizado, mientras Santo Tomás de Canterbury se encontraba en Touraine, éste promovió a diácono a su compañero Avertino. Después Avertino se convirtió en ermitaño. En los ex votos de su iglesia en Tours pueden verse las razones de sus patronatos. También es invocado contra los dolores de cabeza. Festividad: 5 de mayo.

2) Elmo (Erasmo), mártir. Italiano (s. iv). Leyenda. Cuenta una leyenda que durante las persecuciones de los cristianos salió ileso de su ejecución en la hoguera ordenada por el emperador Diocleciano. Otra relata que

lo torturaron hasta sacarle los intestinos con un cabrestante. Se cree que la descarga eléctrica sobre el mástil de
una embarcación, que a veces ocurre antes o después
de una tormenta, es una señal de que San Elmo está
protegiendo a la embarcación. También es patrono de
los navegantes e invocado contra la apendicitis y los
desórdenes intestinales. Festividad: 2 de junio.

MARINEROS: Francisco de Padua, fundador. Italiano (1416-
1597). A la edad de 15 años, Francisco eligió la vida de
ermitaño y a la edad de 20 fundó su propia orden, la
Mínima, y un monasterio en Plessis, Francia. Sus patronatos náuticos se deben a un cuento según el cual un día
Francisco puso su manta sobre el agua de un canal
italiano y navegó sobre él hasta su casa. También es
patrono de los oficiales de marina. Fue canonizado en
1519. Festividad: 2 de abril.

MARINOS: 1) Cutberto, obispo. Originario de Northumbria
(s. VII). Huérfano; de adulto se alistó en el ejército. Abandonó la batalla contra los mercianos para meterse de monje.
Cuando vivía de ermitaño en las Islas Farne, San Eata lo
llamó para que ocupara el cargo de obispo de Lindisfarne.
Ahí curó milagrosamente a víctimas de epidemias, hasta
que murió. Festividad: 20 de marzo.

2) Miguel, arcángel. Uno de los siete arcángeles de
Dios; y uno de los tres mencionados por su nombre en
la Biblia. En el Viejo Testamento se citan dos apariciones
suyas ante Moisés y Abraham. En el Nuevo Testamento
se le menciona luchando contra Satanás con el cuerpo
de Moisés y arrojando del cielo a Lucifer y a sus cohortes.
En el arte suele representársele con una balanza (que
simboliza que está pesando las almas) en una mano, y

matando a un dragón (Satanás) con la otra. También es patrono de las batallas, los difuntos, los abarroteros, los soldados paracaidistas, los oficiales de policía y los radiólogos. Festividad: 29 de septiembre.

3) Nicolás de Tolentino, predicador. Italiano (1245-1305). Hijo único de un matrimonio viejo. Un sueño le indicó que debía ir a la ciudad de Tolentino. Ahí se dedicó el resto de su vida a ayudar a niños abandonados y a delincuentes. Según un mito sajón, en una ocasión Nicolás recuperó el cuerpo de un hombre que se había ahogado la semana anterior, lo resucitó y lo mantuvo vivo hasta administrarle los últimos sacramentos. También es patrono de los infantes y las almas perdidas. Festividad: 10 de septiembre.

MARMOLISTAS: Clemente I, mártir. Romano (s. I y II). Tercer Papa (el primero fue Pedro y el segundo, Cleto). Cuando el emperador Trajano expulsó a Clemente de Roma, éste fue condenado a trabajos forzados en canteras de Rusia. Se cuenta que durante una escasez de agua en las minas repentinamente surgió un manantial y apagó la sed de los prisioneros. En su destierro de Roma, Clemente fundó setenta y cinco iglesias. Lo martirizaron arrojándolo al Mar Negro atado a un ancla. También es patrono de los canteros. Festividad: 23 de noviembre.

MAYORDOMOS: Adelmo, *valet*. Francés (s. XII). Leyenda. Abandonó una prometedora carrera militar para abrazar el sacerdocio. Una noche, él y su criado fueron sorprendidos por una tormenta. Adelmo le ordenó al criado que encendiera una bujía. Milagrosamente, la bujía se mantuvo encendida, a pesar del viento húmedo, hasta que encontraron un refugio. Festividad: 30 de enero.

Mecánicos: Eligio (Eloy), obispo. Francés (588-660). Metalista; fabricó dos tronos para el rey Clotario II con los sobrantes del oro y las joyas que le habían entregado para hacer uno solo. Después lo pusieron a cargo de la casa de moneda y utilizó su influencia para ayudar a los enfermos y los desamparados. También es patrono de los herreros, los joyeros y los acereros. Festividad: 1º de diciembre.

Médicos: 1) Cosme y Damián, mártires. Árabes (s. IV). Conocidos como los "santos indigentes". Eran dos médicos gemelos que atendían gratuitamente a sus pacientes y fueron decapitados junto con sus otros tres hermanos por sus creencias cristianas. Algunos críticos opinan que su leyenda se deriva del mito griego de Cástor y Pólux. También son patronos de los barberos, los boticarios, los farmacéuticos y los cirujanos. Festividad: 26 de septiembre.

2) Lucas, evangelista. Griego (s. I). Médico y artista. Se sabe poco de sus primeros años de vida. Es autor del tercer Evangelio y de los Hechos de los Apóstoles, que dan cuenta del avance del cristianismo en sus primeros tiempos. Murió en Grecia a la edad de 84 años. También es patrono de los artistas, los carniceros, los cristaleros, los notarios, los pintores y los cirujanos. Festividad: 18 de octubre.

3) Rafael, arcángel. Uno de los siete arcángeles de Dios; uno de los tres arcángeles mencionados por su nombre en la Biblia. Venerado tanto en la religión judía como en la cristiana. Su nombre significa "Dios cura". También es patrono de los invidentes, los enamorados, las enfermeras y los viajeros. Festividad: 29 de septiembre.

MENDIGOS: 1) Alexis, sirviente. Romano (s. v). También conocido como "Hombre de Dios". Después de su muerte se encontró una autobiografía que reveló que era hijo de un acaudalado senador que se enemistó con él y a quien sirvió durante sus últimos diecisiete años. También es patrono de los fabricantes de cinturones. Festividad: 17 de julio.

2) Gil, ermitaño. Inglés (s. VIII). Ermitaño de un bosque; fue herido por una flecha por proteger a una cierva que había estado alimentando durante un año. Al rey lo conmovió tanto la compasión del lisiado que lo nombró su consejero. También es patrono de la lactancia natural, los ermitaños, los caballos, los discapacitados y los bosques. Festividad: 1º de septiembre.

3) Benito José Labre, vagabundo. Boloñés (s. XVIII). Abandonó a su acaudalada familia para buscar a Dios. Durante tres años viajó por toda Europa, y en su santa búsqueda visitó todos los sitios de peregrinación. Benito el mendigo dio por terminado su recorrido en el Coliseo, donde pasó sus últimos años orando intensamente. Murió en la iglesia. También es patrono de los desamparados, las órdenes religiosas y los vagabundos. Festividad: 16 de abril.

MENSAJEROS: Gabriel, arcángel. Mensajero de Dios. Uno de los siete arcángeles de Dios y uno de los tres que se mencionan por su nombre en la Biblia. Le anunció el nacimiento de Jesús a María (Lucas 1: 11-21). También es patrono de los locutores, los clérigos, los diplomáticos, los empleados de correos, los trabajadores de radio, los coleccionistas de estampillas, los trabajadores de telecomunicaciones y los trabajadores de televisión.

MENTIRAS, INVOCADO CONTRA LAS: Félix, sacerdote. Originario de Nola (s. III). Lo único que se sabe de Félix proviene de un poema de Paulino que data de cien años después de su muerte. Félix escapó de la tiranía del emperador Decio y fue en busca del obispo Máximo de Nola, quien también se había ocultado. Lo encontró moribundo y lo llevó a un refugio seguro. Los soldados del emperador fueron informados de que Félix había vuelto y se aprestaron a arrestarlo. Él se ocultó en una vivienda abandonada, donde una araña cubrió toda la entrada con su tela y engañó a la turba. Después de la muerte del obispo Máximo, Félix rechazó sucederlo en su cargo y dedicó el resto de su vida a las obras piadosas. Festividad: 14 de enero.

MÉXICO: Nuestra Señora de Guadalupe. Tepeyac, México. En el invierno de 1531, la Virgen María se le apareció a Juan Diego mientras éste caminaba por una ladera. Presentándose como la "Madre del Dios verdadero dador de vida", ordenó a Juan que construyera una iglesia en su honor. Juan le explicó la solicitud de María al obispo Juan de Zumárraga, quien le pidió una prueba de la aparición de la virgen. Cuando Juan Diego regresó a la ladera, la encontró cubierta de rosas en plena floración. Por indicación de María, llenó de flores su tilma y llevó el fardo a la residencia del obispo. Al extender la tilma, las rosas se desparramaron en el piso y en la prenda apareció impresa la imagen de la Virgen María con la tez aceitunada. También es patrona de América del Norte. Festividad: 12 de diciembre.

MIGRAÑA, ENFERMOS DE: Gerón, soldado. Romano (s. III). Al igual que San Mauricio y su legión, Gerón y sus soldados se negaron a adorar dioses paganos la víspera de una

batalla. Los 290 "Soldados Dorados", como se les conoce, fueron martirizados por orden del emperador
Maximiano. Festividad: 10 de octubre.

MILITARES: Teodoro Tiro, mártir (s. IV). Mito piadoso.
Cuando se negó a adorar ídolos paganos, su batallón
denunció al joven recluta. Teodoro admitió su fe en un
Dios único, pero fue exonerado de los cargos. Después
de incendiar con una antorcha un ídolo pagano, tuvo
que presentarse por segunda vez ante el emperador; lo
castigaron azotándolo severamente. Un ángel bajó del
cielo y curó sus heridas. Fue emplazado a su tercer y
último juicio ante el emperador. Esta vez lo sentenciaron
a morir en la hoguera. Festividad: 9 de noviembre.

MINEROS: Bárbara, mártir. (s. IV). Ficción religiosa. Esta
leyenda se remonta al siglo VII y puede encontrarse en
escritos de Toscana, Roma, Antioquía, Heliópolis y
Nicomedia. Se trata de una joven cuyo padre, que era
pagano, la encerró en una torre antes de emprender un
largo viaje. Durante su cautiverio se convirtió al cristianismo y ordenó que construyeran tres ventanas para
representar a la Santa Trinidad. Cuando su padre regresó, lo enfureció tanto la preferencia religiosa de su hija
que la entregó a las autoridades. Aunque fue sometida a
una horrenda tortura, Bárbara se negó a renegar de su fe.
El juez le ordenó al padre que le diera muerte con sus
propias manos; la asesinó en una montaña e inmediatamente fue muerto por un rayo. También es patrona de
los arquitectos, los constructores, los moribundos, la
prevención de incendios, los fundadores, los prisioneros y los canteros. Festividad: 4 de diciembre.

Miopía: Claro, obispo. Francés (s. vii). Claro significa "brillantez", nombre que se le dio a este niño por su perspicacia. Fue arzobispo de Viena y consejero de un convento en el que su madre y su hermana eran monjas. Festividad: 1º de enero.

Misiones extranjeras: 1) Francisco Javier, misionero. Español vasco (1506-1552). Uno de los siete fundadores de los Jesuitas y de los más grandes misioneros; precursor de la obra misionera en la India y el Oriente. Murió en un viaje a China. También es patrono de Borneo y de Japón. Fue canonizado en 1602. Festividad: 3 de diciembre.

    2) Teresa de Lisieux, monja. Francesa (1873-1897). También conocida como la "florecita". Ella y sus cinco hermanas se ordenaron como monjas carmelitas. Autora de *Historia de un alma*, Teresa escribió que "dejaría caer un aluvión de rosas" (milagros) a su paso. Murió de tuberculosis el 30 de septiembre y cumplió su palabra. También es patrona de los aviadores, los floristas y Francia. Fue canonizada en 1925. Festividad: 1º de octubre.

Misiones parroquiales: 1) Leonardo de Puerto Mauricio, sacerdote. Italiano (1676-1751). Estudiante jesuita; se ordenó franciscano de la Estricta Observancia y después dirigió las misiones de Italia. Festividad: 26 de noviembre.

    2) Benito el Africano, hermano lego. Siciliano (1526-1589). De joven su amo lo liberó de la esclavitud. Una tarde, un grupo de adolescentes lo acosó señalándolo como hijo de esclavos, pero él nunca perdió la compostura. Esto fue presenciado por el jefe de los ermitaños

franciscanos, quien posteriormente lo persuadió de unirse a la orden. Con el tiempo, Benito ascendió a superior de la orden antes de que ésta se desbandara. Después se le nombró cocinero de otra orden, de la cual también fue superior. Más adelante, otra vez se le degradó al puesto de cocinero en otra comunidad. También es patrono de los afroamericanos. Festividad: 4 de abril.

Místicos: Juan de la Cruz, teólogo. Castellano (1542-1591). Empezó a escribir poesía cuando estuvo preso porque intentó reformar la orden de los Carmelitas, a la cual pertenecía. Es autor de *La oscura noche del alma*, *Cántico espiritual* y *La viva llama del amor*. Fue canonizado en 1726. Festividad: 8 de marzo.

Molineros: 1) Víctor de Marsella, mártir. Galo (s. III). Leyenda piadosa. Cuando el emperador Maximiano descubrió que su guardia romano favorito era cristiano, lo sometió a diversas torturas. Un día, cuando Víctor estaba siendo torturado en el potro por negarse a adorar a los dioses paganos, se le apareció Jesucristo. Esa noche, Dios envió a sus ángeles a su celda y esto hizo que se convirtieran tres guardias de la prisión. Al día siguiente, el emperador Maximiano ordenó que se decapitara a los recién conversos. Víctor fue llevado nuevamente ante el emperador. Maximiano le ordenó al apaleado hombre que ofreciera incienso a Júpiter. Víctor pateó la estatua y esto enfureció al emperador. Entonces, ordenó que le cortaran un pie con un hacha, antes de destrozarlo en la prensa. La piedra de amolar se rompió a la mitad de la ejecución; sin embargo, Víctor, parcialmente pulverizado, seguía con vida. Uno de sus verdugos sacó una espada y lo decapitó. También es patrono de las víctimas de tortura e invocado contra los problemas de los pies. Festividad: 21 de julio.

2) Arnulfo, obispo. Flamenco (1040-1087). Antes de recibir el llamado de Dios, fue soldado de los ejércitos de Roberto o Enrique I de Francia. Cuando se encontraba en Saint-Medard, lo nombraron obispo de Soissons. Arnulfo aparece representado en las obras de arte con una pala de panadero, de aquí su patronato. También es patrono de los harineros. Festividad: 15 de agosto.

MÓNACO: Devota, mártir. Originaria de Córcega (s. III). Esta joven cristiana fue arrastrada por las calles de Córcega y atormentada en un potro, pero se negó a retractarse. Se dice que en el momento de su muerte apareció una paloma seguida de dos hombres en un bote. Sus restos fueron enterrados en el sitio donde se posó la paloma, en Mónaco. También es patrona de Córcega. Festividad: 17 de enero.

MONJAS: Brígida (Bridget), monja. Irlandesa (450-525). Sus padres fueron bautizados por San Patricio. Brígida se metió de monja; fundó el primer convento de Irlanda, un monasterio y una escuela de arte en Kildare. Su patronato se debe a un relato popular según el cual Brígida una vez convirtió agua en leche. Después se la dio a un leproso y éste se curó inmediatamente de su afección. También es patrona de los lecheros, Irlanda y los eruditos. Festividad: 1º de febrero.

MONJES: Benito de Nursia, monje. Italiano (480-547). Se le reconoce como padre del monaquismo occidental. A los 14 años de edad dejó a su noble familia y a su hermana, Santa Escolástica, para continuar sus estudios en Roma. A los 20, eligió llevar una vida de ermitaño y se instaló en una cueva; a los 30, ya había fundado una docena de monasterios. Durante varios siglos, su libro de reglas sagradas se tomó como modelo de la vida monástica en toda Europa. Después de que un monje llamado Florentino intentó envenenarlo por considerar su método demasiado fastidioso, Benito renunció a su cargo de abad. Sistematizó una docena de monasterios y estableció el monaquismo occidental. También es patrono de Europa y de los espeleólogos e invocado contra el envenenamiento y la brujería. Festividad: 21 de marzo.

MONTAÑISTAS: Bernardo de Montijoix, sacerdote. Italiano (996-1081). Dedicó sus cuarenta años de sacerdote a la residencia de los Alpes. Constructor de escuelas e iglesias; es famoso por el Gran Bernardo y el Pequeño Bernardo, dos refugios creados en pasos de montaña para viajeros de todas la religiones y orígenes. También es patrono de los alpinistas y los esquiadores. Festividad: 28 de mayo.

MORAVIA: Cirilo y Metodio, monje y obispo respectivamente. Griegos (826-869, 815-885). "Apóstoles de los eslavos". Estos hermanos tradujeron la Biblia al eslavo, inventaron el alfabeto glagolítico y fundaron la literatura eslava. También son patronos de los ecumenistas. Fueron canonizados en 1980. Festividad: 14 de febrero.

MORDEDURAS DE SERPIENTE, INVOCADO CONTRA LAS: Pablo, apóstol. Romano (s. I). El "Gran Apóstol". Pablo, un toldero judío originalmente llamado Saúl, fue uno de los perseguidores de los primeros cristianos hasta que un día oyó que la voz de Cristo le preguntó desde el cielo

se convirtió y viajó a Jerusalén, donde los apóstoles le
dieron la bienvenida. De ahí emprendió tres viajes
misioneros cruciales por toda Europa y Asia Menor.
Convirtió a miles y escribió catorce cartas del Nuevo
Testamento. Pablo y San Pedro fueron arrestados en
Roma. A Pablo lo decapitaron y San Pedro fue crucificado de cabeza durante las persecuciones de los cristianos
ordenadas por el emperador Nerón. En una ocasión,
Pablo naufragó en Malta de camino a Roma, pero logró
abordar otra embarcación y continuar a su destino y su
martirio. También es patrono de Malta, las relaciones
públicas y los tolderos. Festividad: 29 de junio.

MORIBUNDOS: 1) Bárbara, mártir. (s. IV). Ficción religiosa.
Esta leyenda se remonta al siglo VII y puede encontrarse
en escritos de Toscana, Roma, Antioquía, Heliópolis y
Nicomedia. Se trata de una joven cuyo padre, que era
pagano, la encerró en una torre antes de emprender un
largo viaje. Durante su cautiverio se convirtió al cristianismo y ordenó que construyeran tres ventanas para representar a la Santa Trinidad. Cuando su padre regresó, lo
enfureció tanto la preferencia religiosa de su hija que la
entregó a las autoridades. Aunque fue sometida a una
horrenda tortura, Bárbara se negó a renegar de su fe. El
juez le ordenó al padre que le diera muerte con sus
propias manos. La asesinó en una montaña e inmediatamente fue muerto por un rayo. También es patrona de los
arquitectos, los constructores, los moribundos, la prevención de incendios, los fundadores, los mineros, los prisioneros y los canteros. Festividad: 4 de diciembre.

2) José, carpintero. Nazareno (s. I). Descendiente
de David; esposo de la Virgen María; padrastro de

Jesucristo. José dudó de contraer matrimonio con María cuando se enteró de que estaba encinta, hasta que el arcángel Gabriel le explicó la llegada del Mesías. Después del nacimiento de Cristo, en un sueño se le advirtió acerca de los planes de Herodes, así que llevó a su joven familia a Egipto. Después de la muerte de Herodes, también en un sueño, recibió la instrucción de regresar a Israel. Por miedo al sucesor de Herodes, José decidió instalarse con su familia en Nazaret. Los eruditos creen que murió antes de la crucifixión de Cristo. También es patrono de Bélgica, Canadá, los carpinteros, la Iglesia, los padres, Corea, Perú, la justicia social y los trabajadores. Festividades: 19 de marzo y 1º de mayo.

Motociclistas: Nuestra Señora de la Altagracia. Este título se lo confirió a la Santa Virgen María el pueblo de República Dominicana. En San Lucas (1: 28), el arcángel San Gabriel se refiere a ella como "llena de gracia", lo cual se recita al inicio del "Salve María". También es patrona de la República Dominicana.

Muchachas: Agnes, mártir. Romana (s. iv). A los 11 años de edad el hijo del gobernador la cortejó infructuosamente, pues Agnes se había prometido a Dios. Entonces, la denunció por ser cristiana y pidió a su padre que la enviara a una casa de prostitución. Pero como ella se mantuvo pura mediante la oración y un milagro, la torturaron y apuñalaron en la garganta. Festividad: 21 de enero.

Muchachos: Nicolás de Mira, obispo. Licio (s. iv). Mejor conocido como San Nicolás. Se tienen pocos datos de su vida. Dirigió un monasterio, fue prisionero durante las persecuciones cristianas y estuvo presente en el Concilio de Nicea. El resto es mito. Se cuenta que había un padre que era tan pobre que no podía dar dote a sus tres hijas. Nicolás arrojó tres sacos de oro por la ventana de su cocina y poco después las tres hijas se casaron. También es patrono de las novias, los niños, los estibadores, Grecia, los comerciantes, los prestamistas, las solteronas y los viajeros. Festividad: 6 de diciembre.

MUERTE SÚBITA, INVOCADO CONTRA LA: Andrés Avelino, sacerdote. Napolitano (1521-1608). Cuando fue enviado a reformar el convento de Sant'Angelo, Andrés descubrió que las monjas perdidas lo habían convertido en una casa de mala reputación. Casi perdió la vida en ese esfuerzo de reforma y después se unió a los teatinos. Mientras pronunciaba un sermón, sufrió un ataque de apoplejía y quedó inconsciente para el resto de su vida. Algunos historiadores creen que Andrés cayó en un estado catatónico, por lo que lo dieron por muerto y lo enterraron. Es invocado contra la apoplejía. Fue canonizado en 1712. Festividad: 10 de noviembre.

MUJERES ESTÉRILES: 1) Antonio de Padua, predicador. Portugués (1195-1231). Su nombre de pila era Fernando; conocido como el "obrador de prodigios" por su astucia para predicar; primer conferencista en teología; Doctor de la Iglesia; colega de San Francisco de Asís. En una ocasión un discípulo tomó sin permiso el salterio de Antonio. Aterrorizado, el novicio lo devolvió de inmediato afirmando que por su acto lo perseguían apariciones. También es patrono de los objetos perdidos, los pobres, Portugal, los naufragios y los viajeros e invocado contra el hambre. Fue canonizado en 1232. Festividad: 13 de junio.

2) Felícitas y sus siete hijos, mártires. Romanos (s. II). Leyenda piadosa. Esta joven viuda tenía siete hijos. Su fuerte fe cristiana llamó la atención de Antonino Pío, quien trató de persuadir a Felícitas y a sus hijos de que adoraran a dioses paganos. Como vio que sus promesas y amenazas no surtían efecto, Antonino hizo sentenciar a muerte a los muchachos en siete tribunales distintos. Obligó a Felicitas a presenciar cada ejecución y después mandó decapitarla. También es patrona de los niños difuntos y de los herederos. Festividad: 10 de julio.

MUJERES INFELIZMENTE CASADAS: Wilgefortis, mártir. Portuguesa (fechas desconocidas). Leyenda. Su padre, el rey de Portugal, la había prometido en matrimonio en contra de su voluntad al rey de Sicilia. Ella rezó con tal intensidad, que le brotó vello en la cara. El rey de Sicilia desistió del compromiso. El padre de Wilgefortis, airado, la crucificó. Festividad: 20 de julio.

MUJERES DE NEGOCIOS: Margarita Cliterowa, mártir. Inglesa (1556-1586). Madre de tres hijos, junto con su marido, administraba una exitosa carnicería. Durante la reforma católica de Inglaterra, la sorprendieron ocultando a sacerdotes. Sufrió una muerte lenta; le apilaron pesas en la espalda y finalmente la aplastaron. Fue canonizada en 1970. Festividad: 25 de marzo.

MÚSICOS: Cecilia, mártir. Romana (fechas desconocidas). Leyenda. El día de su boda, Cecilia no podía oír la música que estaban tocando porque sólo se oía a sí misma cantándole a Dios. Su esposo, Valerio, aceptó su petición de vivir con ella castamente. La pareja y el hermano de él fueron sorprendidos dando sepultura a cuerpos de cristianos. Los hermanos fueron decapitados primero. El verdugo falló al decapitarla, por lo que ella sufrió una agonía de tres días. También es patrona de los compositores, los fabricantes de órganos, los poetas y los cantantes. Festividad: 22 de noviembre.

2) Dunstano, obispo. Inglés (910-988). Uno de los grandes reformadores de la vida eclesiástica en Inglaterra durante el siglo x. Restauró Bath y la Abadía de Westminster. Fue consejero del rey Edwin hasta que éste lo envío al exilio por haberlo acusado de cometer abusos sexuales. Fue un diestro obrero metalúrgico y artista. También es patrono de los armeros, los herreros, los orfebres, los cerrajeros y los plateros. Festividad: 19 de mayo.

3) Gregorio Magno, Papa. Romano (540-604). Creador de los cantos gregorianos; Doctor de la Iglesia. Según dijo, el "colmo de su vergüenza" fue cuando lo nombraron Papa en 590. Convirtió Inglaterra al cristianismo, inició el papado medieval y escribió catorce libros. También es patrono de los papas, los cantantes y los docentes. Fue canonizado en 604. Festividad: 3 de septiembre.

4) Odón, abad. Francés (s. x). Fundador y reformador del monaquismo; músico consumado; compositor de himnos, de los cuales el más famoso es uno dedicado a San Martín. Festividad: 18 de noviembre.

El miedo es un mal peor que el mal mismo.
— San Francisco de Sales

NACIMIENTO: Margarita, mártir. Originaria de Antioquía (s. IV). Leyenda. Renegó de su padre, sacerdote pagano, y se convirtió al cristianismo. Margarita se hizo pastora, y en esa época el gobernador puso sus ojos en ella. Los intentos fallidos de seducir a la joven lo enfurecieron a tal punto que la encarceló. Margarita confesó su fe cristiana y fue sometida a horribles torturas. Una de ellas consistió en que se la tragara un dragón, cuyo vientre fue abierto por la cruz que Margarita llevaba. Finalmente fue decapitada. También es patrona de la intervención divina y de las embarazadas. Festividad: 20 de julio.

NADADORES: Adjuntor, monje. Francés (s. XII). Caballero y Señor de Vernon-sur-Seine. En una travesía marítima hacia su primera cruzada en 1095 fue capturado por los musulmanes, pero logró escapar. De regreso a Francia tomó los hábitos. Sus últimos años los dedicó a orar y meditar. Murió en Tiron. También es patrono de los timoneles e invocado contra el ahogamiento. Festividad: 30 de abril.

NAUFRAGIOS: Antonio de Padua, predicador. Portugués (1195-1231). Su nombre original era Fernando; conocido como el "Obrador de Prodigios" por su astucia para predicar; primer conferencista en teología; Doctor de la Iglesia; colega de San Francisco de Asís. En una ocasión un discípulo tomó sin permiso el salterio de Antonio. Aterrorizado, el novicio lo devolvió de inmediato afirmando que por su acto lo perseguían apariciones. También es patrono de las mujeres estériles, los pobres, Portugal y los viajeros e invocado contra el hambre. Fue canonizado en 1232. Festividad: 13 de junio.

NAVEGANTES: 1) Brendán el Navegante, fundador/explorador. Irlandés (1303-1373). El monasterio de Clonfert, que él fundó, durante siglos fue el centro de esfuerzos misioneros. Algunos eruditos creen que su libro *Navigato Sancti Brenardani Abbatis* está basado en sus relatos sobre una expedición a América del Norte. También es patrono de las ballenas. Festividad: 16 de mayo.

2) Elmo (Erasmo), mártir. Italiano (s. IV). Leyenda. Cuenta una leyenda que durante las persecuciones de los cristianos salió ileso de su ejecución en la hoguera ordenada por el emperador Diocleciano. Otra relata que lo torturaron hasta sacarle los intestinos con un cabrestante. Se cree que la descarga eléctrica sobre el mástil de una embarcación, que a veces ocurre antes o después de una tormenta, es una señal de que San Elmo está protegiendo a la embarcación. También es invoca-

do contra la apendicitis, los desórdenes intestinales y el mareo. Festividad: 2 de junio.

NICARAGUA: Santiago el Mayor, apóstol. Galileo (s. I). Se le llama Santiago "el Mayor" para diferenciarlo del otro apóstol Santiago "el Menor". Él y su hermano Juan "abandonaron sus redes de pesca" en el Mar de Galilea y siguieron a Jesús; fueron testigos tanto de la transfiguración como de la agonía de Jesús en el huerto. A Santiago lo decapitaron en Jerusalén; fue el primer apóstol martirizado. También es patrono de Chile, los peleteros, Guatemala, los farmacéuticos, los peregrinos y España e invocado contra la artritis y el reumatismo. Festividad: 25 de julio.

NIÑOS: 1) Nicolás de Mira, obispo. Licio (s. IV). Mejor conocido como San Nicolás. Se tienen pocos datos de su vida. Dirigió un monasterio, fue prisionero durante las persecuciones cristianas y estuvo presente en el Concilio de Nicea. El resto es mito. Se cuenta que había un padre que era tan pobre que no podía dar dote a sus tres hijas. Nicolás arrojó tres sacos de oro por la ventana de su cocina y poco después las tres hijas se casaron. También es patrono de los muchachos, las novias, los estibadores, Grecia, los comerciantes, los prestamistas, las solteronas y los viajeros. Festividad: 6 de diciembre.

2) María Goretti, niña. Italiana (1890-1902). A la muerte de su madre, su padre se mudó con la familia a Ferriere di Conca, donde se empleó como labriego. A pesar de su pobreza, la familia hizo espacio para albergar a otro labriego de nombre Alejandro Serenelli. María trabajaba en el campo y ayudaba a administrar la casa. Dedicaba su tiempo libre a rezar. Un día que estaba

preparando la cena, Alejandro abusó de ella y después le dio diecisiete puñaladas, que causaron su muerte esa misma noche. En su lecho de muerte, dijo: "Perdono a Alejandro. Lo perdono de todo corazón y deseo que me acompañe en el cielo". Alejandro, arrepentido, asistió a su canonización. También es patrona de las víctimas de violación. Festividad: 6 de julio.

Niños abandonados: 1) Jerónimo, fundador. Italiano (1481-1537). Prisionero de guerra liberado después de que le rezó a la Virgen María. A partir de entonces, dedicó su vida a cuidar huérfanos. Fundó varios orfanatos, una casa para prostitutas reformadas y la orden de los Samashi; introdujo el sistema de enseñanza del catecismo. Murió atendiendo enfermos. También es patrono de los huérfanos. Fue canonizado en 1767. Festividad: 8 de febrero.

2) Santos Inocentes. Según San Mateo (2: 16-18), Herodes temía que el nuevo rey hubiera nacido en Belén, así que ordenó que se asesinara a todos los infantes varones. A éstos se los considera los primeros mártires de Cristo. También son patrones de los bebés. Festividad: 28 de diciembre.

Niños cantores: Dominic Savio, estudiante. Italiano (1842-1855). Visionario. Una de sus profecías motivó que el Papa Pío IX modificara la jerarquía en Inglaterra. Fue canonizado en 1954. Festividad: 9 de marzo.

Niños difuntos: 1) Clotilde, reina. Francesa (s. vi). Procreó dos varones y una hija con el rey Clodoveo, antes de la muerte de éste en 511. Sus codiciosos hijos reñían constantemente entre sí por el control sobre el reino. Esta rivalidad provocó la muerte de Clodomiro, el mayor; de inmediato Clotilde adoptó a sus tres hijos, lo que enfureció a Clotario, su hijo menor, quien procedió a asesinar a dos de los pequeños. Clotilde logró ocultar al joven San Clodaldo de la ira de su tío y después dedicó el resto de su vida a atender a los necesitados. También es patrona de los niños adoptivos, la maternidad y la paternidad, las reinas y las viudas. Festividad: 3 de junio.

2) Eduviges, reina. Bávara (1174-1243). Ella y su esposo Enrique I financiaron diversas obras de caridad. Después de la muerte de Enrique, Eduviges se sintió hostigada por la tribulaciones de sus seis hijos. Encontró solaz en un abadía cistercense, una de las primeras empresas de la pareja real, y en adelante se dedicó a cuidar indigentes. También es patrona de Bavaria, las duquesas, las reinas y Silesia, y es invocada contra los celos y los problemas maritales. Festividad: 16 de octubre.

3) Felícitas y sus siete hijos, mártires. Romanos (s. II). Leyenda piadosa. Esta joven viuda tenía siete hijos. Su fuerte fe cristiana llamó la atención de Antonino Pío, quien trató de persuadir a Felícitas y a sus hijos de que adoraran a dioses paganos. Como vio que sus promesas y amenazas no surtían efecto, Antonino hizo sentenciar a muerte a los muchachos en siete tribunales distintos. Obligó a Felícitas a presenciar cada ejecución y después mandó decapitarla. También es patrona de las mujeres estériles y los herederos. Festividad: 10 de julio.

Niños enfermos: Beuno, monje. Galés (s. VII). Leyenda. Su sobrina, Santa Winifreda, rechazó las propuestas amorosas de un cacique y éste la decapitó con su espada. Supuestamente, Beuno volvió a poner la cabeza en su lugar y resucitó a su sobrina. Se cree que su tumba es un lugar con poderes para curar a los niños. Festividad: 21 de abril.

Niños exploradores: Jorge, mártir. Inglés (s. iii). Aparte de que fue torturado en Palestina, lo que se cuenta de la vida de este caballero cristiano es pura ficción. Es famoso por haber matado a un dragón y, con ello, salvado a una princesa de que la sacrificaran. Después se casó con ella. En la obra del siglo xiii, *La leyenda de oro,* hay un relato de su vida. También es patrono de Inglaterra, los labradores y los soldados. Festividad: 21 de febrero.

Niños pequeños: Gastón (Vaast), obispo. Francés (s. vi). De camino a Reims, Clodoveo I se detuvo en Toul para buscar un sacerdote que lo acompañara a su bautizo. Gastón cumplió con reticencia el deseo del rey. Durante el viaje curó a varios baldados, lo cual motivó a los hombres del rey a convertirse. Al llegar a Reims, Gastón se encontró con que ahí el cristianismo no era más que un recuerdo, así que construyó una iglesia y revivió la fe de los lugareños. Festividad: 6 de febrero.

Niños tartamudos: Notkero Balbulus, monje. Suizo (840-912). A Notkero lo apodaron "Balbulus", que significa "tartamudo" porque tenía un problema del habla. Fue un músico sobresaliente y uno de los primeros autores de cantos gregorianos y secuencias litúrgicas. Festividad: 4 de abril.

Niños víctimas de abuso: Elodia, mártir. Española (s. ix). Ella y su hermana, Santa Nunilo, eran golpeadas con frecuencia por su padrastro, que era musulmán. Ambas huyeron cuando las amenazó con obligarlas a romper sus votos de castidad dándolas en matrimonio a unos musulmanes. Elodia y Nunilo fueron denunciadas ante las autoridades por su fe cristiana, y aprehendidas y decapitadas. También son patronas de los fugitivos. Festividad: 22 de octubre.

NIÑOS VÍCTIMAS DE CONVULSIONES: Escolástica, abadesa. Originaria de Norecia (480-543). Hermana de San Benito; algunos historiadores creen que eran gemelos fraternos. Fundó un convento cerca de Monte Casino, fue la primera monja benedictina. Un día que su hermano la visitó en el convento, al ver que se disponía a irse porque ya era tarde, oró para que se desatara una tormenta que lo retuvo unos días, al cabo de los cuales ella murió. También es invocada contra las tormentas. Festividad: 10 de febrero.

NODRIZAS: Concordia, mártir. Romana (s. III). Leyenda. Por orden del emperador, Concordia, nodriza de Hipólito, fue flagelada con un látigo relleno de plomo junto con otros diecisiete sirvientes cristianos porque asistieron a un funeral cristiano. La sentenciaron a muerte y la ataron de los pies a dos caballos salvajes que después soltaron a galope. Festividad: 13 de agosto.

NORUEGA: Olaf II, rey. Noruego (995-1030). Este futuro rey empezó su carrera como vikingo y les arrebató Noruega a los suecos y los daneses. En 1016 ascendió al trono noruego e intentó imponer el cristianismo a sus súbditos. Muchos de ellos se sintieron agraviados por esto y se vengaron destronándolo con ayuda del rey anglodanés. Olaf murió en una batalla, tratando de recuperarse de sus pérdidas. La afición favorita del rey era la talla de madera. Un domingo que estaba tallando un trozo de madera, un paje le recordó que era *sabat* (día de descanso). Olaf dejó sus herramientas y agradeció a su sirviente que le señalara que en el día del Señor estaba prohibido hacer tareas serviles. También es patrono de los reyes y los talladores. Festividad: 29 de julio.

Notarios: Lucas, evangelista. Griego (s. i). Médico y artista. Se sabe poco de sus primeros años de vida. Es autor del tercer Evangelio y de los Hechos de los Apóstoles, que dan cuenta del avance del cristianismo en sus primeros tiempos. Murió en Grecia a la edad de 84 años. También es patrono de los artistas, los carniceros, los cristaleros, los pintores, los médicos y los cirujanos. Festividad: 18 de octubre.

2) Marcos, apóstol (s. i). Primo de San Bernabé. Alrededor del año 70 escribió los principios de las enseñanzas de Pedro, mejor conocidas como Evangelio. Fue martirizado en Alejandría estrangulándolo. Festividad: 25 de abril.

Novias: 1) Nicolás de Mira, obispo. Licio (s. iv). Mejor conocido como San Nicolás. Se tienen pocos datos de su vida. Dirigió un monasterio, fue prisionero durante las persecuciones cristianas y estuvo presente en el Concilio de Nicea. El resto es mito. Se cuenta que había un padre que era tan pobre que no podía dar dote a sus tres hijas. Nicolás arrojó tres sacos de oro por la ventana de su cocina y poco después las tres hijas se casaron. También es patrono de los muchachos, los niños, los estibadores, Grecia, los comerciantes, los prestamistas, las solteronas y los viajeros. Festividad: 6 de diciembre.

2) Dorotea, mártir. Originaria de Capodia (s. IV). Leyenda. El prefecto Fabrico no pudo convencerla de que se casara con él, así que la entregó a las autoridades por ser cristiana. Cuando se dirigía a su ejecución, un abogado de nombre Téofilo le pidió de broma que le enviara algún fruto del "jardín celestial". Ese invierno, Teófilo encontró en su puerta una cesta con peras y rosas. Después de eso se convirtió al cristianismo. También es patrona de los jardineros. Festividad: 6 de febrero.

3) Isabel de Portugal, reina. Aragonesa (1271-1336). Sobrina de Isabel de Hungría. El rey Pedro III de Aragón el ofreció al rey Dionisio de Portugal la mano de su hija de 12 años. Ella intercedió constantemente entre su hijo Alfonso y el padre de éste para que hicieran las paces. Un día el rey Dionisio creyó que Isabel estaba apoyando a su hijo para que subiera al trono y la echó de Portugal. Después de la muerte del rey, Isabel se unió a la orden de los Franciscanos Seglares y se instaló en un convento de las Hermanas Clarisas, orden que ella había fundado en Coimbra. También es patrona de los Terciarios y la guerra, e invocada contra los celos y los problemas maritales. Fue canonizada en 1626. Festividad: 4 de julio.

Novios: Luis IX, rey. Francés (1214-1270). Fue coronado rey de Francia a la edad de 12 años. Contrajo matrimonio con Margarita, hermana de Eleonor, esposa de Enrique III, y tuvo once hijos. Botó la primera marina francesa. Participó en dos cruzadas: la de Damietta, en Egipto, donde el buen rey y sus hombres salieron victoriosos, y la de Mansurah, donde lo derrotaron y cayó prisionero. Fue liberado al cabo de seis años. Luis murió de tifoidea en su tercera cruzada, a Túnez. También es patrono de los cruzados, los reyes y la paternidad. Festividad: 25 de agosto.

NUEVA ZELANDA: Nuestra Señora del Socorro de los Cristianos. En 1964 el Papa Pablo VI honró a la Santa Virgen María como protectora de Australia y Nueva Zelanda.

O

*No hay nada más dulce que la tranquilidad
de conciencia; nada más seguro que la pureza de espíritu, que nadie puede conferirse por
sí solo porque estrictamente es un don de otro.*

— San Columbano

OBJETOS PERDIDOS: Antonio de Padua, predicador. Portugués (1195-1231). Su nombre original era Fernando;
conocido como el "Obrador de Prodigios" por su astucia
para predicar; primer conferencista en teología; Doctor
de la Iglesia; colega de San Francisco de Asís. En una
ocasión un discípulo tomó sin permiso el salterio de
Antonio. Aterrorizado, el novicio lo devolvió de inmediato afirmando que por su acto lo perseguían apariciones. También es patrono de las mujeres estériles, los
pobres, Portugal, los naufragios y los viajeros, y es
invocado contra el hambre. Fue canonizado en 1232.
Festividad: 13 de junio.

OBSESIÓN, INVOCADO CONTRA LA: Quirino, obispo. Danubio (s. IV). Leyenda piadosa. Fue aprehendido tratando de escapar de la persecución a los cristianos. El magistrado Máximo le ofreció el cargo de sacerdote de Júpiter si renunciaba a su fe. Exclamando que ya era sacerdote, Quirino insistió en que el magistrado lo ejecutara. Por no tener la autoridad necesaria, Máximo lo envió con Amancio, quien lo sentenció a morir ahogado. Lanzaron a Quirino al Río Raab, atado a una roca; mientras, él rezaba. También es invocado contra la posesión diabólica. Festividad: 4 de junio.

OBSTETRAS: Raimundo Nonato, cardenal. Español (1204-1240). Su madre murió por una cesárea al darlo a luz. Fue mercedario y en una ocasión se ofreció a los moros a cambio de esclavos y rehenes cristianos. Hizo conversiones dentro de la prisión y esto enfureció a los musulmanes; pero como sus carceleros se dieron cuenta de que su rescate excedería el de los demás prisioneros, lo sometieron a torturas continuas por predicar. Las negociaciones de su liberación duraron ocho meses. También es patrono del alumbramiento, los acusados en falso, las parteras y las embarazadas. Fue canonizado en 1657. Festividad: 31 de agosto.

OFICIALES DE MARINA: Francisco de Padua, fundador. Italiano (1416-1597). A la edad de 15 años, Francisco eligió la vida de ermitaño y a la edad de 20 fundó su propia orden, la Mínima, y un monasterio en Plessis, Francia. Sus patronatos náuticos se deben a un cuento según el cual un día Francisco puso su manta sobre el agua de un canal italiano y navegó sobre él hasta su casa. También es patrono de los navegantes. Fue canonizado en 1519. Festividad: 2 de abril.

OFICIALES DE POLICÍA: Miguel, arcángel. Uno de los siete arcángeles de Dios; y uno de los tres mencionados por su nombre en la Biblia. En el Viejo Testamento se citan dos apariciones suyas ante Moisés y Abraham. En el Nuevo Testamento se le menciona luchando contra Satanás con el cuerpo de Moisés y arrojando del cielo a Lucifer y a sus cohortes. En el arte suele representársele con una balanza (que simboliza que está pesando las almas) en una mano, y matando a un dragón (Satanás) con la otra. También es patrono de las batallas, los difuntos, los abarrateros, los marinos, los soldados paracaidistas y los radiólogos. Festividad: 29 de septiembre.

ORADORES: 1) Juan Crisóstomo, predicador. Originario de Antioquía (347-407). Uno de los cuatro Doctores Griegos de la Iglesia. Eminente orador; fue exiliado por denunciar el suntuoso estilo de vida y la vanidad de la emperatriz Eudoxia. Crisóstomo significa "boca de oro". Escribió noventa homilías sobre Mateo, ochenta y ocho sobre Juan y treinta dos sobre los romanos. También es patrono de los predicadores. Festividad: 13 de septiembre.

2) Felipe Neri, sacerdote. Italiano (1515-1595). Llegó a Roma durante la crisis religiosa de 1527 de esta ciudad y se alojó en el ático de la casa de un oficial. Se ganaba el sustento enseñando al hijo del oficial y el resto del tiempo lo pasaba devorando libros de filosofía y religión. Al cabo de un par de años, se internaba en las calles de la Roma posrenacentista, se paraba en una esquina y conversaba con los transeúntes. La respuesta de los ciudadanos fue tan favorable que Felipe se ordenó y reformó las decadentes iglesias romanas. El 25 de mayo de 1595 escuchó confesiones todo el día y, al terminar, anunció a sus parroquianos: "Al fin y al cabo,

todos tenemos que morir". Falleció alrededor de la medianoche. También es patrono de Roma. Fue canonizado en 1622. Festividad: 26 de mayo.

ÓRDENES RELIGIOSAS: Benito José Labre, vagabundo. Boloñés (s. XVIII). Abandonó a su acaudalada familia para buscar a Dios. Durante tres años viajó por toda Europa, y en su santa búsqueda visitó todos los sitios de peregrinación. Benito el mendigo dio por terminado su recorrido en el Coliseo, donde pasó sus últimos años orando intensamente. Murió en la iglesia. También es patrono de los desamparados y los vagabundos. Festividad: 16 de abril.

ORFEBRES: Dunstano, obispo. Inglés (910-988). Uno de los grandes reformadores de la vida eclesiástica en Inglaterra durante el siglo X. Rectificó Bath y la Abadía de Westminster. Fue consejero del rey Edwin hasta que éste lo envío al exilio por haberlo acusado de cometer abusos sexuales. Fue un diestro obrero metalúrgico y artista. También es patrono de los armeros, los cerrajeros, los músicos y los plateros. Festividad: 19 de mayo.

El orgullo nos hace odiar a nuestros iguales porque son nuestros iguales; a nuestros inferiores por temor a que nos igualen; a nuestros superiores porque están por encima de nosotros.

—San Juan Vianney

PADRES: José, carpintero. Nazareno (s. I). Descendiente de David; esposo de la Virgen María; padrastro de Jesucristo. José dudó de contraer matrimonio con María cuando se enteró de que estaba encinta, hasta que el arcángel Gabriel le explicó la llegada del Mesías. Después del nacimiento de Cristo, en un sueño se le advirtió acerca de los planes de Herodes, así que llevó a su joven familia a Egipto. Después de la muerte de Herodes, también en un sueño, recibió la instrucción de regresar a Israel. Por miedo al sucesor de Herodes, José decidió instalarse con su familia en Nazaret. Los eruditos creen que murió antes de la crucifixión de Cristo. También es patrono de Bélgica, Canadá, los carpinteros, la Iglesia, los moribundos, Corea, Perú, la justicia social y los trabajadores. Festividades: 19 de marzo y 1° de mayo.

Padres adoptivos: Adelaida, emperatriz. Borgoñesa (931-991). Estuvo casada brevemente con Lotario, rey de Italia, quien murió poco después del nacimiento de su hija Ema. Más tarde, Adelaida fue raptada por Berengario, que intentó forzar a la joven reina a contraer matrimonio con su hijo. Como Adelaida se negó, mandó encerrarla en una mazmorra de un castillo cercano al Lago Garda. Otón el Viejo de Alemania rescató a Adelaida y derrotó al ejército de Berengario. Se casó con ella en Navidad, y esto unió a los imperios alemán e italiano. La pareja crió a sus cinco hijos, a Ema y a Rudolph, hijo de Otón. En 962, Otón fue nombrado emperador de Roma. La emperatriz Adelaida fundó monasterios y conventos e hizo generosas donaciones a los necesitados. También es patrona de las emperatrices, la maternidad y la paternidad, las princesas y las segundas nupcias. Festividad: 16 de diciembre.

Palomas: David (Dewi), obispo. Galés (s. vi). Tercer hijo del rey Sant y de Santa Non. Se ordenó como sacerdote y después fundó doce monasterios. Cuenta una leyenda que un día que estaba a punto de pronunciar un sermón en Brefi, el suelo se elevó para que él pudiera ser visto por la gente que estaba al final de la multitud, y una paloma se posó en su hombro. También es patrono de Gales. Festividad: 1° de marzo.

Panaderos: 1) Isabel, reina. Húngara (1207-1231). Aunque su matrimonio con Ludwig IV fue arreglado, la pareja se enamoró y procreó tres hijos. En 1227 Ludwig murió en una cruzada. Isabel y sus hijos fueron echados del castillo de Wartburg por sus parientes políticos. Ella hizo arreglos para sus hijos y después renunció a su propio título. Se unió a la orden de los Franciscanos y dedicó su vida a cuidar a los necesitados. Tuvo de consejero a un tirano de nombre Conrado de Marburgo, quien insistió en que se sometiera a privaciones y a una humildad extrema el resto de su corta vida, que terminó a la tierna edad de 23 años. Su patronato se deriva de una gran donación de grano que hizo a Alemania durante un año de hambruna. También es patrona de los asilos y los terciarios. Fue canonizada en 1235. Festividad: 17 de noviembre.

2) Honorto, obispo. Francés (fechas desconocidas). Murió cuando era obispo de Amiens. En 1060 su cuerpo fue exhumado con fines ceremoniales. Se le han atribuido diversos milagros debido a su exhumación. Festividad: 16 de mayo.

PAÑERAS: Úrsula, mártir. Alemana (fechas desconocidas). Mito. Según un relato cincelado en una lápida de Colonia, un grupo de doncellas cristianas fue martirizado en el siglo IV. Cuatrocientos años después, los relatos sobre esas mujeres dieron lugar a esta leyenda. Úrsula, hija de un rey inglés, era cristiana y se había fijado la fecha de su boda con un príncipe pagano. Para posponer las nupcias, abordó un barco junto con sus damas de compañía y emprendió una peregrinación a Roma. En Colonia, ella y sus doncellas (entre una docena y mil) fueron atacadas por los hunos. Úrsula rechazó la propuesta de matrimonio del cabecilla de los bárbaros y todas fueron asesinadas. También es patrona de las colegialas y las jóvenes. Festividad: 21 de octubre.

PAPADO: Pedro, apóstol. Originario de Bethesda (s. ɪ). Hijo de Jonás; hermano de Andrés; primer Papa; presenció la transfiguración y la agonía de Jesús en el huerto. Pedro una vez caminó sobre el agua, pero se hundió por dudar; negó tres veces al Señor. Pidió que lo colgaran de cabeza cuando lo crucificaron en Roma. Su nombre de pila era Simón, pero Jesús lo distinguió llamándolo *kephas*, que en arameo significa "roca". La representación de Pedro como guardián de las puertas del cielo se debe a que Cristo una vez le confió simbólicamente las "llaves del reino" a su apóstol principal. También es patrono de los pescadores y la longevidad. Festividad: 29 de junio.

PAPAS: Gregorio Magno, Papa. Romano (540-604). Creador de los cantos gregorianos; Doctor de la Iglesia. Según dijo, el "colmo de su vergüenza" fue cuando lo nombraron Papa en 590. Convirtió a Inglaterra al cristianismo, inició el papado medieval y escribió catorce libros. También es patrono de los músicos, los cantantes y los docentes. Fue canonizado en 604. Festividad: 3 de septiembre.

PARAGUAY: Nuestra Señora de la Asunción. En 1950, el Papa Pío XII supuso que dado que la Santa Virgen María fue concebida sin pecado ("revelado por Dios y definido como dogma" por el Papa Pío IX en 1854), a su muerte había ascendido al cielo (en cuerpo y alma). También es patrona de Francia, India, Malta y Sudáfrica.

PARALÍTICOS: Osmundo, obispo. Normando (s. xɪ). Preparó el interrogatorio del Día del Juicio y compiló documentación de la biblioteca de la Catedral de Salisbury.

Fue canonizado en 1457. Después de él, durante casi 500 años no se canonizó a ningún inglés (Juan Fisher y Tomás Moro en 1935). Festividad: 4 de diciembre.

PARQUES, SERVICIOS DE: Juan Gualberto, abad. Florentino (s. XI). El pensamiento de Cristo crucificado lo incitó a perdonarle la vida al asesino de su hermano Hugo. Después, Juan se hizo monje y construyó su propio monasterio en Vallombrosa con madera de un bosque cercano. Es una ironía que sea patrono de los guarda-bosques. Fue canonizado en 1193. Festividad: 12 de julio.

PARTERAS: 1) Margarita de Cortona, mística. Italiana (1247-1297). Su madre murió súbitamente cuando ella tenía siete años. Su padre se casó en segundas nupcias con una mujer que trataba cruelmente a la niña. Cuando tuvo suficiente edad, Margarita abandonó la granja para irse a vivir con un caballero. Fue el ama del castillo durante nueve años y procreó un hijo con su amante, que después fue asesinado. Hizo una confesión pública y cumplió su penitencia. Su padre la echó de su casa junto con su hijo. Entonces Margarita se unió a las Terciarias y empezó a tener visiones y a manifestar poderes curati-vos. Dedicó el resto de su vida a cuidar de los abando-nados. También es patrona de los desamparados, las madres solteras y las Terciarias. Fue canonizada en 1728. Festividad: 22 de febrero.

2) Raimundo Nonato, cardenal. Español (1204-1240). Su madre murió por una cesárea al darlo a luz. Fue mercedario y en una ocasión se ofreció a los moros como rescate a cambio de esclavos y rehenes cristianos. Hizo conversiones dentro de la prisión y esto enfureció

a los musulmanes; pero como sus carceleros se dieron cuenta de que su rescate excedería el de los demás prisioneros, lo sometieron a torturas continuas por predicar. Las negociaciones de su liberación duraron ocho meses. También es patrono de los acusados en falso, el alumbramiento, los obstetras y las embarazadas. Fue canonizado en 1657. Festividad: 31 de agosto.

PARTURIENTAS: 1) Ana, ama de casa. Nazarena (s. I a.C.). Abuela de Jesús y esposa de Joaquín. Aparte de que procreó a la Santa Virgen María a la edad de 40 años, se conoce poco de su vida. También es patrona de los ebanistas, las abuelas y las amas de casa. Festividad: 26 de julio.

2) Leonardo, fundador. Francés (s. VI). Leyenda. Después de atender a la esposa de su padrino, el rey Clodoveo, en un parto difícil, el rey le ofreció toda la tierra que pudiera recorrer en un burro en un día. En su nueva propiedad, Leonardo fundó el monasterio de Noblac y el pueblo de Saint-Leonard. El rey liberaba a cada prisionero que recibía una visita de Leonardo. La mayoría de los expresidiarios buscaban refugio en su abadía y muchos permanecían para ayudar a administrarla. También es patrono de los prisioneros de guerra e invocado contra la ratería. Festividad: 6 de noviembre.

PASAMANEROS: Juan Francisco Regis, misionero. Francés (1507-1640). Este jesuita no sólo fue un predicador profundo sino que también fundó orfanatorios y mejoró las condiciones de cárceles. Estableció una fábrica de encaje para capacitar a las prostitutas arrepentidas. Juan Francisco trabajó intensamente con los abandonados hasta que murió de agotamiento a los 33 años de edad.

También es patrono de los hijos ilegítimos y los trabajadores sociales médicos. Fue canonizado en 1737. Festividad: 16 de junio.

PASTORAS: 1) Bernardita, monja. Francesa (1844-1879). En 1858, la Santa Virgen María se apareció por primera vez a una joven llamada Bernardita Soubirous. La iluminación estaba vestida de blanca y se refirió a sí misma como "La Inmaculada Concepción". En ese lugar, que visitó dieciocho veces, surgió una fuente de aguas medicinales. Después se construyó una iglesia ahí. Bernardita se unió a las Hermanas de Nuestra Señora en 1866. Lourdes es uno de los sitios de peregrinación más populares entre los católicos de todo el mundo; cada año atrae a más de cuatro millones de visitantes. Fue canonizada en 1933. Festividad: 16 de abril.

2) Regina, mártir. Borgoñesa (s. III). Su madre murió durante su alumbramiento, y la enviaron a vivir con un pastor pobre que la educó como cristiana en secreto. Cuando su padre, que era pagano, se enteró de ello, intentó casarla con un pagano de nombre Olibrio. Regina fue encarcelada, torturada y decapitada. También es patrona de la pobreza y las víctimas de tortura. Festividad: 7 de septiembre.

PASTORES: Drogon, pastor. Flamenco (1105-1189). En su infancia se enteró de que su padre había muerto antes de que él naciera y que su madre se había suicidado por ello. Esto le causó una fuerte impresión al niño, que era de noble linaje y a la sazón tenía 10 años. A mediados de sus años 40, mientras pastoreaba ovejas, se le reventó una hernia y esto lo dejó desfigurado. Perforó un orificio en una pared de la iglesia para poder escuchar misa sin distraer la atención del sermón. Sus cuarenta años de vida restantes los dedicó a la oración y la penitencia. También es patrono de los dependientes de cafeterías, los enfermos de hernia y la gente simple. Festividad: 16 de abril.

PATERNIDAD Y MATERNIDAD: 1) Adelaida, emperatriz. Borgoñesa (931-991). Estuvo casada brevemente con Lotario, rey de Italia, quien murió poco después del nacimiento de su hija Ema. Más tarde, Adelaida fue raptada por Berengario, que intentó forzar a la joven reina a contraer matrimonio con su hijo. Como Adelaida se negó, mandó encerrarla en una mazmorra de un castillo cercano al Lago Garda. Otón el Viejo de Alemania rescató a Adelaida y derrotó al ejército de Berengario. Se casó con ella en Navidad, y esto unió a los imperios alemán e italiano. La pareja crió a sus cinco hijos, a Ema y a Rudolph, hijo de Otón. En 962, Otón fue nombrado emperador de Roma. La emperatriz Adelaida fundó monasterios y conventos e hizo generosas donaciones a los necesitados. También es patrona de las emperatrices, las princesas, las segundas nupcias y los padres adoptivos. Festividad: 16 de diciembre.

2) Clotilde, reina. Francesa (s. VI). Procreó dos varones y una hija con el rey Clodoveo, antes de la muerte de éste en 511. Sus codiciosos hijos reñían constantemente entre sí por el control del reino. Esta rivalidad provocó la muerte de Clodomiro, el mayor; de inmediato Clotilde adoptó a sus tres hijos, lo que enfureció a Clotario, su hijo menor, quien procedió a asesinar a dos de los pequeños. Clotilde logró ocultar al joven San Clodoaldo de la ira de su tío y después dedicó el resto de su vida a atender a los necesitados. También es patrona

de los niños adoptivos, los niños difuntos, las reinas y las viudas. Festividad: 3 de junio.

3) Fernando III, rey. Castellano (1198-1252). Se casó con la princesa Beatriz y procreó diez hijos con ella. Unió fuerzas con su padre, el rey Alfonso, para expulsar a los moros de España. Fundó la Universidad de Salamanca, mandó construir la Catedral de Burgos y reformó el código de leyes canónicas. También es patrono de los ingenieros, los gobernadores, los magistrados y los gobernantes. Fue canonizado en 1671. Festividad: 30 de mayo.

4) Luis IX, rey. Francés (1214-1270). Fue coronado rey de Francia a la edad de 12 años. Contrajo matrimonio con Margarita, hermana de Leonor, esposa de Enrique III y tuvo once hijos. Botó la primera marina francesa. Participó en dos cruzadas: la de Damietta, en Egipto, donde el buen rey y sus hombres salieron victoriosos, y la de Mansurah, donde lo derrotaron y cayó prisionero. Fue liberado al cabo de seis años. Luis murió de tifoidea en su tercera cruzada, a Túnez. También es patrono de los cruzados, los novios y los reyes. Festividad: 25 de agosto.

5) Rita, monja. Italiana (1381-1457). Su matrimonio, que fue arreglado, tocó a su fin cuando su abusivo marido fue asesinado en una riña. Sus dos hijos buscaban vengar la muerte de su padre, pero Rita prefería verlos muertos antes de que se convirtieran en asesinos. Oró por sus almas y poco después ambos enfermaron y murieron. Rita intentó por tercera vez ser aceptada en un convento de Agustinos (las dos primeras veces fue rechazada por no ser virgen). Mientras escuchaba un sermón sobre la corona de espinas, en su frente apareció una herida en forma de espina que permaneció ahí el resto de su vida. Se le atribuyen milagros después de su

muerte. También es patrona de las situaciones desesperadas e invocada contra la hemorragia, la esterilidad y los problemas maritales. Fue canonizada en 1900. Festividad: 22 de mayo.

PATINADORES: Liduvina. Holandesa (1380-1433). Empezó a tener visiones del cielo y del infierno después de sufrir un accidente de patinaje que la dejó inválida. Fue canonizada en 1890. Festividad: 14 de abril.

PAVIMENTADORES: Vicente Ferrer, misionero. Español (1350-1419). Hombre extraordinariamente bien parecido; recibió el llamado de Cristo durante un sueño. Convirtió a miles de personas, entre ellas el rabino Pablo de Burgos, quien después fue obispo de Cartagena. También convirtió a San Bernardino de Siena y a Santa María de Saboya. Vicente ayudó a terminar con el gran Cisma de Occidente al retirar su apoyo a Benito XIII. También es patrono de los constructores y los plomeros. Fue canonizado en 1455. Festividad: 5 de abril.

PAZ: Irene, mártir. Romana (s. III). Leyenda. Ella y sus dos hermanas, Ágape y Chionia, fueron encarceladas por negarse a comer carne de sacrificios. Después se supo que las tres habían estado ocultando las Santas Escrituras. El gobernador Dulcicio mandó quemar en la hoguera a sus hermanas y envió a Irene a una casa de mala reputación, pero ella se mantuvo pura; después, hizo que le rasgaran las vestiduras y la encadenaran a una columna. Fue muerta a flechazos. Festividad: 3 de abril.

PELETEROS: 1) Crispín y Crispiniano, mártires. Romanos (s. III). Leyenda. De día, estos hermanos se dedicaban a ganar adeptos al cristianismo y de noche, a hacer zapatos. Su torturador, Maximiano, se quitó la vida porque se sintió frustrado al ver que fallaban sus intentos de ejecutar a los hermanos, quienes después fueron decapitados. También son patronos de los zapateros remendones, los talabarteros y los curtidores. Festividad: 25 de octubre.

2) Santiago el Mayor, apóstol. Galileo (s. i). Se le llama Santiago "el Mayor" para diferenciarlo del otro apóstol Santiago "el Menor". Él y su hermano Juan "abandonaron sus redes de pesca" en el Mar de Galilea y siguieron a Jesús; fueron testigos tanto de la transfiguración como de la agonía de Jesús en el huerto. A Santiago lo decapitaron en Jerusalén; fue el primer apóstol martirizado. También es patrono de Guatemala, Nicaragua, los peleteros, los farmacéuticos, los peregrinos y España y es invocado contra el reumatismo. Festividad: 25 de julio.

PEREGRINOS: Santiago el Mayor, apóstol. Galileo (s. i). Se le llama Santiago "el Mayor" para diferenciarlo del otro apóstol Santiago "el Menor". Él y su hermano Juan "abandonaron sus redes de pesca" en el Mar de Galilea y siguieron a Jesús; fueron testigos tanto de la transfiguración como de la agonía de Jesús en el huerto. A Santiago lo decapitaron en Jerusalén; fue el primer apóstol martirizado. También es patrono de Chile, los peleteros, Guatemala, Nicaragua, los farmacéuticos y España e invocado contra la artritis y el reumatismo. Festividad: 25 de julio.

PERFUMISTAS: María Magdalena. Originaria de Magdala (s. i). Es famosa por haber lavado con sus lágrimas, secado con su cabello y ungido con perfume los pies de Cristo. No existe ninguna referencia a que la adúltera arrepentida que se menciona en el Nuevo Testamento realmente fuera María. Cristo le expulsó del cuerpo siete demonios (Marcos 16: 9; Lucas 8: 2); presenció la crucifixión (Mateo 27: 56; Marcos 15: 40; Juan 19: 25) y fue la primera persona que vio a Cristo después de su resurrección (Mateo 28: 9; Marcos 16: 9; Juan 20:1-18). También es patrona de las estilistas y las prostitutas arrepentidas.

PERIODISTAS: Francisco de Sales, obispo, escritor. Francés (1567-1622). Se doctoró en leyes a la edad de 24 años. En un lapso de cinco años sobrevivió a numerosos intentos de asesinato y logró reconvertir al catolicismo a miles de calvinistas. Los escritos de Francisco incluyen *Introducción a la vida devota* (1609) y *Tratado sobre el amor de Dios* (1616). Fue el primer beatificado en San Pedro. También es patrono de los autores, la prensa católica, los sordos y los escritores. Fue canonizado en 1877. Festividad: 24 de enero.

PERJURIO, INVOCADO CONTRA EL: Pancracio, mártir. Sirio (s. IV). Leyenda. A la edad de 14 años, este huérfano fue decapitado por su fe. Años después un charlatán murió al decir una mentira mientras tocaba la tumba del niño. También es invocado contra los calambres. Festividad: 12 de mayo.

PERROS: Huberto, obispo. Francés (s. VIII). Dio fin a la idolatría en su diócesis. La historia de su conversión al cristianismo es notablemente similar a la de Eustaquio. Una vez que se encontraba detrás de la cola de un ciervo, éste se dio vuelta y Huberto vio entre las astas del animal la marca de la cruz. Su patronato de los perros surgió cuando en su tumba empezaron a curarse contagiados de rabia. También es patrono de los cazadores y de los contagiados de rabia. Festividad: 3 de noviembre.

Personal de servicio: Marta, ama de casa. Originaria de Betania (s. i). Amiga de Jesús y hermana mayor de María y Lázaro. Durante una de las múltiples visitas de Jesús a su casa, Marta, agitada, se fue a la cocina mientras María escuchaba atentamente a Cristo. Después, Jesús le dijo: "Marta, Marta, te preocupas y te agitas por muchas cosas; y hay necesidad de pocas, o mejor, de una sola. María ha elegido la parte buena, que no le será quitada". (Lucas 10: 41-42). También es patrona de los cocineros, los dietistas y los sirvientes. Festividad: 29 de julio.

Perú: José, carpintero. Nazareno (s. i). Descendiente de David; esposo de la Virgen María; padrastro de Jesucristo. José dudó de contraer matrimonio con María cuando se enteró de que estaba encinta, hasta que el arcángel Gabriel le explicó la llegada del Mesías. Después del nacimiento de Cristo, en un sueño se le advirtió acerca de los planes de Herodes, así que llevó a su joven familia a Egipto. Después de la muerte de Herodes, también en un sueño, recibió la instrucción de regresar a Israel. Por miedo al sucesor de Herodes, José decidió instalarse con su familia en Nazaret. Los eruditos creen que murió antes de la crucifixión de Cristo. También es patrono de Bélgica, Canadá, los carpinteros, la Iglesia, los moribundos, los padres, Corea, la justicia social y los trabajadores. Festividades: 19 de marzo y 1° de mayo.

PESADILLAS, INVOCADO CONTRA: Cristóbal, mártir. Licio (s. III). Mito. Existen varias leyendas sobre este hombre que fue martirizado en Licia. Una de ellas cuenta que era un gigante espantoso de nombre Ofero que se ganaba la vida transportando viajeros de una orilla a otra de un río. Un día transportó a un pesado muchacho que llevaba el peso de los problemas del mundo. Este muchacho, por supuesto, era el joven Jesucristo. El nombre Cristóbal significa en griego "portador de Cristo". También es patrono de los solteros, los conductores de autobuses, los automovilistas, los cargadores, los conductores de camiones y los viajeros. Festividad: 25 de julio.

PESCADORES: 1) Andrés, apóstol. Originario de Bethesda (s. I). Hijo de Jonás. Este pescador fue el primero que siguió el llamado de Jesucristo, y después él convirtió a su hermano Pedro. Presenció la Alimentación de los Cinco Mil (Juan 6: 8-9). Después de la resurrección de Jesucristo, Andrés logró escapar a Grecia y fue crucificado en Acais. También es patrono de Grecia, Rusia y Escocia. Festividad: 30 de noviembre.

2) Pedro, apóstol. Originario de Bethesda (s. I). Hijo de Jonás; hermano de Andrés; primer Papa; presenció la transfiguración y la agonía de Jesús en el huerto. Pedro una vez caminó sobre el agua, pero se hundió por dudar; negó tres veces al Señor. Pidió que lo colgaran de cabeza cuando lo crucificaron en Roma. Su nombre de pila era Simón, pero Jesús lo distinguió llamándolo *kephas*, que en arameo significa "roca". La representación de Pedro como guardián de las puertas del cielo se debe a que Cristo una vez le confió simbólicamente las "llaves del reino" a su apóstol principal. También es patrono de la longevidad y el papado. Festividad: 29 de junio.

3) Magno, príncipe. Escocés (s. xii). Este prisionero del rey noruego Magno el Descalzo escapó a Escocia, donde Malcom III le dio albergue. Después de la muerte del rey, el príncipe Magno fue reinstalado en el trono con su primo Haakon para que gobernaran juntos las Islas Orkney. Pero como Haakon era un hombre celoso y no tenía la intención de compartir el trono con su bien acogido primo Magno, lo golpeó y lo mató. Festividad: 16 de abril.

Pescados y mariscos: Corentino, obispo. Inglés (s. vi). Ficción religiosa. Todos los días, Corentino pescaba el mismo pez en el agua de una corriente sagrada, le rebanaba lo suficiente para sus alimentos y lo devolvía al agua. Al siguiente día, el pez estaba completo. Al enterarse de este milagro diario, un vecino curioso golpeó fuertemente al pez. Corentino curó a la moribunda criatura y después la liberó. Festividad: 12 de diciembre.

Pilotos: José de Cupertino, extático. Italiano (1603-1663). Era un enfermo mental, y de niño sus compañeros le apodaban "el Boquiabierto". Después de dos intentos fallidos, José se ordenó como franciscano en 1628. Sus milagros, éxtasis y levitaciones se convirtieron en leyenda. Era tan común que volara sobre el altar como que cayera en éxtasis. Conforme creció el número de sus seguidores, el "fraile volador" fue trasladado de un monasterio a otro y finalmente murió en total reclusión en Osimo. También es patrono de los astronautas y los aviadores. Fue canonizado en 1767. Festividad: 18 de septiembre.

Pintores: Lucas, evangelista. Griego (s. i). Médico y artista. Se sabe poco de sus primeros años de vida. Es

autor del tercer Evangelio y de los Hechos de los Apóstoles, que dan cuenta del avance del cristianismo en sus
primeros tiempos. Murió en Grecia a la edad de 84 años.
También es patrono de los artistas, los carniceros, los
cristaleros, los notarios, los médicos y los cirujanos.
Festividad: 18 de octubre.

PLAGAS, INVOCADOS CONTRA: 1) Agrícola de Aviñón, obispo. Francés (630-700). A la edad de 30 años, su padre,
el obispo (San) Magno, lo nombró co-obispo de Aviñón,
creando así un raro equipo de padre e hijo en la Iglesia
católica romana. Es famoso por una oración que puso
fin a una plaga de cigüeñas. También es patrono del
buen clima y de la lluvia e invocado contra el infortunio
y la mala suerte. Festividad: 2 de septiembre.

2) Genoveva, monja. Francesa (420-500). Después
de recibir el llamado de Dios a la edad de 7 años,
Genoveva predijo la invasión del huno Atila en 451. Se
atribuye a sus oraciones que París se haya salvado de la
invasión de los bárbaros. En 1129 se reunieron las
reliquias de Genoveva y cesó milagrosamente una epidemia de envenenamiento provocado por el cornezuelo del centeno. También es patrona de los cuerpos
militares femeninos e invocada contra los desastres.
Festividad: 3 de enero.

3) Roque (Rocco), ermitaño. Francés (1350-1380).
Leyenda. Cayó enfermo por cuidar a las víctimas de una
epidemia en Italia. Aunque enfermo y solo, se recuperó
gracias a que un perro extraviado lo alimentó. Más
adelante, fue acusado de espía y el gobernador, sin saber
que era su sobrino, lo encarceló. Después de que Roque
murió en la prisión, se le descubrió una marca de
nacimiento en forma de cruz que reveló su verdadera

identidad. También es patrono de los acusados en falso y los inválidos e invocado contra el cólera. Festividad: 28 de marzo.

4) Walburga (Valburga), abadesa. Inglesa (s. VIII). Taumaturga. Poco después de que siguiera a Alemania a su tío San Bonifacio, la nombraron abadesa del convento de Heidenheim. En el folclor alemán se cuentan historias de Walpurgis, como la llamaron posteriormente. El 30 de abril, las brujas honran a esta taumaturga santa en lo que se conoce como *Walpurgisnacht*. Se dice que cerca de su tumba fluye un líquido resbaladizo con poderes curativos. Una vez, Walburga satisfizo el voraz apetito de una niña dándole de comer tres mazorcas de grano. También es patrona de las cosechas e invocada contra la hambruna. Festividad: 25 de febrero.

PLATEROS: 1) Andrónico, platero. Originario de Alejandría (s. V). Cuando sus hijos murieron el mismo día, su mujer se vistió de hombre y ambos se unieron a un monasterio, donde San Daniel les asignó diferentes tareas. Doce años más tarde, Andrónico acompañó a un monje a Alejandría. Después de la muerte del monje se encontró una nota en la que se revelaba la verdadera identidad de su esposa. Él murió a la semana. Fueron enterrados juntos. Festividad: 9 de octubre.

2) Dunstano, obispo. Inglés (910-988). Uno de los grandes reformadores de la vida eclesiástica en Inglaterra durante el siglo X. Restauró Bath y la Abadía de Westminster. Fue consejero del rey Edwin hasta que éste lo envió al exilio por haberlo acusado de cometer abusos sexuales. Fue un diestro obrero metalúrgico y artista. También es patrono de los armeros, los herreros, orfebres, los cerrajeros y los músicos. Festividad: 19 de mayo.

Plomeros: Vicente Ferrer, misionero. Español (1350-1419). Hombre extraordinariamente bien parecido; recibió el llamado de Cristo durante un sueño. Convirtió a miles de personas, entre ellas el rabino Pablo de Burgos, quien después fue obispo de Cartagena. También convirtió a San Bernardino de Siena y a Santa María de Saboya. Vicente ayudó a terminar con el gran Cisma de Occidente al retirar su apoyo a Benito XIII. También es patrono de los constructores y los pavimentadores. Fue canonizado en 1455. Festividad: 5 de abril.

Pobres: 1) Antonio de Padua, predicador. Portugués (1195-1231). Su nombre original era Fernando; conocido como el "Obrador de Prodigios" por su astucia para predicar; primer conferencista en teología; Doctor de la Iglesia; colega de San Francisco de Asís. En una ocasión un discípulo tomó sin permiso el salterio de Antonio. Aterrorizado, el novicio lo devolvió de inmediato afirmando que por su acto lo perseguían apariciones. También es patrono de las mujeres estériles, los objetos perdidos, Portugal, los naufragios y los viajeros e invocado contra el hambre. Fue canonizado en 1232. Festividad: 13 de junio.

2) Lorenzo, mártir. Español (s. III). Una predicción reveló que le quedaban tres días de vida. El prefecto de la ciudad ordenó que los tesoros de la iglesia se entregaran al emperador. Lorenzo los vendió todos y entregó el dinero a los pobres. A los tres días, regresó con un grupo de inadaptados sociales y dijo que ésos eran los tesoros de la iglesia. El prefecto hizo que lo ataran a una plancha caliente. En cierto momento, Lorenzo pidió que lo voltearan aduciendo que ya estaba asado de ese lado. También es patrono de los cocineros, los cuchilleros, los

satinadores, los restauradores y Sri Lanka. Festividad: 29 de julio.

POBREZA, INVOCADA CONTRA LA: Regina, mártir. Borgoñesa (s. III). Su madre murió durante su alumbramiento, a Regina la enviaron a vivir con un pastor pobre que la educó secretamente como cristiana. Cuando su padre, que era pagano, se enteró de ello, intentó casarla con un pagano de nombre Olibrio. Regina fue encarcelada, torturada y decapitada. También es patrona de las pastoras y las víctimas de tortura. Festividad: 7 de septiembre.

POETAS: 1) Cecilia, mártir. Romana (fechas desconocidas). Leyenda. El día de su boda, Cecilia no podía oír la música que estaban tocando porque sólo se oía a sí misma cantándole a Dios. Su esposo, Valerio, aceptó su petición de vivir con ella castamente. La pareja y el hermano de él fueron sorprendidos dando sepultura a cuerpos de cristianos. Los hermanos fueron decapitados primero. El verdugo falló al decapitarla, por lo que ella sufrió una agonía de tres días. También es patrona de los compositores, los músicos, los fabricantes de órganos y los cantantes. Festividad: 22 de noviembre.

2) Columbano, misionero. Irlandés (540-615). Europa adquirió un monje sumamente persuasivo en Irlanda, que fundó monasterios en Francia, Alemania, Suiza e Italia. En Francia se negó a bautizar a los hijos ilegítimos del rey Thierry II; fue deportado junto con todos los demás monjes irlandeses. De regreso a Irlanda, su barco perdió el rumbo por una tormenta y Columbano fue acogido por el rey Teodoberto II de Neustria. Nuevamente fundó monasterios. Tiempo después Thierry derrotó al ejército de Teodoberto, y una vez más

Columbano se vio obligado a huir. En esta ocasión se fue a Italia y ahí recibió una calurosa acogida del rey Agilulfo. Volvió a fundar monasterios. Columbano dejó para la posteridad varios sermones y poemas. También es patrono de Irlanda. Festividad: 23 de noviembre.

3) Caedmón, hermano lego. Inglés (s. VII). Conocido como "Padre de la poesía sacra inglesa". Se le atribuye haber sido el primer autor inglés de poesía sacra. Se cree que compuso en sueños uno de unos cuantos himnos que lo sobrevivió. También es patrono de los compositores.

POLIOMELITIS: Margarita María, visionaria. Francesa (1647-1690). Una afección reumática la postró en cama cuando era joven; su padre murió poco antes de que ella se curara milagrosamente. Por órdenes de su hermana mayor, se convirtió en la sirvienta de su casa. Posteriormente se internó en un convento de Paray-le-Monial, donde empezó a tener visiones. En una visita, Cristo le mostró el símbolo del Sagrado Corazón; en otra, la invitó a la Última Cena y le ofreció el lugar de Pedro. La Fiesta del Sagrado Corazón se hizo universal en 1856. Festividad: 16 de octubre. ·

POLONIA: Casimiro, príncipe. Polaco (1458-1484). También se le conoce como el "Pacifista". El rey Casimiro ordenó al príncipe que se apoderara de Hungría. Su negativa a hacerlo no le dejó al rey más opción que encarcelar a su decimotercer hijo. El príncipe Casimiro nunca titubeó y le rezó a la Santa Virgen María horas y horas. Después de su liberación murió en Lituania. También es patrono de Lituania y de los príncipes. Fue canonizado en 1522. Festividad: 4 de marzo.

PORTUGAL: 1) Inmaculada Concepción. En 1854, el Papa Pío IX declaró que la Santa Virgen María había sido concebida sin el pecado original, inmaculadamente, y llevado una vida libre de pecado. También es patrona de Brasil, Córcega, Tanzania y Estados Unidos de América.

2) Antonio de Padua, predicador. Portugués (1195-1231). Su nombre original era Ferdinando; conocido como el "obrador de prodigios" por su astucia para predicar; primer conferencista en teología; Doctor de la Iglesia; colega de San Francisco de Asís. En una ocasión un discípulo tomó sin permiso el salterio de Antonio. Aterrorizado, el novicio lo devolvió de inmediato afirmando que por su acto lo perseguían apariciones. También es patrono de las mujeres estériles, los objetos perdidos, los pobres, los naufragios y los viajeros e invocado contra el hambre. Fue canonizado en 1232. Festividad: 13 de junio.

POSESIÓN DIABÓLICA, INVOCADO CONTRA: 1) Quirino, obispo. Danubio (s. IV). Leyenda piadosa. Fue aprehendido tratando de escapar de la persecución a los cristianos. El magistrado Máximo le ofreció el cargo de sacerdote de Júpiter si renunciaba a su fe. Exclamando que ya era sacerdote, Quirino insistió en que el magistrado lo ejecutara. Por no tener la autoridad necesaria, Máximo lo envió con Amancio, quien lo sentenció a morir ahogado. Lanzaron a Quirino al Río Raab, atado a una roca; mientras, él rezaba. También es invocado contra la obsesión. Festividad: 4 de junio.

2) Bruno, fundador. Alemán (1033-1101). Profesor de teología en Rheims. Por un desacuerdo con el arzobispo, renunció a su cargo; después fundó la orden de los Cartujos en la Gran Cartuja, cerca de Grenoble. El

Papa Urbano II, que había sido su alumno en la universidad, lo llamó para que fuera su consejero. Nunca regresó a su orden. Festividad: 6 de octubre.

3) Dimpna, mártir. Irlandesa (s. VII). Cuento popular. Acompañada de su confesor, huyó de su incestuoso padre, un caudillo. En Bélgica vivieron como ermitaños en un oratorio construido por ellos, hasta que el padre y sus hombres los acosaron. El confesor fue asesinado y ella decapitada por negarse a volver a su casa. En la tumba de Dimpna se han curado muchas personas. También es patrona de los epilépticos y los fugitivos e invocada contra los desórdenes mentales y el sonambulismo. Festividad: 15 de mayo.

PRECIPITACIÓN PLUVIAL: 1) Agrícola de Aviñón, obispo. Francés (630-700). A la edad de 30 años, su padre, el obispo (San) Magno, lo nombró co-obispo de Aviñón, creando así un raro equipo de padre e hijo en la Iglesia católica romana. Es famoso por una oración que puso fin a una plaga de cigüeñas. También es patrono del buen clima e invocado contra la mala suerte, el infortunio y las plagas. Festividad: 2 de septiembre.

2) Swithun (Swithin), obispo. Inglés (s. IX). El 15 de julio de 971, sus reliquias fueron transferidas a la catedral de Winchester. La fuerte lluvia que se desató enseguida dio lugar a la creencia de que si llueve el 15 de julio, seguirá lloviendo durante cuarenta días. También es invocado contra la sequía. Festividad: 15 de julio.

PREDICADORES: 1) Catalina de Alejandría, mártir. Originaria de Alejandría (s. IV). Leyenda piadosa. Mujer de noble cuna que prefirió estudiar filosofía a gozarse en su belleza. Se convirtió al cristianismo inspirada por un sueño de un ermitaño. Después, convirtió a la esposa del emperador Majencio, a un oficial y a doscientos soldados. En venganza, el emperador reunió a cincuenta eruditos paganos y a la retó a un debate religioso. Después de una larga y acalorada discusión, las palabras de Catalina indujeron a los cincuenta eruditos a convertirse. Majencio ordenó que la ataran a una rueda, que la despedazó enseguida. Después fue decapitada. También es patrona de la elocuencia, las doncellas, los filósofos, las solteras, las hilanderas y los estudiantes. Festividad: 25 de noviembre.

2) Juan Crisóstomo, predicador. Originario de Antioquía (347-407). Uno de los cuatro Doctores Griegos de la Iglesia. Eminente orador; fue exiliado por denunciar el suntuoso estilo de vida y la vanidad de la emperatriz Eudoxia. Crisóstomo significa "boca de oro". Escribió noventa homilías sobre Mateo, ochenta y ocho sobre Juan y treinta dos sobre los romanos. También es patrono de los oradores. Festividad: 13 de septiembre.

PRENSA: Edmundo Campion, mártir. Inglés (1540-1581). Hijo de un librero. A la edad de 17 años fue becario en Francia. Durante la persecución de los católicos en Inglaterra, huyó a Francia. Se unió a los jesuitas y enseñó en Praga. De regreso en Inglaterra, empezó a distribuir clandestinamente los escritos *Dememrationes* y *Brag*. Para aprehenderlo se organizó una de las persecuciones más grandes en la historia inglesa. Su paradero se denunció a la policía y lo encerraron en la Torre de Londres. Como Edmundo ignoró las promesas y las amenazas de sus captores, lo colgaron, ahogaron y descuartizaron. Fue canonizado en 1970. Festividad: 1º de diciembre.

Prensa católica: Francisco de Sales, obispo, escritor. Francés (1567-1622). Se doctoró en leyes a la edad de 24 años. En un lapso de cinco años sobrevivió a numerosos intentos de asesinato y logró reconvertir el catolicismo a miles de calvinistas. Los escritos de Francisco incluyen *Introducción a la vida devota* (1609) y *Tratado sobre el amor de Dios* (1616). Fue el primer beatificado en San Pedro. También es patrono de los autores, los sordos, los periodistas y los escritores. Fue canonizado en 1877. Festividad: 24 de enero.

Prestamistas: Nicolás de Mira, obispo. Licio (s. IV). Mejor conocido como San Nicolás. Se tienen pocos datos de su vida. Dirigió un monasterio, fue prisionero durante las persecuciones cristianas y estuvo presente en el Concilio de Nicea. El resto es mito. Se cuenta que había un padre que era tan pobre que no podía dar dote a sus tres hijas. Nicolás arrojó tres sacos de oro por la ventana de su cocina y poco después las tres hijas se casaron. También es patrono de los muchachos, las novias, los niños, los comerciantes, Grecia, las solteronas y los viajeros. Festividad: 6 de diciembre.

Prevención de incendios: 1) Catalina de Siena, mística. Italiana (1347-1380). Fue la vigésima cuarta de veinticinco hijos; una de las grandes místicas cristianas; padeció el dolor de los estigmas sin marcas visibles; trabajó incansablemente con leprosos; Doctora de la Iglesia. Persuadió al Papa Gregorio XI de que dejara Aviñón, con lo que el papado se reinstaló en Roma después de 68 años. Como era analfabeta, dictó su obra *Diálogo*. También es patrona de Italia, los asilos y las solteronas. Fue canonizada en 1461. Festividad: 29 de abril.

2) Bárbara, mártir. (s. IV). Ficción religiosa. Esta leyenda se remonta al siglo VII y puede encontrarse en escritos de Toscana, Roma, Antioquía, Heliópolis y Nicomedia. Se trata de una joven cuyo padre, que era pagano, la encerró en una torre antes de emprender un largo viaje. Durante su cautiverio se convirtió al cristianismo y ordenó que construyeran tres ventanas para representar a la Santa Trinidad. Cuando su padre regresó, lo enfureció tanto la preferencia religiosa de su hija que la entregó a las autoridades. Aunque fue sometida a una horrenda tortura, Bárbara se negó a renegar de su fe. El juez le ordenó al padre que le diera muerte con sus propias manos; la asesinó en una montaña e inmediatamente fue muerto por un rayo. También es patrona de los arquitectos, los constructores, los moribundos, los fundadores, los mineros, los prisioneros y los canteros. Festividad: 4 de diciembre.

Primeros comulgantes santos: Tarsicio, mártir. Romano (s. III O IV). Una multitud enfurecida lo mató a golpes un día que llevaba la Eucaristía a prisioneros cristianos. Festividad: 15 de agosto.

Princesas: Adelaida, emperatriz. Borgoñesa (931-991). Estuvo casada brevemente con Lotario, rey de Italia, quien murió poco después del nacimiento de su hija Ema. Más tarde, Adelaida fue raptada por Berengario, que intentó forzar a la joven reina a contraer matrimonio con su hijo. Como Adelaida se negó, mandó encerrarla en una mazmorra de un castillo cercano al Lago Garda. Otón el Viejo de Alemania rescató a Adelaida y derrotó al ejército de Berengario. Se casó con ella en Navidad y esto unió a los imperios alemán e italiano. La pareja crió a sus cinco hijos, a Ema y a Rudolph, hijo de Otón. En 962, Otón fue nombrado emperador de Roma. La emperatriz Adelaida fundó monasterios y conventos e hizo generosas donaciones a los necesitados. También es patrona de las emperatrices, la maternidad y la paternidad, las segundas nupcias y los padres adoptivos. Festividad: 16 de diciembre.

PRÍNCIPES: 1) Gotardo (Gotteschalc), príncipe. Alemán (s. XI). Alumno de San Miguel; rompió con el cristianismo cuando supo de la muerte de su padre, Uto. Al tratar de vengar a su padre, los sajones lo capturaron y aprisionaron. Cuando fue liberado, regresó a su tierra natal y reconfirmó su fe cristiana. También es patrono de los lingüistas. Festividad: 7 de junio.

2) Casimiro, príncipe. Polaco (1458-1484). También se lo conoce como el "Pacifista". El rey Casimiro ordenó al príncipe que se apoderara de Hungría. Su negativa a hacerlo no le dejó al rey más opción que encarcelar a su decimotercer hijo. El príncipe Casimiro nunca titubeó y le rezó a la Santa Virgen María horas y horas. Después de su liberación murió en Lituania. También es patrono de Lituania y Polonia. Fue canonizado en 1522. Festividad: 4 de marzo.

PRISIONEROS: 1) Bárbara, mártir. (s. IV). Ficción religiosa. Esta leyenda se remonta al siglo VII y puede encontrarse en escritos de Toscana, Roma, Antioquía, Heliópolis y Nicomedia. Se trata de una joven cuyo padre, que era pagano, la encerró en una torre antes de emprender un largo viaje. Durante su cautiverio se convirtió al cristianismo y ordenó que construyeran tres ventanas para representar a la Santa Trinidad. Cuando su padre regresó, lo enfureció tanto la preferencia religiosa de su hija que la entregó a las autoridades. Aunque fue sometida a una horrenda tortura, Bárbara se negó a renegar de su fe. El juez le ordenó al padre que le diera muerte con sus propias manos; la asesinó en una montaña e inmediatamente fue muerto por un rayo. También es patrona de los arquitectos, los constructores, los moribundos, la prevención de incendios, los fundadores, los mineros y los canteros. Festividad: 4 de diciembre

2) Dimas, ladrón. (s. I). Todo lo que se sabe de este "Buen Ladrón" es que fue crucificado al lado de Jesucristo. También es patrono de los condenados a cadena perpetua, los directores de pompas fúnebres, los ladrones y los empleados de funerarias. Festividad: 25 de marzo.

3) Vicente de Paul, fundador. El mito más común sobre la vida de Vicente es que fue capturado por piratas y que éstos lo vendieron como esclavo en el norte de África, de donde escapó a Francia. La verdad es que después de escuchar la última confesión de un aldeano, Vicente tomó conciencia de la difícil situación de los campesinos. Renunció a su cómodo cargo de consejero espiritual de Madame de Gondi y empezó a trabajar como ministro de esclavos de galeras. Después fundó la Congregación de las Misiones, las Hermanas de la Caridad, orfanatos y hospitales. Muchos de sus logros se deben a que era muy astuto para convencer a las mujeres acaudaladas. En 1833 se estableció en París una institución de caridad que lleva su nombre. También es patrono de las sociedades caritativas. Fue canonizado en 1737. Festividad: 27 de septiembre.

PRISIONEROS DE GUERRA: Leonardo, fundador. Francés (s. VI). Leyenda. Después de atender a la esposa de su padrino, el rey Clodoveo, en un parto difícil, el rey le ofreció toda la tierra que pudiera recorrer en un burro en un día. En su nueva propiedad, Leonardo fundó el monasterio de Noblac y el pueblo de Saint-Leonard. El rey liberaba a cada prisionero que recibía una visita de Leonardo. La mayoría de los expresidiarios buscaban refugio en su abadía y muchos permanecían para ayudar a administrarla. También es patrono de las parturientas e invocado contra la ratería. Festividad: 6 de noviembre.

Prisioneros políticos: Maximiliano Kolbe, sacerdote. Polaco (1894-1941). Fue recluido en Auschwitz por sus publicaciones anti nazis. Cambió de lugar con un joven casado al que iban a ejecutar a cambio de un fugitivo. Lo mataron con una inyección de ácido carbónico. También es patrono de los drogadictos. Fue canonizado en 1982. Festividad: 14 de agosto.

Prisiones: José Cafasso, fundador. Italiano (1811-1860). Sacerdote que luchó por mejorar las condiciones de las prisiones de Turín y fundó varias coaliciones y fraternidades religiosas. Una vez escoltó a la horca a sesenta nuevos conversos y les confirió el título de "santos colgados". Fue canonizado en 1947. Festividad: 23 de junio.

Problemas de los pies, invocado contra: Víctor de Marsella, mártir. Galo (s. iii). Leyenda piadosa. Cuando el emperador Maximiano descubrió que su guardia romano favorito era cristiano, lo sometió a diversas torturas. Un día, cuando Víctor estaba siendo torturado en el potro por negarse a adorar a los dioses paganos, se le apareció Jesucristo. Esa noche, Dios envió a sus ángeles a su celda y esto hizo que se convirtieran tres guardias de la prisión. Al día siguiente, el emperador Maximiano ordenó que se decapitara a los recién conversos. Víctor fue llevado nuevamente ante el emperador. Maximiano le ordenó al apaleado hombre que ofreciera incienso a Júpiter. Víctor pateó la estatua y esto enfureció al emperador. Entonces, ordenó que le cortaran un pie con un hacha, antes de destrozarlo en la prensa. La piedra de amolar se rompió a la mitad de la ejecución; sin embargo, Víctor, parcialmente pulverizado, seguía con vida. Uno de sus verdugos sacó una espada y lo decapitó. También es patrono de los molineros y las víctimas de tortura. Festividad: 21 de julio.

PROBLEMAS MARITALES, INVOCADOS CONTRA: 1) Isabel de Portugal, reina. Aragonesa (1271-1336). Sobrina de Isabel de Hungría. El rey Pedro III de Aragón el ofreció al rey Dionisio de Portugal la mano de su hija de 12 años. Ella intercedió constantemente entre su hijo Alfonso y el padre de éste para que hicieran las paces. Un día el rey Dionisio creyó que Isabel estaba apoyando a su hijo para que subiera al trono y la echó de Portugal. Después de la muerte del rey, Isabel se unió a la orden de los Franciscanos Seglares y se instaló en un convento de las Hermanas Clarisas, orden que ella había fundado en Coimbra. También es patrona de las novias, los terciarios y la guerra e invocada contra los celos. Fue canonizada en 1626. Festividad: 4 de julio.

2) Rita, monja. Italiana (1381-1457). Su matrimonio, que fue arreglado, tocó a su fin cuando su abusivo marido fue asesinado en una riña. Sus dos hijos buscaban vengar la muerte de su padre, pero Rita prefería verlos muertos antes de que se convirtieran en asesinos. Oró por sus almas y poco después ambos enfermaron y murieron. Rita intentó por tercera vez ser aceptada en un

convento de Agustinos (las dos primeras veces fue rechazada por no ser virgen). Mientras escuchaba un sermón sobre la corona de espinas, en su frente apareció una herida en forma de espina que permaneció ahí el resto de su vida. Se le atribuyen milagros después de su muerte. También es patrona de las situaciones desesperadas y la maternidad e invocada contra la hemorragia y la esterilidad. Fue canonizada en 1900. Festividad: 22 de mayo.

3) Farailde, ama de casa. Flamenca (s. VIII). Cuando llegó a la edad de casarse, sus padres la dieron en matrimonio a un hombre rico. Al saber que de más joven ella había hecho votos de castidad, su irascible marido se enfureció y la sometió a hostigamientos sexuales y emocionales que le provocaron la muerte, lo cual causó que surgiera un manantial en Braug. Se cree que las aguas de éste curan las enfermedades de los niños. También es invocada contra las afecciones infantiles y el abuso físico. Festividad: 4 de enero.

4) Eduviges, reina. Bávara (1174-1243). Ella y su esposo Enrique I financiaron diversas obras de caridad. Después de la muerte de Enrique, Eduviges se sintió hostigada por la tribulaciones de sus seis hijos. Encontró solaz en un abadía cisterciense, una de las primeras empresas de la pareja real, y en adelante se dedicó a cuidar indigentes. También es patrona de Bavaria, los niños difuntos, las duquesas, las reinas y Silesia e invocada contra los celos. Festividad: 16 de octubre.

PROFESORES: Alfonso María Liguri, teólogo. Italiano (1696-1787). A la edad de 16 años, Alfonso ya era doctor en derecho canónico y en derecho civil. Después de perder un caso por un tecnicismo, se desilusionó del derecho.

Se ordenó como sacerdote y fundó la Congregación del Santísimo Redentor en 1731. Entre visiones, éxtasis y pronunciamientos de profecías, escribió *Teología moral* y *Glorias de María*. Su patronato de los confesores se atribuye a que atraía a multitudes a los confesionarios. También es patrono de los moralistas, los confesores, los teólogos y las vocaciones. Fue canonizado en 1839. Festividad: 1° de agosto.

PROMETIDOS: Valentín, mártir. Romano (s. III). Fue decapitado y enterrado el 14 de febrero. Se cuenta que en el momento de su muerte empezaron a aparearse pájaros. También es patrono de los saludos y los enamorados. Festividad: 14 de febrero.

PROSTITUTAS ARREPENTIDAS: María Magdalena. Originaria de Magdala (s. I). Es famosa por haber lavado con sus lágrimas, secado con su cabello y ungido con perfume los pies de Cristo. No existe ninguna referencia a que la adúltera arrepentida que se menciona en el Nuevo Testamento realmente fuera María. Cristo le expulsó del cuerpo siete demonios (Marcos 16: 9; Lucas 8: 2); presenció la crucifixión (Mateo 27: 56; Marcos 15: 40; Juan 19: 25) y fue la primera persona que vio a Cristo después de su resurrección (Mateo 28: 9; Marcos 16: 9; Juan 20: 1-18). También es patrona de las estilistas y los perfumistas. Festividad: 22 de junio.

PRUSIA: Dorotea de Montau, mística. Prusiana (s. XIV). En sus veinticinco años de matrimonio con Alberto, Dorotea procreó nueve veces. Sólo su hijo menor llegó a la edad adulta. Cuando su desdeñoso marido murió, Dorotea se retiró a la celda de un ermitaño. Ahí curó y aconsejó a visitantes durante su último año de vida. También es invocada contra los abortos. Festividad: 30 de octubre.

Psíquicos: Agabo, profeta. Romano (s. i). Después de convertirse al cristianismo, Agabo empezó a tener visiones del futuro. Sus predicciones incluyen la hambruna del año 49 d.C., la aprehensión de San Pablo y su propia muerte. También es patrono de la clarividencia. Festividad: 13 de febrero.

Puentes: Juan Nepomuceno. Checoslovaco (1345-1393). Hasta 1961 se creyó que Juan había sido lanzado de un puente por negarse a romper el voto del secreto de la confesión cuando el celoso rey Wenceslao IV le exigió que le revelara las confesiones que su esposa, la reina Sofía, le había hecho al obispo. Una razón más lógica de que lo hayan ahogado es que era un disidente en política y religión. También es patrono de Checoslovaquia, la denigración, la discreción y el silencio. Es invocado contra la calumnia. Fue canonizado en 1729. Festividad: 16 de mayo.

R

Nunca aseveres nada sin antes estar seguro de ello.
—Santa Teresa de Ávila

RABIA (HIDROFOBIA), CONTAGIADOS DE: Huberto, obispo. Francés (s. VIII). Dio fin a la idolatría en su diócesis. La historia de su conversión al cristianismo es notablemente similar a la de Eustaquio. Una vez que se encontraba detrás de la cola de un ciervo, éste se dio vuelta y Huberto vio entre las astas del animal la marca de la cruz. Su patronato surgió cuando en su tumba empezaron a curarse los enfermos de rabia. También es patrono de los perros y los cazadores. Festividad: 3 de noviembre.

RADIO, TRABAJADORES DE: Gabriel, arcángel. Mensajero de Dios. Uno de los siete arcángeles de Dios y uno de los tres que se mencionan por su nombre en la Biblia. Le anunció el nacimiento de Jesús a María (Lucas 1: 11-21). También es patrono de los locutores, los clérigos, los diplomáticos, los mensajeros, los empleados de correos, los coleccionistas de estampillas, los trabajadores de telecomunicaciones y los trabajadores de televisión.

Radiólogos: Miguel, arcángel. Uno de los siete arcángeles de Dios; uno de los tres mencionados por su nombre en la Biblia. En el Viejo Testamento se citan dos apariciones suyas ante Moisés y Abraham. En el Nuevo Testamento se le menciona luchando contra Satanás con el cuerpo de Moisés y arrojando del cielo a Lucifer y a sus cohortes. En el arte suele representársele con una balanza (que simboliza que está pesando las almas) en una mano, y matando a un dragón (Satanás) con la otra. También es patrono de las batallas, los difuntos, los abarroteros, los marinos, los soldados paracaidistas y los oficiales de policía. Festividad: 29 de septiembre.

Ratas, invocadas contra las: Gertrudis de Nivelles, abadesa. Flamenca (626-659). Cuando el padre de Gertrudis murió, su madre, Ita, fundó un monasterio en Neville. A los 14 años de edad, Gertrudis recibió el nombramiento de abadesa y comprobó que lo merecía. Su centro monástico obtuvo renombre por su hospitalidad con los peregrinos y monjes. A los 13 años, Gertrudis cayó en cama por el temor de ser indigna del cielo. San Ultano le aseguró que San Patricio la estaba esperando. Murió el día de San Patricio. Se corrió el rumor de que el pozo de su monasterio tenía propiedades repelentes contra los roedores. También es patrona de los alojamientos, los gatos y los difuntos recientes. Festividad: 17 de marzo.

Ratería, invocado contra la: Leonardo, fundador. Francés (s. vi). Leyenda. Después de atender a la esposa de su padrino, el rey Clodoveo, en un parto difícil, el rey le ofreció toda la tierra que pudiera recorrer en un burro en un día. En su nueva propiedad, Leonardo fundó el monasterio de Noblac y el pueblo de Saint-Leonard. El rey liberaba a cada prisionero que recibía una visita de Leonardo. La mayoría de los expresidiarios buscaban refugio en su abadía y muchos permanecían para ayudar a administrarla. También es patrono de los prisioneros de guerra e invocado por las parturientas. Festividad: 6 de noviembre.

Recaudadores de impuestos: Mateo, apóstol. Galileo (s. I). Su nombre significa "don de Dios". También se le conoce como Levi y no existen registros de sus primeros años de vida. Recaudador de impuestos convertido en apóstol; escribió el primer Evangelio entre los años 60 y 90, el cual contiene citas del Viejo Testamento. Fue martirizado en Etiopía o en Persia. También es patrono de los contadores, los banqueros, los agentes aduanales, los tenedores de libros y los guardias de seguridad. Festividad: 21 de septiembre.

Reconciliación: Teodoro, obispo. Gálata, Asia Menor (s. V). Su madre, que manejaba un prostíbulo, se convirtió al cristianismo por una visión de San Jorge. Transformó el burdel en un restaurante familiar y envió a su hijo a un monasterio. Después de que se ordenó, Teodoro adquirió fama por sus habilidades intuitivas y cuando fue obispo de Sikeon, las empleó como consejero matrimonial. Festividad: 22 de abril.

Redactores: 1) Juan Bosco, fundador. Italiano (1815-1888). Él y su madre establecieron un asilo para niños. Su "pueblo de niños" ofrecía educación y formación en diversos oficios a jóvenes sin hogar y explotados. Después fundó las Hijas de María de los Cristianos para niñas abandonadas. Juan escribió tres libros para ayudarse a financiar sus centros. También es patrono de los aprendices y los jornaleros. Fue canonizado en 1934. Festividad: 31 de enero.

2) El Divino Juan, apóstol. Galileo (s. ɪ). Hermano de Santiago. Cristo llamó a estos hermanos "hijos del trueno". Se hablaba de Juan como el discípulo amado de Jesús (Juan 21: 20-24). Cristo, en la cruz, encargó a su madre a Juan (Juan 19: 25-27). Tiempo después fue exiliado a la isla de Patmos. Es el autor del cuarto Evangelio, tres epístolas bíblicas y el Libro de la Revelación. También es patrono de los comerciantes de arte, Asia Menor, la amistad y los editores. Festividad: 27 de diciembre.

REFUGIADOS: Albano, mártir. Romano (s. ɪᴠ). Primer mártir de Bretaña. Dio asilo a un sacerdote fugitivo que había escapado de la persecución de los cristianos ordenada por el emperador Diocleciano. Mientras el sacerdote renegado dormía, Albano se puso sus ropas y usurpó su lugar. Fue torturado y después decapitado. También es patrono de las víctimas de tortura. Festividad: 21 de junio.

REINAS: 1) Clotilde, reina. Francesa (s. ᴠɪ). Procreó dos varones y una hija con el rey Clodoveo, antes de la muerte de éste en 511. Sus codiciosos hijos reñían constantemente entre sí por el control sobre el reino. Esta rivalidad provocó la muerte de Clodomiro, el mayor; de inmediato Clotilde adoptó a sus tres hijos, lo que enfureció a Clotario, su hijo menor, quien asesinó a dos de los pequeños. Clotilde logró ocultar al joven San Cloldo de la ira de su tío y después dedicó el resto de su vida a atender a los necesitados. También es patrona de los niños adoptivos, los niños difuntos, la maternidad y la paternidad y las viudas. Festividad: 3 de junio.

2) Eduviges, reina. Bávara (1174-1243). Ella y su esposo Enrique I financiaron diversas obras de caridad. Después de la muerte de Enrique, Eduviges se sintió hostigada por la tribulaciones de sus seis hijos. Encontró solaz en un abadía cisterciense, una de las primeras empresas de la pareja real, y en adelante se dedicó a cuidar indigentes. También es patrona de Bavaria, los niños difuntos, las duquesas y Silesia e invocada contra los celos y los problemas maritales. Festividad: 16 de octubre.

RELACIONES INTERRACIALES: Martín de Porres, lego. Peruano (1579-1639). Aprendiz de barbero-cirujano antes de unirse a los hermanos legos. Auxilió a los esclavos africanos llevados a Perú, fundó un orfanatorio y un hospital para niños abandonados y tenía los dones de la bilocación y el vuelo. También es patrono de los estilistas (hombres), los trabajadores de la salud, la justicia interracial y la educación pública. Fue canonizado en 1962. Festividad: 3 de noviembre.

RELACIONES PÚBLICAS: 1) Bernardino de Siena, predicador. Italiano (1380-1444). "Predicador del pueblo". A la edad de 20 años, tomó a su cargo un hospital de Siena durante la peste de 1400. En 1417, se lanzó a recorrer a pie Italia para predicar y convirtió a miles de personas; fue el segundo fundador de la orden de los Hermanos de la Estricta Observancia. Pese a sus atributos, creía que la brujería estaba aumentando desenfrenadamente y se dice que era antisemita. En sus sermones, a menudo denunciaba los juegos de azar. También es patrono de la publicidad y el personal de comunicaciones. Fue canonizado en 1450. Festividad: 20 de mayo.

2) Pablo, apóstol. Romano (s. I). El "Gran Apóstol". Pablo, un toldero judío originalmente llamado Saúl, fue uno de los perseguidores de los primeros cristianos hasta que un día oyó que la voz de Cristo le preguntó desde el cielo por qué perseguía a "Su pueblo". Después de esto, Pablo se convirtió y viajó a Jerusalén, donde los apóstoles le dieron la bienvenida. De ahí emprendió tres viajes misioneros cruciales por toda Europa y Asia Menor. Convirtió a miles y escribió catorce cartas del Nuevo Testamento. Pablo y San Pedro fueron arrestados en Roma. A Pablo lo decapitaron y San Pedro fue crucificado de cabeza durante las persecuciones de los cristianos ordenadas por el emperador Nerón. Pablo una vez naufragó en Malta de camino a Roma, pero logró abordar otra embarcación y continuar a su destino y su martirio. También es patrono de Malta y los tolderos e invocado contra las mordeduras de serpiente. Festividad: 29 de junio.

REPÚBLICA DOMINICANA: Nuestra Señora de la Altagracia. Este título se lo confirió a la Santa Virgen María el pueblo de República Dominicana. En Lucas (1: 28), el arcángel San Gabriel se refiere a ella como "llena eres de gracia", lo cual se recita al inicio del "Salve María". También es patrona de los motociclistas.

RESACAS, INVOCADA CONTRA LA: Bibliana, Mártir. Romana (s. IV). De joven fue asesinada a golpes por sus creencias cristianas, y la enterraron junto con su madre y su hermana, a las que habían martirizado. Se cree que las plantas que crecen sobre su tumba alivian las resacas. Festividad: 2 de diciembre.

RESFRIADOS, INVOCADO CONTRA: Mauro, fundador. Romano (s. VI). A la edad de 12 años le fue confiado a San Benito y con el tiempo se convirtió en su asistente. Un día el joven San Plácido estaba a punto de ahogarse y Mauro se lanzó al agua y lo rescató. Dejó el monasterio de San Benito y fundó Saint-Maur-sur-Loire. También es patrono de los caldereros. Festividad: 15 de enero.

RESISTENCIA: Pantaleón, mártir. Originario de Bitinia (s. IV). Este respetado galeno llevó una vida privilegiada como médico personal del emperador Galerio. Cuando éste se enteró de que Pantaleón se convirtió al cristianismo, lo sentenció a muerte. Los seis intentos de ejecutar al converso (hoguera, plomo hirviendo, leones, ahogamiento, rueda y puñaladas) fallaron. Cuando Pantaleón estuvo seguro de haber probado su punto de vista teológico, hizo una inclinación con la cabeza y permitió que su macilento verdugo lo decapitara. También es patrono de los doctores y los tuberculosos. Festividad: 27 de julio.

RESTAURADORES: Lorenzo, mártir. Español (s. III). Una predicción reveló que le quedaban tres días de vida. El prefecto de la ciudad ordenó que los tesoros de la iglesia se entregaran al emperador. Lorenzo los vendió todos y entregó el dinero a los pobres. A los tres días, regresó con un grupo de inadaptados sociales y dijo que ésos eran los tesoros de la iglesia. El prefecto hizo que lo ataran a una plancha caliente. En cierto momento, Lorenzo pidió que lo voltearan aduciendo que ya estaba asado de ese lado. También es patrono de los cocineros, los cuchilleros, los satinadores, los pobres y Sri Lanka. Festividad: 29 de julio.

Retiros: Ignacio de Loyola, fundador. Español vasco (1491-1556). Una herida que recibió en una batalla en Pamplona postró en cama a este valiente soldado el tiempo suficiente para que leyera las biografías de Cristo y de los santos. Colgó su espada y se recluyó en un retiro de Manresa, donde escribió *Ejercicios espirituales* en 1522. Fundó la Compañía de Jesús (de los Jesuitas) en 1534. Dedicó el resto de su vida a fundar y dirigir escuelas y seminarios. También es patrono de los soldados. Fue canonizado en 1622. Festividad: 31 de julio.

Reumatismo, invocado contra: Santiago el Mayor, apóstol. Galileo (s. i). Se le llama Santiago "el Mayor" para diferenciarlo del otro apóstol Santiago "el Menor". Él y su hermano Juan "abandonaron sus redes de pesca" en el Mar de Galilea y siguieron a Jesús; fueron testigos tanto de la transfiguración como de la agonía de Jesús en el huerto. A Santiago lo decapitaron en Jerusalén; fue el primer apóstol martirizado. También es patrono de Chile, los peleteros, Guatemala, Nicaragua, los farmacéuticos, los peregrinos y España e invocado contra la artritis. Festividad: 25 de julio.

Reyes: 1) Vladimir, rey. Ruso (975-1015). Asesinó a su medio hermano Yarapolk, rey de Rusia, y después se coronó. Reinó imponiendo el terror hasta que se convirtió al catolicismo en 989. Dejó a sus cinco esposas y a una docena de concubinas y exigió que todos sus súbditos de Kiev fueran bautizados. Esto marcó el inicio del catolicismo en Rusia. También es patrono de los conversos, los asesinos y Rusia. Festividad: 15 de julio.

2) Luis IX, rey. Francés (1214-1270). Fue coronado rey de Francia a la edad de 12 años. Contrajo matrimonio con Margarita, hermana de Leonor, esposa de Enrique III, y tuvo once hijos. Botó la primera marina francesa. Participó en dos cruzadas: la de Damietta, en Egipto, donde el buen rey y sus hombres salieron victoriosos, y la de Mansurah, donde lo derrotaron y cayó prisionero. Fue liberado al cabo de seis años. Luis murió de tifoidea en su tercera cruzada, a Túnez. También es patrono de los cruzados, los novios y la paternidad. Festividad: 25 de agosto.

3) Olaf II, rey. Noruego (995-1030). Este futuro rey empezó su carrera como vikingo y les arrebató Noruega a los suecos y los daneses. En 1016 ascendió al trono noruego e intentó imponer el cristianismo a sus súbditos. Muchos de ellos se sintieron agraviados por esto y se vengaron destronándolo con ayuda del rey anglodanés. Olaf murió en una batalla, tratando de recuperarse de sus pérdidas. La afición favorita del rey era la talla de madera. Un domingo que estaba tallando un trozo de madera, un paje le recordó que era *sabat* (día de descanso). Olaf dejó sus herramientas y agradeció a su sirviente que le señalara que en el día del Señor estaba prohibido hacer tareas serviles. También es patrono de los talladores y de Noruega. Festividad: 29 de julio.

ROMA: Felipe Neri, sacerdote. Italiano (1515-1595). Llegó a Roma durante la crisis religiosa de 1527 de esta ciudad y se alojó en el ático de la casa de un oficial. Se ganaba el sustento enseñando al hijo del oficial y el resto del tiempo lo pasaba devorando libros de filosofía y religión. Al cabo de un par de años, se internaba en las calles de la Roma posrenacentista, se paraba en una esquina y conversaba con los transeúntes. La respuesta de los ciudadanos fue tan favorable que Felipe se ordenó y reformó las decadentes iglesias romanas. El 25 de mayo de 1595 escuchó confesiones todo el día y, al terminar, anunció a sus parroquianos: "Al fin y al cabo, todos tenemos que morir". Falleció alrededor de la medianoche. También es patrono de los oradores. Fue canonizado en 1622. Festividad: 26 de mayo.

RUSIA: 1) Vladimir, rey. Ruso (975-1015). Asesinó a su medio hermano Yarapolk, rey de Rusia y después se coronó a sí mismo. Reinó imponiendo el terror hasta que se convirtió al catolicismo. Dejó a sus cinco esposas y a una docena de concubinas y exigió que todos sus súbditos de Kiev fueran bautizados. Esto marcó el inicio del catolicismo en Rusia. También es patrono de los conversos, los reyes y los asesinos. Festividad: 15 de julio.

2) Andrés, apóstol. Originario de Bethesda (s. I). Hijo de Jonás. Este pescador fue el primero que siguió el llamado de Jesucristo, y después él convirtió a su hermano Pedro. Presenció la Alimentación de los cinco mil (Juan 6: 8-9). Después de la resurrección de Jesucristo, Andrés logró escapar a Grecia y fue crucificado en Acaia. También es patrono de los pescadores, Grecia y Escocia. Festividad: 30 de noviembre.

*El pesar puede aliviarse con una buena siesta,
un baño y un vaso de vino.*

—Santo Tomás de Aquino

SABANDIJAS, INVOCADO CONTRA LAS: Servasio, obispo.
Armenio (s. IV). Este nativo de Armenia dio albergue a
San Atanasio en su exilio. Servasio predijo la invasión de
los hunos setenta años antes de que Atila devastara la
Galia y murió poco después al regresar de un viaje de
penitencia a Roma. Su bastón, cáliz y clave, que San
Pedro le obsequió en una aparición, se conservan en
Maastricht. También es patrono de las empresas exitosas
e invocado contra las afecciones de las piernas. Festivi-
dad: 13 de mayo.

SACERDOTES: Juan Bautista Vianney, sacerdote. Francés
(1786-1859). Desertó del ejército de Napoleón y se
ordenó en 1815. Determinado a librar al mundo del
pecado, se dedicaba a la confesión hasta dieciséis horas

al día. También es patrono de los párrocos. Fue canonizado en 1925. Festividad: 24 de agosto.

Sanadores: Brígida de Suecia, princesa. Sueca (1303-1373). Mística; profetisa; esposa de Ulfo Gudmarson; madre de ocho hijos, entre ellos Santa Catalina. Reformó en gran medida las heréticas actitudes conventuales, atendió a enfermos y fundó un monasterio en Vadstena. Por alguna razón se le canonizó tres veces. También es patrona de Suecia e invocada contra los abortos. Fue canonizada en 1391. Festividad: 23 de julio.

Sastres: 1) Homobono, pañero. Italiano (s. xii). Entró al negocio de la sastrería, que era el de su familia, y se convirtió en un rico mercader. Donó casi todo su dinero a los pobres. Hombono murió en una misa. También es patrono de la gente de negocios y de los textileros. Festividad: 13 de noviembre.

2) Martín de Tours, obispo. Húngaro (316-397). Una noche, este soldado se encontró en el portal a un campesino temblando de frío. Rompió su capa en dos y con una mitad cubrió al anciano. En un sueño, Martín vio a Jesús con la mitad de su capa y cuando despertó se convirtió al cristianismo. Después de su bautizo, marchó al campo de batalla como un impugnador consciente. Más tarde abandonó el ejército para iniciar su obra como uno de los antecesores del monaquismo, y él y sus seguidores practicaron la mortificación y la penitencia. A pesar suyo, fue elegido obispo por el pueblo de Tours. Dejó su monasterio en el campo, asumió su cargo vestido de pieles de animales. La iglesia más antigua de Inglaterra lleva su nombre. También es patrono de los jinetes y los empobrecidos. Festividad: 8 de noviembre.

Satinadores: Lorenzo, mártir. Español (s. III). Una predicción reveló que le quedaban tres días de vida. El prefecto de la ciudad ordenó que los tesoros de la iglesia se entregaran al emperador. Lorenzo los vendió todos y entregó el dinero a los pobres. A los tres días, regresó con un grupo de inadaptados sociales y dijo que ésos eran los tesoros de la iglesia. El prefecto hizo que lo ataran a una plancha caliente. En cierto momento, Lorenzo pidió que lo voltearan aduciendo que ya estaba asado de ese lado. También es patrono de los cocineros, los pobres, los restauradores y Sri Lanka. Festividad: 29 de julio.

Secretarios: Genesio, mártir. Romano (s. III). Leyenda. Este comediante se convirtió al cristianismo durante una representación de una pieza medieval del bautismo cristiano en Roma, para el emperador Diocleciano. Por no obedecer la orden del emperador de que abjurara, Genesio fue torturado y decapitado en el escenario. También es patrono de los actores, los abogados, los impresores y los estenógrafos. Festividad: 25 de agosto.

Segundas nupcias: Adelaida, emperatriz. Borgoñesa (931-991). Estuvo casada brevemente con Lotario, rey de Italia, quien murió poco después del nacimiento de su hija Ema. Más tarde, Adelaida fue raptada por Berengario, que intentó forzar a la joven reina a contraer matrimonio con su hijo. Como Adelaida se negó, mandó encerrarla en una mazmorra de un castillo cercano al Lago Garda. Otón el Viejo de Alemania rescató a Adelaida y derrotó al ejército de Berengario. Se casó con ella en Navidad, y esto unió a los imperios alemán e italiano. La pareja crió a sus cinco hijos, a Ema y a Rudolph, hijo de Otón. En

962, Otón fue nombrado emperador de Roma. La emperatriz Adelaida fundó monasterios y conventos e hizo
generosas donaciones a los necesitados. También es
patrona de las emperatrices, la maternidad y la paternidad, las princesas y los padres adoptivos. Festividad: 16
de diciembre.

Seminaristas: Carlos Borromeo, obispo/cardenal. Italiano
(1538-1584). Sufría un defecto del habla que no le impidió
en absoluto predicar. Cuando tenía 22 años, el Papa Pío
IV, tío suyo, lo nombró cardenal pese a que Carlos ni
siquiera era sacerdote. Fue una de las figuras predominantes entre los reformadores de la educación clerical en
la Iglesia católica romana, lo que constantemente le causó
enfrentamientos con el clero y la aristocracia de la época.
Es el fundador de las escuelas dominicales para niños. Se
desconoce la razón de su patronato de los manzanares.
También es patrono de los manzanares y los catequistas.
Fue canonizado en 1610. Festividad: 4 de noviembre.

Separación conyugal: 1) Gumaro, cortesano. Flamenco
(s. VIII). También se le conoce como Gomero. Era sirviente en la corte de Pipino y contrajo matrimonio con la
atroz Guinimaria. Al cabo de varios años de sufrir la
persecución de esta brutal mujer, Gumaro pagó el dinero que su mujer había retenido de los salarios de los
sirvientes y se refugió en una ermita. Fundó la abadía de
Lierre. También es patrono de los vaqueros y los hombres infelizmente casados e invocado contra la impotencia. Festividad: 11 de octubre.

2) Nicolás von Flue, lego. Suizo (1417-1487). Después de combatir en dos guerras, criar a diez hijos y
desempeñar los cargos de magistrado y concejal, Nico-

lás recibió el llamado de Dios. Dejó a su familia y vivió como ermitaño el resto de su vida. Se dice que a partir de ese día se alimentó únicamente con la Sagrada Eucaristía. También es patrono de los concejales. Festividad: 21 de marzo.

3) Gengulfo, caballero. Borgoñés (s. VIII). Compatriota del rey Pipino el Breve. Al enterarse de que su esposa le era infiel, Gengulfo se mudó a un castillo de Avalon y ahí dedicó todo su tiempo a orar y a ayudar a los menos afortunados. El amante de su esposa lo asesinó mientras dormía. También es patrono de los infieles y los caballeros. Festividad: 11 de mayo.

Sepultureros: Antonio el Grande, ermitaño. Egipcio (251-356). Fundador del monaquismo y primer "mártir blanco". Vivía como ermitaño en una cueva y rechazó a la multitud de mujeres desnudas que fueron enviadas para tentarlo. Esto lo motivó a llevar una vida aún más solitaria en una cueva del Monte Kolzim. Sus seguidores llevaban camisas de cabello y hacían canastas y cepillos para sustentar su búsqueda intelectual y espiritual de Dios. Se cuenta que el emperador Constantino visitó a este sabio ermitaño para pedirle consejo. Antonio murió cuando tenía más de 100 años de edad. También es patrono de los amputados, los cesteros, los cepilleros y los ermitaños e invocado contra la eczema. Festividad: 17 de enero.

Sequía, invocado contra la: 1) Swithun (Swithin), obispo. Inglés (s. IX). El 15 de julio de 971, sus reliquias fueron transferidas a la catedral de Winchester. La fuerte lluvia que se desató enseguida dio lugar a la creencia de que si llueve el 15 de julio, seguirá lloviendo durante cuarenta días. También es patrono de la lluvia. Festividad: 15 de julio.

2) Godberta, monja. Alemana (s. VI). Se dice que en medio de una multitud, el obispo San Eligio le puso un anillo en un dedo y la proclamó casada con la Iglesia. Es famosa por haber extinguido un voraz incendio haciendo la señal de la cruz. También es invocada contra las epidemias. Festividad: 5 de abril.

SERPIENTES: Patricio, obispo. Romano-britano (389-461). Es difícil distinguir entre el mito y la realidad de este hombre. A la edad de 16 años fue raptado de su tierra natal, Kilpatrick, y esclavizado en Irlanda. Después de trabajar seis años como pastor, huyó a la Galia y ahí se ordenó. De regreso a Irlanda, llevó a la práctica la obra de San Palidio para convertir a gran parte de la población del país. Aunque uno de sus emblemas es la serpiente (el otro es el trébol), los estudiosos sostienen que ese animal nunca ha existido en el suelo irlandés. También es patrono de Irlanda. Festividad: 17 de marzo.

SÍFILIS, INVOCADO CONTRA LA: Fiacro, ermitaño. Irlandés (s. VII). Sanador; construyó un asilo para enfermos y pobres. Una vez, San Faro le ofreció donarle toda la tierra que pudiera desbrozar en un día. Cuando el santo regresó al anochecer, se encontró con un vasto campo despejado y listo para la siembra. La primera parada de taxis en París se situó cerca del Hotel Saint Fiacre; es por ello que la palabra francesa para taxi es *fiacre*. También es patrono de los taxistas y los jardineros e invocado contra las hemorroides. Festividad: 1º de septiembre.

SILENCIO: Juan Nepomuceno, obispo y mártir. Checoslovaco (1345-1393). Hasta 1961 se creyó que Juan había sido lanzado de un puente por negarse a romper el voto del secreto de la confesión cuando el celoso rey Wenceslao IV le exigió que le revelara las confesiones que su esposa, la reina Sofía, le había hecho al obispo. Una razón más lógica de que lo hayan ahogado es que era un disidente en política y religión. También es patrono de los puentes, Checoslovaquia y la discriminación y es invocado contra la calumnia. Fue canonizado en 1729. Festividad: 16 de mayo.

SILESIA: Eduviges, reina. Bávara (1174-1243). Ella y su esposo Enrique I financiaron diversas obras de caridad. Después de la muerte de Enrique, Eduviges se sintió hostigada por la tribulaciones de sus seis hijos. Encontró solaz en un abadía cisterciense, una de las primeras empresas de la pareja real, y en adelante se dedicó a cuidar indigentes. También es patrona de Bavaria, los niños difuntos, las duquesas y las reinas y Silesia e invocada contra los celos y los problemas maritales. Festividad: 16 de octubre.

SIRVIENTAS: Zita, sirvienta. Italiana (1218-1278). Cuenta una leyenda que esta sirvienta de la familia Fatinelli tomaba pedazos de alimentos de sus ricos patrones y se los daba a los pobres. Un día la dueña la sorprendió saliendo de la casa con el delantal lleno de sobras. Cuando la obligó a mostrarle lo que llevaba, se desparramaron rosas en el piso. También es patrona de la ayuda doméstica, las amas de llaves y los criados. Fue canonizada en 1696. Festividad: 27 de abril.

SIRVIENTES: 1) Marta, ama de casa. Originaria de Betania (s. I). Amiga de Jesús y hermana mayor de María y Lázaro. Durante una de las múltiples visitas de Jesús a su casa,

Marta, agitada, se fue a la cocina mientras María escuchaba atentamente a Cristo. Después, Jesús le dijo: "Marta,
Marta, te preocupas y te agitas por muchas cosas; y hay
necesidad de pocas, o mejor, de una sola. María ha
elegido la parte buena, que no le será quitada". (Lucas
10: 41-42). También es patrona de los cocineros, los
dietistas y el personal de servicio. Festividad: 29 de julio.

SITUACIONES DESESPERADAS: 1) Gregorio de Nueva Cesárea
(Nisia), obispo. Originario de Capadocia (330-395). Este
obispo de Nisia fue acusado por un gobernador corrup-
to de haberle robado a la iglesia, lo que provocó que lo
exiliaran dos años; finalmente probó su inocencia. Escribió varios textos teológicos. Festividad: 9 de marzo.

2) Judas, apóstol (s. I). También conocido como
Tadeo y Lebeo, se le llama "hermano de Santiago". Los
eruditos dudan de que el Judas que escribió la epístola
que se le atribuye y el Judas de los apóstoles sean la misma
persona. El primero escribió sobre los apóstoles en pasado. Se supone que fue martirizado en Persia junto con San
Simón. El patronato de Judas se debe a unas epístolas que
dicen que debemos soportar las dificultades como lo han
hecho nuestros predecesores. También es patrono de las
causas perdidas. Festividad: 28 de octubre.

3) Rita, monja, Italiana (1381-1457). Su matrimonio, que fue arreglado, tocó a su fin cuando su abusivo
marido fue asesinado en una riña. Sus dos hijos buscaban
vengar la muerte de su padre, pero Rita prefería verlos
muertos antes de convertirse en asesinos. Oró por sus
almas y poco después ambos enfermaron y murieron. Rita
intentó por tercera vez ser aceptada en un convento de
Agustinos (las dos primeras veces fue rechazada por no
ser virgen). Mientras escuchaba un sermón sobre la coro-

na de espinas, en su frente apareció una herida en forma
de espina que permaneció ahí el resto de su vida. Se le
atribuyen milagros después de su muerte. También es
patrona de la maternidad e invocada contra la hemorragia, la esterilidad y los problemas maritales. Fue canonizada en 1900. Festividad: 22 de mayo.

SOCIEDADES CARITATIVAS: Vicente de Paul, fundador. El
mito más común sobre la vida de Vicente es que fue
capturado por piratas y que éstos lo vendieron como
esclavo en el norte de África, de donde escapó a Francia.
La verdad es que después de escuchar la última confesión de un aldeano, Vicente tomó conciencia de la difícil
situación de los campesinos. Renunció a su cómodo
cargo de consejero espiritual de Madame de Gondi y
empezó a trabajar como ministro de esclavos de galeras.
Después fundó la Congregación de las Misiones, las
Hermanas de la Caridad, orfanatos y hospitales. Muchos
de sus logros se deben a que era muy astuto para
convencer a las mujeres acaudaladas. En 1833 se estableció en París una institución de caridad que lleva su
nombre. También es patrono de los prisioneros. Fue
canonizado en 1737. Festividad: 27 de septiembre.

SOLDADOS: 1) Juana de Arco, soldado. Francesa (1412-
1431). Conocida en Francia como Jean la Pucelle (la
Doncella de Orléans). Hija de un campesino; a la edad de
14 años empezó a oír voces que le decían que estaba
destinada a salvar a Francia del dominio inglés. Después de
que un consejo de teólogos dictaminó la salud mental
de Juana, el rey Carlos VII le proporcionó un ejército, con
el cual derrotó a los invasores ingleses. Después fue
capturada y vendida a los enemigos. El rey Carlos no

movió ni un dedo para salvarla. Como los ingleses no podían admitir abiertamente que los había derrotado, la acusaron de herejía y brujería y la condenaron a morir en la hoguera. Juana murió a la edad de 19 años. También es patrona de Francia. Fue canonizada en 1920. Festividad: 30 de mayo.

2) Jorge, mártir. Inglés (s. III). Aparte de que fue torturado en Palestina, lo que se cuenta de la vida de este caballero cristiano es pura ficción. Es famoso por haber matado a un dragón y, con ello, salvado a una princesa de que la sacrificaran. Después se casó con ella. En la obra del siglo XIII, *La leyenda de oro,* hay un relato de su vida. También es patrono de los niños exploradores, Inglaterra y los agricultores. Festividad: 21 de febrero.

3) Adrián, mártir. Romano (s. III-IV). Oficial del ejército y pagano; le impresionó mucho la negativa de los cristianos a renegar de su fe. Cuando el prefecto supo que Adrián había sido bautizado, lo mandó desmembrar. También es patrono de los carniceros. Festividad: 8 de septiembre.

4) Ignacio de Loyola, fundador. Ignacio de Loyola, fundador. Español vasco (1491-1556). Una herida que recibió en una batalla en Pamplona postró en cama a este valiente soldado el tiempo suficiente para que leyera las biografías de Cristo y de los santos. Colgó su espada y se recluyó en un retiro de Manresa, donde escribió *Ejercicios espirituales* en 1522. Fundó la Compañía de Jesús (de los Jesuitas) en 1534. Dedicó el resto de su vida a fundar y dirigir escuelas y seminarios. También es patrono de los retiros. Fue canonizado en 1622. Festividad: 31 de julio.

5) Sebastián, mártir. Galo (s. III). Uno de los personajes favoritos de los pintores del Renacimiento. Cuenta una leyenda que era oficial de la guardia imperial. Por

confesar su fe cristiana, Sebastián fue acribillado a flechazos por sus excompañeros de trabajo. Sobrevivió a la ejecución y se restableció gracias a los cuidados de la viuda de San Cástulo. Cuando el emperador Diocleciano se enteró de la recuperación de San Sebastián, envió a unos guardias a que lo mataran a garrotazos. También es patrono de los arqueros y los atletas. Festividad: 20 de enero.

6) Demetrio, mártir. Originario de Salónica (fechas desconocidas). Leyenda. Este "soldado de Dios" fue encarcelado por predicar el Evangelio y, por órdenes del emperador Maximiliano, muerto con una lanza antes de que se iniciara su juicio. También es patrono de la caballería. Festividad: 8 de octubre.

SOLDADOS DE INFANTERÍA: Mauricio, oficial. Egipcio (s. III). Leyenda. Mauricio, oficial de la legión tebana, alentó a su pelotón cristiano a rechazar la petición de Maximiano Herculio de que adoraran a dioses paganos. Maximiano ordenó la ejecución de uno de cada diez hombres, pero con esto no logró disuadirlos. Entonces ordenó una segunda y una tercera ejecución, hasta que acabó con toda la unidad. Es invocado contra la gota. Festividad: 22 de septiembre.

SOLDADOS PARACAIDISTAS: Miguel, arcángel. Uno de los siete arcángeles de Dios; uno de los tres arcángeles mencionados por su nombre en la Biblia. En el Viejo Testamento se citan dos apariciones suyas ante Moisés y Abraham. En el Nuevo Testamento se le menciona luchando contra Satanás con el cuerpo de Moisés y arrojando del cielo a Lucifer y a sus cohortes. En el arte suele representársele con una balanza (que simboliza que está pesando las almas) en una mano, y matando a un dragón (Satanás) con la otra. También es patrono de las batallas, los difuntos, los marinos, los oficiales de policía y los radiólogos. Festividad: 29 de septiembre.

SOLTERAS: Catalina de Alejandría, mártir. Originaria de Alejandría (s. IV). Leyenda piadosa. Mujer de noble cuna que prefirió estudiar filosofía a gozarse en su belleza. Se convirtió al cristianismo inspirada por un sueño de un ermitaño. Después, convirtió a la esposa del emperador Majencio, a un oficial y a doscientos soldados. En venganza, el emperador reunió a cincuenta eruditos paganos y la retó a un debate religioso. Después de una larga y acalorada discusión, las palabras de Catalina indujeron a los cincuenta eruditos a convertirse. Majencio ordenó que la ataran a una rueda, que la despedazó enseguida. Después fue decapitada. También es patrona de la elocuencia, las doncellas, los filósofos, los predicadores, las hilanderas y los estudiantes. Festividad: 25 de noviembre.

SOLTERONAS: 1) Nicolás de Mira, obispo. Licio (s. IV). Mejor conocido como San Nicolás. Se tienen pocos datos de su vida. Dirigió un monasterio, fue prisionero durante las persecuciones cristianas y estuvo presente en el Concilio de Nicea. El resto es mito. Se cuenta que había un padre que era tan pobre que no podía dar dote a sus tres hijas. Nicolás arrojó tres sacos de oro por la ventana de su cocina y poco después las tres hijas se casaron. También es patrono de los muchachos, las novias, los niños, los comerciantes, Grecia, los prestamistas y los viajeros. Festividad: 6 de diciembre.

2) Catalina de Siena, mística. Italiana (1347-1380). Fue la vigésima cuarta de veinticinco hijos; una de las

grandes místicas cristianas; padeció el dolor de los estigmas sin marcas visibles; trabajó incansablemente con leprosos; Doctora de la Iglesia. Persuadió al Papa Gregorio XI de que dejara Aviñón, con lo que el papado se reinstaló en Roma después de 68 años. Como era analfabeta, dictó su obra *Diálogo*. También es patrona de la prevención de incendios, Italia y los asilos. Fue canonizada en 1461. Festividad: 29 de abril.

SOLTEROS: 1) Teobaldo, lego. Italiano (s. XII). Después de rechazar la mano de la hija de su patrono y una participación en el negocio de esa familia, Teobaldo obtuvo el empleo de conserje de la catedral de San Lorenzo. También es patrono de los conserjes, incluidos los de iglesias. Festividad: 9 de marzo.

2) Cristóbal, mártir. Licio (s. III). Mito. Existen varias leyendas sobre este hombre que fue martirizado en Licia. Una de ellas cuenta que era un gigante espantoso de nombre Ofero que se ganaba la vida transportando viajeros de una orilla a otra de un río. Un día transportó a un pesado muchacho que llevaba el peso de los problemas del mundo. Este muchacho, por supuesto, era el joven Jesucristo. El nombre Cristóbal significa en griego "portador de Cristo". También es patrono de los conductores de autobuses, los automovilistas, los cargadores, los viajeros y los conductores de camiones e invocado contra las pesadillas. Festividad: 25 de julio.

SOLUCIONES: Expedito. (Fechas desconocidas). No se sabe absolutamente nada de la vida de este santo. Un relato dudoso cuenta que las reliquias de un santo desconocido fueron enviadas a un convento de Francia con la palabra *spedito* escrita en la tapa. Las monjas la confundieron con la palabra expedito y pensaron que así se llamaba el santo difunto. Pero en el siglo XVIII también hubo un San Expedito, así que el asunto no está nada claro. También es patrono de las emergencias e invocado contra la dilación. Festividad: 19 de abril.

SOMBREREROS: Santiago el Menor, apóstol. Galileo (s. I). Uno de los Doce Apóstoles y de los "cuatro hermanos" del Señor. Encabezó la Iglesia de Jerusalén después de la resurrección de Cristo. Más tarde lo echaron de un templo y lo martirizaron lapidándolo. También es patrono de los boticarios y los bataneros. Festividad: 3 de mayo.

SONAMBULISMO, INVOCADA CONTRA EL: Dimpna, mártir. Irlandesa (s. VII). Cuento popular. Acompañada por su confesor, huyó de su incestuoso padre, un caudillo. En Bélgica, vivieron como ermitaños en un oratorio que construyeron, hasta que su padre y sus hombres los acosaron. El confesor fue asesinado y ella decapitada por negarse a volver a su casa. En la tumba de Dimpna se han curado muchas personas. También es patrona de los epilépticos y los fugitivos e invocada contra la posesión diabólica y los desórdenes mentales. Festividad: 15 de mayo.

SORDOS: Francisco de Sales, obispo, escritor. Francés (1567-1622). Se doctoró en leyes a la edad de 24 años. En un lapso de cinco años sobrevivió a numerosos intentos de asesinato y logró reconvertir el catolicismo a miles de calvinistas. Los escritos de Francisco incluyen *Introducción a la vida devota* (1609) y *Tratado sobre el amor de Dios* (1616). Fue el primer beatificado en San Pedro.

También es patrono de los autores, la prensa católica, los periodistas y los escritores. Fue canonizado en 1877. Festividad: 24 de enero.

SRI LANKA: Lorenzo, mártir. Español (s. III). Una predicción reveló que le quedaban tres días de vida. El prefecto de la ciudad ordenó que los tesoros de la iglesia se entregaran al emperador. Lorenzo los vendió todos y entregó el dinero a los pobres. A los tres días, regresó con un grupo de inadaptados sociales y dijo que ésos eran los tesoros de la iglesia. El prefecto hizo que lo ataran a una plancha caliente. En cierto momento, Lorenzo pidió que lo voltearan aduciendo que ya estaba asado de ese lado. También es patrono de los cocineros, los cuchilleros, los satinadores, los pobres y los restauradores. Festividad: 29 de julio.

SUDÁFRICA: Nuestra Señora de la Asunción. En 1950, el Papa Pío XII supuso que dado que la Santa Virgen María fue concebida sin pecado ("revelado por Dios y definido como dogma" por el Papa Pío IX en 1854), a su muerte había ascendido al cielo (en cuerpo y alma). También es patrona de Francia, India, Malta y Paraguay.

SUECIA: Brígida de Suecia, princesa. Sueca (1303-1373). Mística; profetisa; esposa de Ulfo Gudmarson; madre de ocho hijos, entre ellos Santa Catalina. Reformó en gran medida las heréticas actitudes conventuales, atendió a enfermos y fundó un monasterio en Vadstena. Por alguna razón se la canonizó tres veces. También es patrona de los sanadores e invocada contra los abortos. Fue canonizada en 1391. Festividad: 23 de julio.

La ebriedad es la ruina de la razón. Es envejecimiento prematuro. Es una muerte temporal.

—San Basilio

TALABARTEROS: Crispín y Crispiniano, mártires. Romanos (s. III). Leyenda. Estos hermanos de día se dedicaban a convertir al cristianismo y de noche a hacer zapatos. Su torturador, Maximiano, se quitó la vida porque se sintió frustrado al ver que fallaban sus intentos de ejecutar a los hermanos, quienes después fueron decapitados. También son patronos de los zapateros remendones, los peleteros, los zapateros y los curtidores. Festividad: 25 de octubre.

TALLADORES: Olaf II, rey. Noruego (995-1030). Este futuro rey empezó su carrera como vikingo y les arrebató Noruega a los suecos y los daneses. En 1016 ascendió al trono noruego e intentó imponer el cristianismo a sus súbditos. Muchos de ellos se sintieron agraviados por esto y se vengaron destronándolo con ayuda del rey anglodanés. Olaf murió en una batalla, tratando de recuperarse de sus pérdidas. La afición favorita del rey era la talla de madera. Un domingo que estaba tallando un trozo de madera, un paje le recordó que era *sabat* (día de descanso). Olaf dejó sus herramientas y agradeció a su sirviente que le señalara que en el día del Señor estaba prohibido hacer tareas serviles. También es patrono de los reyes y de Noruega. Festividad: 29 de julio.

TANZANIA: Inmaculada Concepción. En 1854, el Papa Pío IX declaró que la Santa Virgen María había sido concebida sin el pecado original, inmaculadamente, y llevado una vida libre de pecado. También es patrona de Brasil, Córcega, Portugal y Estados Unidos de América.

TAXISTAS: Fiacro, ermitaño. Irlandés (s. VII). Sanador; construyó un asilo para enfermos y pobres. Una vez, San Faro le ofreció donarle toda la tierra que pudiera desbrozar en un día. Cuando el santo regresó al anochecer, se encontró con un vasto campo despejado y listo para la siembra. La primera parada de taxis en París se situó cerca del Hotel Saint Fiacre; es por ello que en francés otra palabra para taxi es *fiacre*. También es patrono de los jardineros e invocado contra las hemorroides y la sífilis. Festividad: 1° de septiembre.

TÉCNICOS MÉDICOS: Alberto Magno, teólogo. Alemán (1206-1280). "Doctor Universal". Gran intelectual de la Iglesia del Medievo; mentor de Santo Tomás de Aquino; creía que la Tierra era redonda; precursor de las ciencias naturales. También es patrono de los científicos. Fue canonizado en 1931. Festividad: 15 de noviembre.

Tejedores: 1) Pablo el Ermitaño, eremita. Romano (s. IV). Se le conoce como el protoermita. Huyendo de las persecuciones contra los cristianos, se refugió temporalmente en una cueva, donde permaneció setenta y cinco años o más. Cuando murió, lo enterraron San Antonio y sus dos leones (regalo de San Atanasio). Festividad: 15 de enero.

2) Mauricio, oficial. Egipcio (s. III). Leyenda. Mauricio, oficial de la legión tebana, alentó a su pelotón cristiano a rechazar la petición de Maximiano Herculio de que adoraran a dioses paganos. Maximiano ordenó la ejecución de uno de cada diez hombres, pero con esto no logró disuadirlos. Entonces, ordenó una segunda y una tercera ejecución, hasta que acabó con toda la unidad. También es patrono de los tintoreros, los soldados de infantería, los afiladores y los forjadores de espada e invocado contra la gota. Festividad: 22 de septiembre.

Televisión: Clara de Asís, monja. Italiana (1194-1253). A los 18 años escapó de su casa para seguir el ejemplo de San Francisco. Posteriormente la nombraron madre superiora de un convento en San Damiano. Fundó las Clarisas Pobres, orden de monjas descalzas que hacían votos de pobreza. Además de San Francisco, fue la que más promovió a los Franciscanos. El Papa Pío XII la declaró patrona de la televisión en 1958. Se dice que pudo oír la misa medianoche desde su lecho de muerte pese a que había muchas paredes de por medio. Fue canonizada en 1255. Festividad: 15 de agosto.

Tenedores de libros: Mateo, apóstol. Galileo (s. I). Su nombre significa "don de Dios". También se le conoce como Leví y no existen registros de sus primeros años de vida. Recaudador de impuestos convertido en apóstol;

escribió el primer Evangelio entre los años 60 y 90, el cual contiene citas del Viejo Testamento. Fue martirizado en Etiopía o en Persia. También es patrono de los banqueros, los tenedores de libros, los agentes aduanales, los guardias de seguridad y los recaudadores de impuestos. Festividad: 21 de septiembre.

Teólogos: 1) Alfonso María de Liguri, teólogo. Italiano (1696-1787). A la edad de 16 años, Alfonso ya era doctor en derecho canónico y en derecho civil. Después de perder un caso por un tecnicismo, se desilusionó del derecho. Se ordenó como sacerdote y fundó la Congregación del Santísimo Redentor en 1731. Entre visiones, éxtasis y pronunciamientos de profecías, escribió *Teología moral* y *Glorias de María*. Su patronato de los confesores se atribuye a que atraía a multitudes a los confesionarios. También es patrono de los moralistas, los confesores y las vocaciones. Fue canonizado en 1839. Festividad: 1º de agosto.

2) Agustín de Hipona, obispo y doctor. Norafricano (354-430). Se dedicaba a las fiestas, la diversión y los juegos de azar. Tenía una amante y procreó con ella un hijo ilegítimo. La conversión de Agustín se atribuye a las oraciones de su madre, Santa Mónica y a un sermón de San Antonio. Ya converso escribió numerosas obras, entre ellas *Confesiones* y *La ciudad de Dios*. Fue uno de los grandes intelectuales de la Iglesia y el primer filósofo del cristianismo. Asoció la expresión "pecado original" con Adán y Eva. También es patrono de los cerveceros y los impresores. Festividad: 28 de agosto.

Terapistas: Cristina la Increíble, lega. Flamenca (1150-1224). A la edad de 21 años, Cristina sufrió un ataque apoplético que aparentemente la mató. En su misa fúnebre, abrió los ojos y voló a las alfardas de la catedral. Después se posó en el altar y relató su viaje por el cielo, el infierno, el purgatorio y de regreso. Cristina creía que había sido liberada del Más Allá para que rezara por las almas del purgatorio. Se dice que nunca volvió a ser la misma, que repelía el olor de la gente y se ocultaba en espacios pequeños, como alacenas u hornos. Unos años después murió en el convento de Santa Catalina. También es patrona de los lunáticos. Festividad: 24 de julio.

TERCIARIOS (MIEMBROS LEGOS DE LAS ÓRDENES RELIGIOSAS): 1) Isabel, reina. Húngara (1207-1231). Aunque su matrimonio con Ludwig IV fue arreglado, la pareja se enamoró y procreó tres hijos. En 1227 Ludwig murió en una cruzada. Isabel y sus hijos fueron echados del castillo de Wartburg por sus parientes políticos. Ella hizo arreglos para sus hijos y después renunció a su propio título. Se unió a la orden de los Franciscanos y dedicó su vida a cuidar a los necesitados. Tuvo de consejero a un tirano de nombre Conrado de Marburgo, quien insistió en que se sometiera a privaciones y a una humildad extrema el resto de su corta vida, que terminó a la tierna edad de 23 años. Su patronato se deriva de una gran donación de grano que hizo a Alemania durante un año de hambruna. También es patrona de los panaderos y los asilos. Fue canonizada en 1235. Festividad: 17 de noviembre.

2) Isabel de Portugal, reina. Aragonesa (1271-1336). Sobrina de Isabel de Hungría. El rey Pedro III de Aragón el ofreció al rey Dionisio de Portugal la mano de su hija de 12 años. Ella intercedió constantemente entre su hijo Alfonso y el padre de éste para que hicieran las paces. Un

día el rey Dionisio creyó que Isabel estaba apoyando a su hijo para que subiera al trono y la echó de Portugal. Después de la muerte del rey, Isabel se unió a la orden de los Franciscanos Seglares y se instaló en un convento de las Hermanas Clarisas, orden que ella había fundado en Coimbra. También es patrona de las novias y la guerra e invocada contra los celos y los problemas maritales. Fue canonizada en 1626. Festividad: 4 de julio.

3) Margarita de Cortona, mística. Italiana (1247-1297). Su madre murió súbitamente cuando ella tenía siete años. Su padre se casó en segundas nupcias con una mujer que trataba cruelmente a la niña. Cuando tuvo suficiente edad, Margarita abandonó la granja para irse a vivir con un caballero. Fue el ama del castillo durante nueve años y procreó un hijo con su amante, que después fue asesinado. Hizo una confesión pública y cumplió su penitencia. Su padre la echó de su casa junto con su hijo. Entonces Margarita se unió a las Terciarias y empezó a tener visiones y a manifestar poderes curativos. Dedicó el resto de su vida a cuidar de los abandonados. También es patrona de los desamparados, las parteras y las madres solteras. Fue canonizada en 1728. Festividad: 22 de febrero.

TERREMOTOS, INVOCADO CONTRA: Emigdio, mártir. Treveriano (s. IV). Leyenda piadosa. Se vio obligado a huir de Roma por haber destrozado ídolos paganos. La habilidad de Emigdio para evangelizar provocó tal agitación que el obispo recién elegido fue decapitado. Festividad: 9 de agosto.

TEXTILEROS: Homobono, pañero. Italiano (s. XII). Entró al negocio de la sastrería, que era el de su familia, y se convirtió en un rico mercader. Donó casi todo su dinero a los pobres. Hombono murió en una misa. También es patrono de la gente de negocios y de los sastres. Festividad: 13 de noviembre.

TIMONELES: Adjuntor, monje. Francés (s.XII). Caballero y Señor de Vernon-sur-Seine. En una travesía marítima hacia su primera cruzada en 1095 fue capturado por musulmanes, pero logró escapar. De regreso a Francia tomó los hábitos. Sus últimos años los dedicó a orar y meditar. Murió en Tiron. También es patrono de los nadadores e invocado contra el ahogamiento. Festividad: 30 de abril.

TINTOREROS: 1) Mauricio, oficial. Egipcio (s. III). Leyenda. Mauricio, oficial de la legión tebana, alentó a su pelotón cristiano a rechazar la petición de Maximiano Herculio de que adoraran a dioses paganos. Maximiano ordenó la ejecución de uno de cada diez hombres, pero con esto no logró disuadirlos. Entonces, ordenó una segunda y una tercera ejecución, hasta que acabó con toda la unidad. También es patrono de los soldados de infantería, los afiladores, los forjadores de espadas y los tejedores. Es invocado contra la gota. Festividad: 22 de septiembre.

2) Lydia, lega. Tiatirana (s. I). Su nombre significa "vendedora de púrpura", que es muy adecuado porque su oficio era teñir telas de púrpura. Se le recuerda por haber sido la primera persona a la que convirtió San Pablo. Festividad: 3 de agosto.

TOLDEROS: Pablo, apóstol. Romano (s. I). El "Gran Após-tol". Pablo, un toldero judío originalmente llamado Saúl, fue uno de los perseguidores de los primeros cristianos hasta que un día oyó que la voz de Cristo le preguntó desde el cielo por qué perseguía a "Su pueblo". Después de esto, Pablo se convirtió y viajó a Jerusalén, donde los apóstoles le dieron la bienvenida. De ahí emprendió tres viajes misioneros cruciales por toda Europa y Asia Menor. Convirtió a miles y escribió catorce cartas del Nuevo Testamento. Pablo y San Pedro fueron arrestados en Roma. A Pablo lo decapitaron y San Pedro fue crucificado de cabeza durante las persecuciones de los cristianos ordenadas por el emperador Nerón. Pablo una vez naufragó en Malta de camino a Roma, pero logró abordar otra embarcación y continuar a su destino y su martirio. También es patrono de Malta, las relaciones públicas e invocado contra las mordeduras de serpientes. Festividad: 29 de junio.

Trabajadoras: Flora, mártir. Española (s. ix). Aunque su madre era cristiana, su hogar se regía por las estrictas creencias musulmanas de su padre. Por su rechazo de la fe islámica, su hermano y su padre le propinaban severas golpizas, que empeoraron cuando se convirtió al cristianismo. Ella y su mejor amiga, María, decidieron abandonar el hogar cuando los padres de Flora anunciaron su compromiso con un mahometano. Ambas se ocultaron por un breve lapso en la casa de la hermana de Flora, quien las echó a la calle por temor a que la asociaran con los cristianos. Flora y María confesaron su fe cristiana ante el consejo islámico, y fueron torturadas y decapitadas. También es patrona de las víctimas de traición y de los conversos. Festividad: 24 de noviembre.

Trabajadores: José, carpintero. Nazareno (s. i). Descendiente de David; esposo de la Virgen María; padrastro de

Jesucristo. José dudó contraer matrimonio con María cuando se enteró de que estaba encinta, hasta que el arcángel Gabriel le explicó la llegada del Mesías. Después del nacimiento de Cristo, en un sueño se le advirtió acerca de los planes de Herodes, así que llevó a su joven familia a Egipto. Después de la muerte de Herodes, también en un sueño, recibió la instrucción de regresar a Israel. Por miedo al sucesor de Herodes, José decidió instalarse con su familia en Nazaret. Los eruditos creen que murió antes de la crucifixión de Cristo. También es patrono de Bélgica, Canadá, los carpinteros, la Iglesia, los moribundos, los padres, Corea, Perú y la justicia social. Festividades: 19 de marzo y 1º de mayo.

Trabajadores de la construcción: Tomás, apóstol. Galileo (s. i). Hermano de San Santiago; también conocido como Dídimo o el gemelo; uno de los doce apóstoles. Dudó de la resurrección de Cristo (Juan 20: 24-29), hasta que se le permitió tocar las heridas de los costados y de las manos del Señor. De aquí el origen de la frase "como Santo Tomás, hasta no ver no creer". Su leyenda empezó después de Pentecostés. A Tomás se le encomendó la conversión de la India, tarea que no sólo le causó temor sino que se negó a emprender. Cristo mismo falló en su intento de convencer al apóstol, en un sueño, de que fuera a la India. Así que el Señor se le apareció a un mercader llamado Abban, de camino a la India, y arregló que Tomás fuera vendido como esclavo. Cuando se dio cuenta de la dirección que llevaba su nuevo amo, Tomás se sometió a la voluntad de Dios. En la India le anticiparon una gran suma para que construyera un palacio para el rey de Partia. Tomás donó el dinero a los necesitados. Cuando el rey se enteró de lo que el apóstol había hecho, ordenó su ejecución. En esos momentos, el hermano del rey murió y resucitó. El relato de su visión del cielo bastó para que el rey cambiara de opinión. El patronato de Tomás se debe a las numerosas iglesias que construyó durante sus peregrinaciones. Se cree que fue martirizado en la India. También es patrono de los arquitectos, las Indias Orientales y la India e invocado contra la duda. Festividad: 3 de julio.

Trabajadores de la salud: Martín de Porres, lego. Peruano (1579-1639). Aprendiz de barbero y cirujano antes de unirse a los hermanos legos. Auxilió a los esclavos africanos llevados a Perú, fundó un orfanatorio y un hospital para niños abandonados y tenía los dones de la bilocación y el vuelo. También es patrono de los estilistas (hombres), la justicia interracial, la educación pública y las relaciones interraciales. Fue canonizado en 1962. Festividad: 3 de noviembre.

Trabajadores sociales: Luisa de Marillac, fundadora. Francesa (1591-1660). Acaudalada viuda que decidió ayudar a San Vicente de Paul a establecer varias instituciones. Fundó las Hermanas de la Caridad, grupo de mujeres no católicas que se formó para ayudar a víctimas de la pobreza y del abuso. También es invocada contra el abuso físico. Fue canonizada en 1934. Festividad: 15 de marzo.

Trabajadores sociales médicos: Juan Francisco Regis, misionero. Francés (1507-1640). Este jesuita no sólo fue un predicador profundo sino que también fundó orfanatorios y mejoró las condiciones de cárceles. Estableció una fábrica de encaje para capacitar a prostitutas arrepentidas. Juan Francisco trabajó intensamente con los abandonados hasta que murió de agotamiento a los 33 años de edad. También es patrono de los hijos ilegítimos y los pasamaneros. Fue canonizado en 1737. Festividad: 16 de junio.

TRABAJADORES DE TELECOMUNICACIONES: Gabriel, arcángel. Mensajero de Dios. Uno de los siete arcángeles de Dios y uno de los tres que se mencionan por su nombre en la Biblia. Le anunció el nacimiento de Jesús a María (Lucas 1: 11-21). También es patrono de los locutores, los clérigos, los diplomáticos, los mensajeros, los empleados de correos, los trabajadores de radio, los coleccionistas de estampillas y los trabajadores de televisión.

TRABAJADORES TEMPORALES: Drausio, obispo. Originario de Soissons (s. VII). El obispo Drausio fundó varias instituciones religiosas, entre ellas una capilla para monjas caídas en desgracia y un monasterio en Rethondes. En la Edad Media se creía que si alguien pasaba una noche en la tumba de Drausio, se hacía invencible. Huelga señalar que pelotones enteros acampan alrededor de su tumba la víspera de una batalla. Festividad: 7 de marzo.

TRAICIÓN, VÍCTIMAS DE: Flora, mártir. Española (s. IX). Aunque su madre era cristiana, su hogar se regía por las estrictas creencias musulmanas de su padre. Por su rechazo de la fe islámica, su hermano y su padre le propinaban severas golpizas, que empeoraron cuando se convirtió al cristianismo. Ella y su mejor amiga, María, decidieron abandonar el hogar cuando los padres de Flora anunciaron su compromiso con un mahometano. Ambas se ocultaron por un breve lapso en la casa de la hermana de Flora, quien las echó a la calle por temor a que la asociaran con los cristianos. Flora y María confesaron su fe cristiana ante el consejo islámico, y fueron torturadas y decapitadas. También es patrona de los conversos y de las trabajadoras. Festividad: 24 de noviembre.

Tramperos: Bartolomeo, apóstol. Israelita (s. i). También conocido como Nataniel. Se cuestiona su autoría del Evangelio extra de la Biblia; aparte de esto se conoce poco del hijo de Tolomeo. Se cree que viajó por Etiopía, India y Persia; fue martirizado en Armenia. En el arte suele representársele desollado. También es patrono de Armenia. Festividad: 24 de agosto.

Tormentas, invocada contra: Escolástica, abadesa. Norecia (480-543). Hermana de San Benito; algunos historiadores creen que eran gemelos fraternos. Fundó un convento cerca de Monte Casino, fue la primera monja benedictina. Un día que su hermano la visitó en el convento, al ver que se disponía a irse porque ya era tarde, oró para que se desatara una tormenta que lo retuvo unos días, al cabo de los cuales ella murió. También es patrona de los niños víctimas de convulsiones. Festividad: 10 de febrero.

Tormentas eléctricas, invocadas contra: Agripina, mártir. Romana (s. iii). Durante la persecución de los cristianos, Agripina fue torturada y después ejecutada cuando se negó a renunciar a su fe ante el emperador Valeriano o Dioclesiano. Tres mujeres llevaron su cadáver a Sicilia, lugar donde se encuentra su tumba y en el que durante siglos se han curado enfermos. Es invocada contra las afecciones bacteriales y los malos espíritus. Festividad: 23 de junio.

Tos invocado contra la: Quintín, mártir. Francés (s. VI). Mito. Hijo de un senador romano; la reina Fredegunda lo sentenció a muerte porque rechazó sus insinuaciones sexuales. Una prisión de California lleva su nombre. Festividad: 4 de octubre.

Tuberculosis: 1) Pantaleón, mártir. Originario de Bitinia (s. IV). Este respetado galeno llevó una vida privilegiada como médico personal del emperador Galerio. Cuando éste se enteró de que Pantaleón se había convertido al cristianismo, lo sentenció a muerte. Los seis intentos de ejecutar al converso (hoguera, plomo hirviendo, leones, ahogamiento y puñaladas) fallaron. Cuando Pantaleón estuvo seguro de haber probado su punto de vista teológico, hizo una inclinación con la cabeza y permitió que su macilento verdugo lo decapitara. También es patrono de los doctores y la resistencia. Festividad: 27 de julio.

2) Gemma Galani, mística. Italiana (1878-1903). Quedó huérfana a los 19 años; padecía de tuberculosis espinal y esto le impidió convertirse en monja pasionaria. Se curó milagrosamente rezándole a su intercesor, San Gabriel Possenti. A los 21 años empezaron a aparecerle estigmas y otras marcas de las aflicciones del Señor. El diablo también la visitó y la indujo a escupir en la cruz y romper un rosario. Gemma murió pacíficamente a la edad de 25 años. Su canonización en 1940 levantó mucha polémica. También es patrona de los farmacéuticos. Festividad: 11 de abril.

... Los dones de la gracia crecen conforme aumentan la lucha.

—Santa Rosa de Lima

Ucrania: Josafat, mártir. Polaco (1580-1623). El arzobispo de Bizancio acusó a Josafat de ser católico romano, y esto dividió al pueblo de Poletsk. Un sacerdote de nombre de Elías fue arrestado por atentar contra la vida del obispo, lo cual enfureció a la plebe, que se precipitó a las habitaciones de Josafat y lo despedazó a golpes. Josafat se distingue por haber sido el primer santo de Oriente canonizado en Roma, en 1876. Festividad: 12 de noviembre.

Universidades: Contardo Ferrini, profesor. Italiano. (1859-1902). Profesor de derecho romano; cofundador de la Sociedad de San Severino Boecio de estudiantes universitarios. Hablaba fluidamente doce idiomas. Festividad: 20 de octubre.

URUGUAY: Nuestra Señora de Luján. Hace más de trescientos años, una estatua de 609 cm. de alto de la
Inmaculada Concepción desapareció de Buenos Aires y
más tarde reapareció milagrosamente en Luján. En 1904
se erigió una iglesia alrededor de la frágil figurilla.
También es patrona de Argentina.

*No es que a los beligerantes no les guste la paz,
sino que la quieren a su antojo.*

—San Agustín de Hipona

Vacas: Perpetua, mártir. Cartaginesa (s. III). Perpetua fue
aprehendida con su pequeño hijo en brazos mientras
esperaba que los bautizaran. En su celda conoció a una
esclava llamada Felícitas que dio a luz en la prisión. Los
dos bebés les fueron arrebatados a sus madres, a las
cuales lanzaron a una arena a merced de animales
salvajes. Perpetua y Felícitas murieron pisoteadas por
una vaca enfurecida. Festividad: 7 de marzo.

Vagabundos: Benito José Labre, vagabundo. Boloñés
(s. XVIII). Abandonó a su acaudalada familia para buscar
a Dios. Durante tres años viajó por toda Europa, y en su
santa búsqueda visitó todos los sitios de peregrinación.
Benito el mendigo dio por terminado su recorrido en el
Coliseo, donde pasó sus últimos años orando intensa-

mente. Murió en la iglesia. También es patrono de los desamparados y las órdenes religiosas. Festividad: 16 de abril.

VAQUEROS: Gumaro, cortesano. Flamenco (s. VIII). También se le conoce como Gomero. Era sirviente en la corte de Pipino y contrajo matrimonio con la atroz Guinimaria. Al cabo de varios años de sufrir la persecución de esta brutal mujer, Gumaro pagó el dinero que ella había retenido de la paga de los sirvientes y se refugió en una ermita. Fundó la abadía de Lierre. También es patrono de la separación conyugal y de los hombres infelizmente casados. Festividad: 11 de octubre.

VETERINARIOS: Blas, obispo. Armenio (s. IV). Leyenda. Los datos sobre este obispo son una combinación de cuentos. Durante la persecución de los cristianos, Blas se escondió en una cueva. Ahí atendía a animales heridos por las trampas y las flechas de los cazadores. Fue martirizado en una de las persecuciones ordenadas por Linio. Su patronato se debe a que en una ocasión le salvó la vida a un niño que se había tragado una espina de pescado. También es patrono de los animales salvajes e invocado contra las afecciones de la garganta. Festividad: 3 de febrero.

VIAJEROS: 1) Antonio de Padua, predicador. Portugués (1195-1231). Su nombre original era Fernando; conocido como el "Obrador de Prodigios" por su astucia para predicar; primer conferencista en teología; Doctor de la Iglesia; colega de San Francisco de Asís. En una ocasión un discípulo tomó sin permiso el salterio de Antonio. Aterrorizado, el novicio lo devolvió de inmediato afirmando que por su acto lo perseguían apariciones. También es patrono de las mujeres estériles, los objetos perdidos, los pobres, Portugal, los naufragios e invocado contra el hambre. Fue canonizado en 1232. Festividad: 13 de junio.

2) Cristóbal, mártir. Licio (s. III). Mito. Existen varias leyendas sobre este hombre que fue martirizado en Licia, Una de ellas cuenta que era un gigante espantoso de nombre Ofero que se ganaba la vida transportando viajeros de una orilla a otra de un río. Un día transportó a un pesado muchacho que llevaba el peso de los problemas del mundo. Este muchacho, por supuesto, era el joven Jesucristo. El nombre Cristóbal significa en griego "portador de Cristo". También es patrono de los solteros, los conductores de autobuses, los automovilistas, los porteros y los conductores de camiones e invocado contra las pesadillas. Festividad: 25 de julio.

3) Nicolás de Mira, obispo. Licio (s. IV). Mejor conocido como San Nicolás. Se tienen pocos datos de su vida. Dirigió un monasterio, fue prisionero durante las persecuciones cristianas y estuvo presente en el Concilio de Nicea. El resto es mito. Se cuenta que había un padre que era tan pobre que no podía dar dote a sus tres hijas. Nicolás arrojó tres sacos de oro por la ventana de su cocina y poco después las tres hijas se casaron. También es patrono de los muchachos, las novias, los niños, los comerciantes, Grecia, los prestamistas y las solteronas. Festividad: 6 de diciembre.

4) Rafael, arcángel. Uno de los siete arcángeles de Dios y uno de los tres mencionados por su nombre en la Biblia. Venerado tanto en la religión judía como en la cristiana. Su nombre significa "Dios cura". También es

patrono de los invidentes, los enamorados, las enfermeras y los médicos. Festividad: 29 de septiembre.

5) Los Tres Reyes Magos –Gaspar, Melchor y Baltasar (s. I). Mejor conocidos como los Tres Sabios que visitaron al Niño Jesús recién nacido. Se piensa que eran astrólogos de Babilonia o de Arabia. Festividad: 23 de julio.

VÍCTIMAS DE DOLORES DE MUELAS: Apolonia, mártir. Originaria de Alejandría (s. III). Diaconisa anciana que se negó a burlarse de su fe durante las persecuciones de los cristianos. La golpearon tan fuerte que le rompieron los dientes. Rezando una plegaria, se lanzó a la hoguera que le prepararon sus verdugos. También es patrona de los dentistas. Festividad: 9 de febrero.

VÍCTIMAS DE RAPTO: Artela, joven. Originaria de Constantinopla (544-560). Mito piadoso. El emperador Justiniano la eligió para esposa. Sin que él se diera cuenta, la familia de ella la envió a vivir con un tío. De camino a Benevento, la belleza de Artela llamó la atención de tres bandidos y éstos la raptaron. Después de rezar tres días, escapó. Cuando llegó a Benevento, todo el pueblo le dio la bienvenida. Murió a los dieciséis años durante un ayuno. Festividad: 3 de marzo.

VÍCTIMAS DE TORTURA: 1) Albano, mártir. Romano (s. IV). Primer mártir de Bretaña. Dio asilo a un sacerdote fugitivo que había escapado de la persecución de los cristianos ordenada por el emperador Diocleciano. Mientras el sacerdote renegado dormía, Albano se puso sus ropas y usurpó su lugar. Fue torturado y después decapitado. También es patrono de las víctimas de los refugiados. Festividad: 21 de junio.

2) Eustaquio, mártir. Romano (s. I). Leyenda piadosa. Uno de los catorce "Ayudantes Santos". Fue general del ejército del emperador Trajano. Eustaquio se convirtió al cristianismo al cazar a un ciervo que tenía la forma de un crucifijo entre las astas. Fue quemado en la hoguera junto con su familia por negarse a renunciar su fe cristiana. También es patrono de los cazadores. Festividad: 20 de septiembre.

3) Regina, mártir. Borgoñesa (s. III). Su madre murió durante su alumbramiento; a Regina la enviaron a vivir con un pastor pobre que la educó como cristiana en secreto. Cuando su padre, que era pagano, se enteró de ello, intentó casarla con un pagano de nombre Olibrio. Regina fue encarcelada, torturada y decapitada. También es patrona de la pobreza y de las pastoras. Festividad: 7 de septiembre.

4) Vicente, mártir. Zaragozano (s. IV). Los emperadores Diocleciano y Maximiano habían unido fuerzas para castigar a los practicantes del cristianismo. Vicente fue capturado, juzgado y enviado a prisión; pero como aparentemente las condiciones de ésta le sentaban muy bien, los emperadores empezaron a sospechas que los guardias no eran muy exigentes con él. Así que ordenaron que lo devolvieran a su celda y que, esta vez, lo torturan con los medios más crueles ideados por el hombre. Cuando lo llevaron ante los emperadores, Vicente tachó a su verdugos de "pusilánimes". Los desconcertados verdugos fueron reprendidos antes de someterlo a nuevas torturas. Después de ejecutarlo, lo echaron a un campo cercano. Un cuervo protegió el cuerpo de los depredadores hasta el anochecer, cuando unos cristianos lo rescataron. También es patrono de las cavas. Festividad: 22 de enero.

5) Víctor de Marsella, mártir. Galo (s. III). Leyenda piadosa. Cuando el emperador Maximiano descubrió que su guardia romano favorito era cristiano, lo sometió a diversas torturas. Un día, cuando Víctor estaba siendo torturado en el potro por negarse a adorar a los dioses paganos, se le apareció Jesucristo. Esa noche, Dios envió a sus ángeles a su celda y esto hizo que se convirtieran tres guardias de la prisión. Al día siguiente, el emperador Maximiano ordenó que se decapitara a los recién conversos. Víctor fue llevado nuevamente ante el emperador. Maximiano le ordenó al apaleado hombre que ofreciera incienso a Júpiter. Víctor pateó la estatua y esto enfureció al emperador. Entonces, ordenó que le cortaran un pie con un hacha, antes de destrozarlo en la prensa. La piedra de amolar se rompió a la mitad de la ejecución; sin embargo, Víctor, parcialmente pulverizado, seguía con vida. Uno de sus verdugos sacó una espada y lo decapitó. También es patrono de los mineros e invocado contra los problemas de los pies. Festividad: 21 de julio.

VIGILANTES: Pedro de Alcántara, monje. Español (1499-1562). Fomentó el espíritu de expiación y rigidez en su orden de frailes. Llegaba al punto de pasarse las noches orando de rodillas y cuando sentía sueño, recargaba la cabeza contra la pared y dormitaba. De aquí su patronato de los vigilantes. Fue canonizado en 1669. Festividad: 22 de octubre.

VINATEROS: 1) Amando, misionero. Francés (584-679). Abandonó la vida eremita y fundó monasterios en Bélgica e hizo conversiones en Flandes, Carintia y Alemania. Festividad: 6 de febrero.

2) Gualterio de Pontnoise, abad. Francés (s. XVII). Profesor de filosofía, fue reclutado por el rey Felipe I, quien lo persuadió de que ocupara el cargo de abad de un monasterio local. Gualterio aceptó con la condición de no estar subordinado a la corona. Poco después de asumir el cargo, se sintió abrumado por sus responsabilidades y empezó a escabullirse para orar a solas. Sin embargo, puesto que era muy solicitado como abad, cada vez que encontraba un lugar de retiro, sus fanáticos lo buscaban. Su situación empeoró cuando el Papa Gregorio XV rechazó su renuncia. Gualterio pasó el resto de su vida ayudando a otros y buscando rincones silenciosos para automortificarse. También es patrono del estrés laboral. Festividad: 8 de abril.

VIÑEDOS: Medardo, obispo. Francés (470-560). Fue asignado a la diócesis de Tournai y Noyan después del ataque de los hunos. Según las creencias locales, si llueve el día de su festividad, seguirá lloviendo cuarenta días después; en cambio, si hay sol, los siguientes cuarenta días serán asoleados. Esta leyenda es notablemente similar a la de San Swithun. También es patrono de las cosechas de maíz. Festividad: 8 de junio.

VIOLACIÓN, VICTIMAS DE: Ágata, mártir. Siciliana (s. III). Leyenda. El gobernador Quintiano aprovechó la persecución de los cristianos para tratar de poseerla. Ella rechazó sus insinuaciones y fue brutalmente torturada. Su captor intentó someterla por hambre, le rebanó los senos y la envolvió en carbones y pedazos de cerámica ardiente. Ella murió en su celda. En las primera pinturas de esta santa se presentan sus pedazos de pecho en una bandeja, y parecen panes. De aquí que en su festividad

se bendiga el pan. También es patrona de las enfermeras
y es invocada contra las erupciones volcánicas. Festividad: 5 de febrero.

2) María Goretti, niña. Italiana (1890-1902). A la
muerte de su madre, su padre se mudó con la familia a
Ferriere di Conca, donde se empleó como labriego. A
pesar de su pobreza, la familia hizo espacio para albergar a otro labriego de nombre Alejandro Serenelli. María
trabajaba en el campo y ayudaba a administrar la casa.
Dedicaba su tiempo libre a rezar. Un día que María
estaba preparando la cena, Alejandro abusó de ella y
después le dio diecisiete puñaladas, que causaron su
muerte esa misma noche. En su lecho de muerte ella dijo:
"Perdono a Alejandro. Lo perdono de todo corazón y
deseo que me acompañe en el cielo". Alejandro, arrepentido, asistió a su canonización. También es patrona
de los niños. Festividad: 6 de julio.

VÍRGENES: Santa Virgen María (s. I). Madre de Dios. La
segunda persona santísima (Cristo, su hijo, es la primera); hija de Ana y Joaquín; sin pecado concebida; esposa
de José; concibió por obra del Espíritu Santo; madre de
Jesús; presenció el primer milagro de Cristo en Caná,
donde convirtió agua en vino (Juan 2: 1-11) y su crucifixión (Juan 19: 25-27); oró por su hijo después de su
muerte (Actas 1: 12-14). Su cuerpo ascendió al cielo a
su muerte, donde se reunió con su alma. Ha aparecido
con mensajes y profecías y es venerada en todo el
mundo. También es patrona de Corea y de las madres.
Festividad: 15 de agosto.

VIRTUD: Halvard, mártir. Noruego (s. XI). Cuento popular
religioso. Hijo de un terrateniente. Un día que iba a

abordar su bote para ir de pesca, entre la maleza irrumpió una mujer frenética que le dijo al sorprendido Halvard que la habían acusado falsamente de robo y le pidió que la ayudara. Cuando empezaron a alejarse remando, una multitud llegó a la orilla e insistió en que la mujer regresara, pero Halvard no dejó de remar. Los persegui-dores los mataron a ambos a flechazos. También es patrono de la inocencia. Festividad: 15 de mayo.

Viticultores: Ticón, obispo. Chipriota (450-560). Según la tradición, al obispo Ticón le donaron un pequeño viñedo estéril, donde plantó un pie de vid seco y des-pués rogó al cielo tener una primera cosecha. Al siguien-te otoño, no sólo se había multiplicado su vid sino que sus dulces uvas habían madurado antes que las de los demás viñedos. Algunos críticos creen que la historia de Ticón se derivó de los relatos sobre el dios pagano Priapo. Festividad: 16 de junio.

Vitralistas: Santiago Grissinger, lego. Alemán (1407-1491). De joven fue reclutado como mercenario por la milicia de Nápoles. Santiago se desilusionó de su trabajo y se unió a la orden de los Dominicos. Ahí pasó sus mejores años, la segunda mitad de su vida, pintando vitrales figurativos para iglesias. Festividad: 11 de octubre.

Viudas: 1) Paula, fundadora. Romana (347-404). Des-pués de que murió su esposo dedicó su vida a ayudar a San Jerónimo en sus proyectos. Juntos construyeron iglesias, hospicios, monasterios y conventos. Festividad: 26 de enero.

2) Clotilde, reina. Francesa (s. vi). Procreó dos varones y una hija con el rey Clodoveo, antes de la

muerte de éste en 511. Sus codiciosos hijos reñían constantemente entre sí por el control sobre el reino. Esta rivalidad provocó la muerte de Clodomiro, el mayor; de inmediato Clotilde adoptó a sus tres hijos, lo que enfureció a Clotario, su hijo menor, quien asesinó a dos de los pequeños. Clotilde logró ocultar al joven San Clodoaldo de la ira de su tío y después dedicó el resto de su vida a atender a los necesitados. También es patrona de los niños adoptivos, los niños difuntos, la maternidad y las reinas. Festividad: 3 de junio.

3) Fabiola, fundadora. Romana (s. III). Se divorció de su abusivo marido y volvió a casarse. Esto le impidió recibir los sacramentos de la Iglesia. Fabiola se sometió a penitencia pública y después fundó el primer hospital cristiano. El Papa San Sirico le perdonó sus pecados, y más tarde murió su segundo marido. También es patrona de los divorciados y los infieles e invocada contra el abuso físico. Festividad: 27 de diciembre.

VIUDOS: Edgar, rey. Inglés (944-975). Después de la muerte de su primera esposa, Etelfreda, contrajo matrimonio con Etelfrida. El príncipe Edgar violó a Santa Wilfreda cuando era joven, y así nació Santa Edith. La penitencia que San Dustano le impuso al príncipe retrasó siete años su coronación. Su reinado fue breve. Dos años antes de su muerte, reformó el clero secular. Si bien ya fue canonizado por la Iglesia, no se ha fijado la fecha de su festividad.

VOCACIONES: Alfonso María Liguri, teólogo. Italiano (1696-1787). A la edad de 16 años, Alfonso ya era doctor en derecho canónico y en derecho civil. Después de perder un caso por un tecnicismo, se desilusionó del derecho.

Se ordenó como sacerdote y fundó la Congregación del Santísimo Redentor en 1731. Entre visiones, éxtasis y pronunciamientos de profecías, escribió *Teología moral* y *Glorias de María*. Su patronato de los confesores se atribuye a que atraía a multitudes a los confesionarios. También es patrono de los moralistas, los confesores, los profesores y los teólogos. Fue canonizado en 1839. Festividad: 1o. de agosto.

Las puertas del cielo son muy bajas; sólo permiten la entrada a los humildes.

—Santa Isabel de Setón

Zapateros remendones: Crispín y Crispiniano, mártires. Romanos (s. III). Leyenda. De día, estos hermanos se dedicaban a ganar adeptos al cristianismo y de noche, a hacer zapatos. Su torturador, Maximiano, se quitó la vida porque se sintió frustrado al ver que fallaban sus intentos de ejecutar a los hermanos, quienes después fueron decapitados. También son patronos de los peleteros, los talabarteros, los zapateros y los curtidores. Festividad: 25 de octubre.

Zoológicos: Francisco de Asís, fundador. Italiano (1181-1226). Aunque nunca fue sacerdote, es una de la figuras predominantes de la religión cristiana. Hijo de un rico comerciante de telas, Francisco llevó una vida fastuosa e irresponsable. Cuando contaba 20 años fue a combatir a Perugia, donde lo capturaron y aprisionaron. Después de ser liberado tuvo varias visiones de Cristo. Entonces renunció a su herencia y fundó la Orden de los Hermanos Menores. Fue la primera persona que sufrió los estigmas (cinco heridas coincidentes con las cinco heridas de Cristo) mientras oraba; sus llagas nunca sanaron. En 1223 creó la primera escena de la Navidad. También es patrono de los animales, la acción católica, los ecologistas, Italia y los comerciantes. Fue canonizado en 1228. Festividad: 4 de octubre.

ZORROS, INVOCADO CONTRA LOS: Hervé (Harvey) abad. Mito piadoso. Este músico nació ciego, y se dice que deambulaba por el campo y convertía a la gente con canciones. Obró uno de sus milagros más populares un día mientras araba. Un lobo se comió a su bestia de carga. Antes de que Hervé terminara de pronunciar la palabra "Amén", el lobo se metió en el arnés y terminó de arar el campo. Otro relato cuenta que una zorra le robó una gallina de su corral y le devolvió al ave viva. También es invocado contra los males de la vista y los lobos. Festividad: 17 de junio.

SEGUNDA PARTE

ORACIONES DE LOS SANTOS
CALENDARIO DE FESTIVIDADES
CATÓLICAS ROMANAS
NOMBRES DE PILA
EMBLEMAS Y SÍMBOLOS
PATRONOS DE PAÍSES Y LUGARES

Oraciones de los santos
✣

Dame castidad y continencia,
pero no aún.

> —San Agustín de Hipona (154-430)
> Autor, teólogo

...Oh divino Maestro, concédeme que no busque ser
consolado sino consolar; que no busque ser comprendi-
do sino comprender; que no busque ser amado sino
amar porque dando es como recibimos, perdonando es
como tú nos perdonas y muriendo en ti es como nace-
mos a la vida eterna.

> —San Francisco de Asís (1181-1286)
> Fundador

Enséñanos, señor, a servirte como mereces:
A dar sin importar el costo;
A combatir sin atender a las heridas;
A luchar sin tregua;

A trabajar sin esperar recompensa;
Si no fuera porque sabemos que haremos tu voluntad.

—San Ignacio de Loyola (1491-1556)
Fundador y autor

Oh, abismo, oh, Dios eterno, oh, mar profundo
¿Qué puedes darme sino a ti mismo?

—Santa Catalina de Siena (1347- 1380)
Monja dominica

No os conocía, Señor, porque aún
deseaba conocer y deleitarme en las cosas.
El bien y lo bueno de todas las cosas cambian, Señor,
si nos arraigamos a vos.
Si voy a todas partes con vos, Señor, en todas partes
sucederán cosas que deseo en vuestro nombre.

Tomad señor, recibid toda mi libertad,
mi memoria, mi entendimiento y toda
mi voluntad, todo mi haber y poder
vos me la disteis, a vos, señor la torno,
todo es vuestro: disponed de todo a vuestra
voluntad. Dadme amor y gracia, que esto me baste.

—San Juan de la Cruz (1542-1591)
Místico y poeta

*De las devociones ridículas
y de los santos mal encarados,
líbranos Señor.*

—Santa Teresa de Ávila (1515-1582)
Monja, fundadora, autora

Aquellas cosas, buen Señor, por las que nosotros rezamos, concédenos la gracia para luchar por ellas.

—Santo Tomás Moro (1478-1535)
Mártir

*Señor, dame
Un corazón firme, que ningún afecto indigno pueda
desmoralizar;
Dame un corazón indomable, que ninguna tribulación pueda abatir;
Dame un corazón recto, que ningún propósito indigno
pueda tentar.*

—Santo Tomás de Aquino (1225-1274)
Teólogo

Señor, ten piedad.

Últimas palabras de Teresa de Lisieux
(1873-1897)
Monja

Calendario de festividades
católicas romanas
✤

El calendario católico está organizado conforme a la progresión de las estaciones y en torno a la Pascua Florida o de Resurrección. La tradición de celebrar la Pascua en diferentes fechas se remonta al Concilio de Nicea de 325. Fue en este Concilio donde se decidió que la resurrección de Cristo se conmemoraría el primer domingo siguiente a la primera luna llena después del equinoccio de primavera del 21 de marzo.

Las estaciones son Adviento, Navidad, Cuaresma, Triduo Pascual y Días Ordinarios. Los ciclos incluyen la vida, la muerte y la resurrección de Jesucristo; la reverencia a la Santa Virgen María; y la veneración de los santos. Estos días de remembranza se celebran con oraciones, festivales y penitencias. El calendario revisado entró en vigor en 1972.

Festividades fluctuantes

Año:	1996	1997	1998	1999	2000
Miércoles de Ceniza:	feb. 21	feb. 12	feb. 25	feb. 17	marzo 8
Domingo de Pascua:	abril 7	marzo 30	abril 12	abril 4	abril 23
Ascensión:	mayo 16	mayo 8	mayo 21	mayo 13	junio 1
Pentecostés:	mayo 26	mayo 18	mayo 31	mayo 23	junio 11
Adviento:	dic. 1	nov. 30	nov. 29	nov. 28	dic. 3

(A continuación se enumeran en negritas los santos patrones)

Enero	1	**Claro**
Enero	2	**Basilio el Viejo**
Enero	3	**Genoveva**
Enero	4	**Farailde**
Enero	5	**Juan Nepomuceno**
Enero	6	Juan de Ribera
Enero	7	**Buenaventura de Potenza, Raimundo de Peñafort, Reinaldo**
Enero	8	**Amalburga**
Enero	9	Adrián de Canterbury
Enero	10	Pedro Orseolo
Enero	11	Teodosio el Cenobiarca
Enero	12	**Benito Biscop**
Enero	13	**Hilario de Poitiers**

Enero	14	**Félix de Nola, Sabás**
Enero	15	**Mauro, Pablo el Ermitaño**
Enero	16	Honorato
Enero	17	**Antonio el Grande**
Enero	18	Deícola
Enero	19	**Filan, Gervasio y Protasio,**
		Enrique de Upsala
Enero	20	**Sebastián**
Enero	21	**Agnes**
Enero	22	**Vicente de Zaragoza**
Enero	23	Juan el Caritativo
Enero	24	**Francisco de Sales**
Enero	25	**Pablo**
Enero	26	**Paula**
Enero	27	**Devota**
Enero	28	**Tomás de Aquino**
Enero	29	Gilda la Prudente
Enero	30	**Adelelmo, Aldegunda (Aldegonda)**
Enero	31	**Juan Bosco**
Febrero	1	**Brígida de Irlanda**
Febrero	2	**Blas, Walburga (Valburga)**
Febrero	3	**Anscario, Blas**
Febrero	4	**Andrés Corsini**
Febrero	5	**Ágata**
Febrero	6	**Amanda, Dorotea, Pedro**
		Bautista, Gastón (Vaast)
Febrero	7	Lucas el Joven
Febrero	8	**Jerónimo Emiliano**
Febrero	9	**Apolonia**
Febrero	10	**Escolástica**
Febrero	11	**Cadmón, Margarita de Cortona**
Febrero	12	**Julián el Hospitalario**
Febrero	13	**Ágabo**

Febrero 14 **Cirilo y Metodio, Valentín**
Febrero 15 Sigfrido de Vaxjo
Febrero 16 Gilberto de Sempringham
Febrero 17 Los Siete Santos Fundadores
Febrero 18 Teotonio
Febrero 19 **Conrado**
Febrero 20 Wulfrico o Vulfrico
Febrero 21 Pedro Damián
Febrero 22 **Margarita de Cortona**
Febrero 23 **Policarpo**
Febrero 24 Pretextato
Febrero 25 **Tarasio**
Febrero 26 Alejandro de Alejandría
Febrero 27 **Gabriel de la Virgen de los Dolores**
Febrero 28 **Romano**
Marzo   1 **David, Swithbert**
Marzo   2 Chad
Marzo   3 **Winwaloe**
Marzo   4 **Casimiro de Polonia**
Marzo   5 **Juan de la Cruz**
Marzo   6 Coleta
Marzo   7 **Drausio, Perpetua**
Marzo   8 **Juan de Dios**
Marzo   9 **Catalina de Bolonia, Dominico Savio, Francisco de Roma, Gregorio de Neocesarea**
Marzo 10 **Drogon**
Marzo 11 Engo
Marzo 12 Teófanes
Marzo 13 **Ansovino**
Marzo 14 Leobino
Marzo 15 **Luisa de Marillac, Matrona**
Marzo 16 Abraham Kidunaia

Marzo	17	**Gertrudis, José de Arimatea, Patricio**
Marzo	18	Cirilo de Jerusalén
Marzo	19	**José**
Marzo	20	**Cutberto**
Marzo	21	Enda
Marzo	22	**Nicolás von Flue**
Marzo	23	Toribio
Marzo	24	Ireneo
Marzo	25	**Dimas, Margarita Cliterowa**
Marzo	26	Braulio
Marzo	27	Juan de Egipto
Marzo	28	Tutilo
Marzo	29	Ruperto
Marzo	30	Zósimo
Marzo	31	Guy de Pamposa
Abril	1	Hugo
Abril	2	**Francisco de Padua**
Abril	3	**Irene**
Abril	4	**Benito el Africano**
Abril	5	**Vicente Ferrer**
Abril	6	**Notkero el Tartamudo**
Abril	7	**Juan Bautista de la Salle**
Abril	8	**Gualterio de Pontnoise**
Abril	9	Gualdertrudis
Abril	10	Fulberto
Abril	11	**Gemma Galgani, Godberta**
Abril	12	**Zenón**
Abril	13	Hermenegildo
Abril	14	**Liduvina**
Abril	15	**Huna**
Abril	16	**Benito José Labre, Bernardita, Magno**
Abril	17	Esteban Harding

Abril	18	Galdino
Abril	19	**Expedito**
Abril	20	Agnes de Montepulciano
Abril	21	Beuno
Abril	22	**Teodoro de Sykeon**
Abril	23	**Jorge**
Abril	24	**Bona**
Abril	25	**Marcos**
Abril	26	**Estéfano**
Abril	27	**Zita**
Abril	28	**Polio**
Abril	29	**Catalina de Siena**
Abril	30	Pío V
Mayo	1	**Peregrín Laziosi**
Mayo	2	Atanasio
Mayo	3	**Santiago el Menor**
Mayo	4	**Florián**
Mayo	5	Hilario de Arles
Mayo	6	Petronax
Mayo	7	**Domiciano**
Mayo	8	Pedro de Tarantino
Mayo	9	Pacomio
Mayo	10	**Antonio de Florencia**
Mayo	11	**Genulfo**
Mayo	12	**Pancracio**
Mayo	13	**Servacio**
Mayo	14	Miguel Garicoits
Mayo	15	**Dimpna, Hallvard, Isidro Labrador**
Mayo	16	**Brendan, Honorato**
Mayo	17	**Madrón, Pascual Bailón**
Mayo	18	Eric de Suecia
Mayo	19	**Dunstan, Ivo de Kermati, Pedro Celestino V**

Mayo	20	**Bernardino de Siena**
Mayo	21	Andrés Bobola
Mayo	22	**Rita de Casia**
Mayo	23	Juan Bautista Rossi
Mayo	24	Vicente de Lerins
Mayo	25	**Beda**
Mayo	26	**Felipe Neri**
Mayo	27	Agustín de Canterbury
Mayo	28	**Bernardino de Montijoix**
Mayo	29	Esteban
Mayo	30	**Fernando III, Juana de Arco**
Junio	1	**Justino, Vita**
Junio	2	**Elmo**
Junio	3	**Clotilde, Morando**
Junio	4	**Quirino**
Junio	5	**Bonifacio de Alemania**
Junio	6	**Claudio**
Junio	7	**Gotardo**
Junio	8	**Medardo**
Junio	9	**Columba**
Junio	10	Itamar
Junio	11	Bernabé
Junio	12	Juan de Sahagún
Junio	13	**Antonio de Padua**
Junio	14	Metodio I
Junio	15	**Vito**
Junio	16	**Juan Francisco Regis, Ticón**
Junio	17	**Avertino, Hervé**
Junio	18	Isabel de Schonau
Junio	19	Juliana Falconieri
Junio	20	Silverio
Junio	21	**Albano, Luis de Gonzaga**
Junio	22	**Tomás Moro**

Junio	23	**Agripina, José Cafasso**
Junio	24	**Juan Bautista**
Junio	25	**Eurosia**
Junio	26	Antelmo
Junio	27	Cirilo de Alejandría
Junio	28	Ireneo de Lyons
Junio	29	**Pedro**
Junio	30	**Teobaldo**
Julio	1	Oliverio Plunket
Julio	2	Otón
Julio	3	**Tomás**
Julio	4	**Isabel de Portugal, Ulrico**
Julio	5	Atanasio
Julio	6	**María Goretti**
Julio	7	Paladio
Julio	8	**Witburga (Vitburga)**
Julio	9	Nicolás Pieck
Julio	10	**Felícitas**
Julio	11	**Benito de Nursia**
Julio	12	**Juan Gualberto, Verónica**
Julio	13	**Enrique II**
Julio	14	**Camilo de Lellis**
Julio	15	**Alejo, Swithun, Vladimir**
Julio	16	Fulrado
Julio	17	**Alejo**
Julio	18	**Arnulfo, Bruno**
Julio	19	**Justa y Rufina**
Julio	20	**Margarita de Antioquía, Wilgefortis**
Julio	21	**Víctor de Marsella**
Julio	22	**María Magdalena**
Julio	23	**Brígida de Suecia, Los Tres Reyes Magos**

Julio	24	**Cristina la Increíble**
Julio	25	**Cristóbal, Santiago el Mayor**
Julio	26	**Ana**
Julio	27	**Pantaleón, Los Siete Durmientes**
Julio	28	Sansón de Dole
Julio	29	**Marta, Olaf de Noruega**
Julio	30	**Abdón y Senen**
Julio	31	**Ignacio de Loyola**
Agosto	1	**Alfonso Liguori**
Agosto	2	Eusebio
Agosto	3	**Lydia Púrpura**
Agosto	4	**Juan MaríaVianney**
Agosto	5	Addai y Mari
Agosto	6	Hormisdas
Agosto	7	**Alberto de Trapani**
Agosto	8	**Domingo Guzmán**
Agosto	9	**Emidio**
Agosto	10	**Lorenzo**
Agosto	11	**Clara de Asís**
Agosto	12	Porcario
Agosto	13	**Concordia, Hipólito**
Agosto	14	**Maximiliano Kolbe**
Agosto	15	**Arnulfo, la Santa Virgen María**
Agosto	16	**Esteban de Hungría**
Agosto	17	**Mamés, Roque**
Agosto	18	**Agapito, Elena**
Agosto	19	**Sebaldo**
Agosto	20	**Bernardo de Clairvaux**
Agosto	21	Pío V
Agosto	22	Sigfrido
Agosto	23	**Rosa de Lima**
Agosto	24	**Bartolomé**

Agosto	25	**Genesio, Luis IX**
Agosto	26	Isabel Birchier
Agosto	27	**Mónica**
Agosto	28	**Agustín de Hipona, Moisés el Africano**
Agosto	29	Mederico
Agosto	30	Pamaquio
Agosto	31	**Raimundo Nonato**
Septiembre	1	**Adjuntor, Agia, Fiacro, Gil**
Septiembre	2	**Agrícola de Aviñón**
Septiembre	3	**Gregorio el Grande**
Septiembre	4	Rosa de Viterbo
Septiembre	5	Lorenzo de Guistiniani
Septiembre	6	Bega
Septiembre	7	**Clodoaldo, Regina**
Septiembre	8	**Adrián**
Septiembre	9	**Pedro Claver**
Septiembre	10	**Nicolás de Tolentino**
Septiembre	11	**Pafnucio**
Septiembre	12	**Vito de Anderlecht**
Septiembre	13	**Juan Crisóstomo, Venancio**
Septiembre	14	**Notburga**
Septiembre	15	Catalina de Génova
Septiembre	16	Cipriano
Septiembre	17	Hildegardo
Septiembre	18	**José de Cupertino**
Septiembre	19	**Januario**
Septiembre	20	**Eustaquio**
Septiembre	21	**Mateo**
Septiembre	22	**Mauricio, Focas**
Septiembre	23	**Cadoc**
Septiembre	24	Gerardo
Septiembre	25	**José Calasanz**
Septiembre	26	**Cosme y Damián**

Septiembre	27	**Vicente de Paul**
Septiembre	28	**Wenceslao de Bohemia**
Septiembre	29	**Gabriel, Miguel, Rafael**
Septiembre	30	**Gregorio el Iluminador, Jerónimo**
Octubre	1	**Teresa de Lisieux**
Octubre	2	Los Santos Ángeles Custodios
Octubre	3	Tomás Cantelupe
Octubre	4	**Francisco de Asís**
Octubre	5	**Plácido**
Octubre	6	**Bruno**
Octubre	7	Osith
Octubre	8	**Demetrio, Pelagia**
Octubre	9	**Andrónico, Deniso**
Octubre	10	**Gerón**
Octubre	11	**Gumaro, Santiago Grissinger**
Octubre	12	Wilfrido (Vilfrido)
Octubre	13	Colmán
Octubre	14	Calixto
Octubre	15	**Teresa de Ávila (Jesús)**
Octubre	16	**Galo, Gerardo de Majella, Eduviges,Margarita-María**
Octubre	17	**Contardo Ferrini**
Octubre	18	**Lucas**
Octubre	19	**Pedro Alcántara, René Groupil**
Octubre	20	**Bertilla Boscardin**
Octubre	21	**Úrsula**
Octubre	22	**Elodia**
Octubre	23	**Juan de Capistrano**
Octubre	24	**Antonio Claret**
Octubre	25	**Crispín y Crispiniano**

Octubre	26	**Buenaventura**
Octubre	27	Frumencio
Octubre	28	**Judas**
Octubre	29	**Baldo**
Octubre	30	**Dorotea de Montau**
Octubre	31	**Quintín, Wolfgango (Volfgango)**
Noviembre	1	Todos los Santos
Noviembre	2	Marciano
Noviembre	3	**Huberto, Martín de Porres**
Noviembre	4	**Carlos Borromeo**
Noviembre	5	**Bertilla**
Noviembre	6	**Leonardo de Noblac**
Noviembre	7	**Willibroad**
Noviembre	8	**Los Cuatro Mártires Coronados**
Noviembre	9	**Teodoro Tiro**
Noviembre	10	**Andrés Avelino**
Noviembre	11	**Martín de Tours**
Noviembre	12	**Josafat**
Noviembre	13	**Bricio, Francisca Javiera Cabrini, Homobono, Estanislao Kostka**
Noviembre	14	Laurencio O'Toole
Noviembre	15	**Alberto el Grande**
Noviembre	16	Margarita de Escocia
Noviembre	17	**Isabel de Hungría**
Noviembre	18	**Odón de Cluny**
Noviembre	19	Nerses I
Noviembre	20	Edmundo Mártir
Noviembre	21	Alberto de Lovaina
Noviembre	22	**Cecilia**
Noviembre	23	**Clemente I, Columbano**

Noviembre	24	**Flora**
Noviembre	25	**Catalina de Alejandría**
Noviembre	26	**Juan Berchmans, Leonardo de Puerto, Mauricio**
Noviembre	27	Virgilio
Noviembre	28	**Esteban el Joven**
Noviembre	29	Radbod
Noviembre	30	**Andrés**
Diciembre	1	**Edmundo Campion, Eligio**
Diciembre	2	**Bibliana**
Diciembre	3	**Casiano, Francisco Javier**
Diciembre	4	**Bárbara**
Diciembre	5	**Sabás**
Diciembre	6	**Nicolás de Mira**
Diciembre	7	**Ambrosio**
Diciembre	8	**La Inmaculada Concepción**
Diciembre	9	Pedro Fourier
Diciembre	10	Gregorio III
Diciembre	12	**Corentino**
Diciembre	13	**Odilia, Lucía**
Diciembre	14	**Juan de la Cruz**
Diciembre	15	**Valeriano**
Diciembre	16	**Adelaida**
Diciembre	17	Sturmi
Diciembre	18	Flanan
Diciembre	19	Anastasio I
Diciembre	20	Domingo Silos
Diciembre	21	Pedro Canisios
Diciembre	22	**Esquerio y sus compañeros Thora Thorhallsson**
Diciembre	23	Irmina y Adela
Diciembre	25	**Anastasia**
Diciembre	26	**Esteban**

Diciembre	27	**Fabiola, El Divino Juan o Juan Apóstol**
Diciembre	28	**Los Santos Inocentes**
Diciembre	29	**Tomás Becket**
Diciembre	30	Egvino
Diciembre	31	**Silvestre I**

Nombres de pila para niños y niñas

La tradición de bautizar a un niño con el nombre de un santo no sólo tiene el propósito de asignarle un protector sino también un modelo a seguir para el nuevo católico. En los hogares católicos de todo el mundo, la celebración del día del santo equivale a una segunda fiesta de cumpleaños.

Femeninos

Abigail (Abby, Gail): alegría del padre, mi padre es alegría

Adela (Adele, Adelaide, Dell): noble

Adriana (Adria, Adrienne): obscura

Ágata (Agathe): la buena,

Agnes (Inés, Neysa, Nina, Rachel): Pura

Albina (Bianca, Blanc): blanca

Alejandra (Alexandria, Alessandra, Aleth, Alexis, Cassandra), *femenino de* Alejandro: Protector de los hombres

Alfreda (Alfreda, Freda, Althryda), *femenino de* Alfredo: buen consejero

Alicia (Alice, Alison, Elisa): de estirpe noble

Alma ( ): amorosa

Amanda ( ) *femenino de* Amando: que debe ser amado

Amada (Amy, Amata): amada, amiga

Anastasia (Anastasia, Stacey, Statia): resurrección

Andrea ( ) *femenino de* Andrés: varonil

Ángela (Angie, Angélica): Mensajera

Ana (Ann, Anita, Anabel, Annette, Hannah, Nancy): la
   benéfica

Bárbara (Beatriz, Beatrix): que hace feliz

Bernardina (Bernadette, Nadine), *femenino de*
   Bernardino: atrevido como un oso

Berta (Bertha): la fuerte

Brenda ( ) *femenino de* Bernardo: espada

Brígida (Bridget, Brigit, Brigid): fuerza

Camila (Camelia), *femenino de* Camilo: sirviente del templo

Carola (Carol, Arlene, Carey, Carla, Carolina, Cheryl),
   femenino de Carlos: fuerte

Catalina (Catherine, Karen, Kate, Kathleen): pura

Cecilia (Cecilia, Sheila): miope

Cintia (Cynthia) *femenino de* Sinecio: comprensiva

Clara (Clare, Clarissa): ilustre

Claudia (Claudia, Claudette), *femenino de* Claudio: cojo

Constanza (Constance, Connie), *femenino de*
   Constantino: el que permanece firme

Cristal (Crystal, Chrysa): claridad

Cristina (Christina, Kirsten, Nina), *femenino de* Cristian:
   ungida (del Señor)

Daniela (Daniela, Danielle, Danette), *femenino de*
   Daniel: mi juez es Dios

Débora (Deborah, Debra): abeja

Denisa, Dionisia (Denise), *femenino de* Dionisio: dios de
   Nisia

Desideria (Desiree): deseada

Diana (Diana, Cynthia, Dinah): Divina

Dolores (Dolores, Lola, Lolita): Plural de dolor

Dominga (Dominica, Dominique), *femenino de* Domigo: perteneciente, consagrado al Señor

Doris (Doris, Dorothy), *femenino de* Teodoro: Don de Dios

Edith (Eda): felicidad

Edna (Edwina, Edna), *femenino de* Edwin: fuego

Elena (Helen, Aileen, Celina, Elaine, Eleonor, Ilona, Lena, Celina): la esplendente

Elizabeth (Alise, Bess, Beth, Elisa, Elise, Isabella, Lee, Lisa, Lison): juramento de Dios

Emilia (Emily, Amelia, Emma): afable

Enriqueta (Enrica, Henrietta), *femenino de* Enrique: el príncipe de la casa

Érica (Erica), *femenino de* Eric: el que rige eternamente

Erina (Erin): de Irlanda

Esperanza (Hope): Esperanza, expectación, deseo

Estefanía (Stephanie, Esta, Estancia): Lo que rodea, envuelve, ciñe

Ester (Esther, Edissa, Vanessa): estrella

Etelreda (Etheldra, Audrey, Ethel): doncella noble

Eva (Eve, Evelyn): que da vida

Francisca (Frances, Cecca, Fran, Frankie): libre

Federica (Frederica), *femenino de* Federico: príncipe de la paz

Gabriela (Gabriela, Briel, Ella), *femenino de* Gabriel: mi protector (es) Dios

Gema ( ): joya

Genoveva (Genevieve, Violane, Yolanda): ola blanca, blanca como la espuma del mar

Germaine (Georgia, Georgianna, Georgette), *femenino de* Jorge: agricultor

Gloria ( ): gloria

Graciela (Grace, Engracia, Giorsal, Grazia): graciosa

Hilaria (Hillary): las 100 madejas

Hilda ( ): doncella de las batallas

Irene (Irene, Renata, René): paz

Irma (Irma, Irmina): fuerte

Jaqueline ( ) *femenino de* Jacques, Jacobo: sustituta

Jennifer ( ) *femenino de* Wilfrido o Vilfrido: paz firma

Juana (Jane, Janet, Jeanine, Jessica, Joan, June, Nita): Dios es misericordioso

Judith (Judy), *femenino de* Judas: alabada

Julia (Julia, Jill, Juliet):

Justina (Tina): justa

Laura (Lauren, Lorraine), *femenino de* Lauro: laurel

Liliana (Lilian, Lila): lirio

Linda (Lindy, Lynn): hermosa

Lucía (Lucy, Lucilla, Luz), *femenino de* lucas: luz

Luisa (Louise, Alison, Eloise), *femenino de* Luis: Guerrero ilustre

Margarita (Margaret, Greta, Maggie, Marina, Peggy, Rita): perla

Mariana (Marian, Mary Ann, Mariana), *compuesto de* María y Ana: amarga, llena de gracia

Marta (Martha): Señora

Melania (Melania, Melanie): de tez oscura

Mónica (Monica, Mona, Monique): consejera

Natalia (Natalie, Natasha, Nathalie): del natalicio

Nicolasa (Nicole, Nicolette), *femenino de* Nicolás: victoria de la gente

Olivia (Oliva): aceituna, oliva

Patricia ( ) *femenino de* Patricio: nacida noblemente

Paula (Paula, Paulette, Pauline), *femenino de* Pablo: pequeño

Raquel (Rachael, Rachel, Rae, Raquel, Rahal) : cordero, oveja

Regina (Regina, Reine, Renée): reina

Rosa (Rose, Rosalyn, Roseane): Rosa

Ruth ( ): amiga

Sandra ( ) *femenino de* Alejandro: protector de los hombres

Sara (Sarah, Sally, Shari): princesa

Sharon ( ): sencilla

Silvia (Silvia, Sylvette, Sylvie): señora del bosque

Sofía (Sophia, Nadia, Sonia): sabiduría

Susana (Susan, Suki, Susette, Shoshana, Zsa Zsa): lirio blanco

Teresa (Theresa, Terry, Tracy): la segadora

Úrsula (Ursula): osita

Valeria (Valerie, Valery): la valerosa

Verónica (Berenice, Vera): la que lleva la victoria

Victoria ( ): victoria, la vencedora

Viviana (Vivian, Bibliana): viva, viviente

Zita ( ): pequeña o poca esperanza

Zoé (Zoe): vida

Masculinos

Aarón (Aaron): luz; iluminado

Abraham (Abraham, Abram): el padre de muchos

Adán (Adam, Adan): el primero de la tierra

Adrián (Adrian, Adrien, Hadrian): valiente

Agustín (Augustine, Agostino, Austin): augusto, majesuoso

Alán (Alan, Allen): armonía

Alberto (Albert, Bert, Delberto): ilustre

Alejandro (Alexander, Alistair, Alec, Sacha, Sandor): protector de los hombres

Alfonso (Alphonse, Alonso, Alonzo, Lon): dispuesto para el combate

Ambrosio ( ): inmortal

Andrés (Andrew,Andreas, Drew): varonil, masculino

Ángel (Angelo): ángel, mensajero

Antonio (Anthony, Anton): el invaluable

Arnoldo (Arnold, Arnaud): el que tiene el poder del águila

Bartolomé (Bartholomew, Bart, Barry): hijo de Talmai

Basilio (Basil, Vasily, Vassily): regio

Benito (Benedict, Bennett, Benito): bendito

Benjamín (Benjamin, Benson): hijo de la mano derecha, hijo predilecto

Bernardo (Berndard, Nardo): atrevido como un oso

Blas (Blase, Blaise): tartamudo, que confunde las letras

Brendano (Brendan, Brandon, Brennan): espada

Brian (Bryan, Bryant): fuerte

Bricio (Brice, Bruce): brecha

Buenaventura (Bonaventura): buena ventura

Camilo (Camillus, Camillo): sirviente del templo

Canico (Kenneth, Canice, Kent): guapo

Carlos (Charles, Carl, Carlos, Cary, Karl): fuerte

Casimiro (Casimir, Cass, Casper): el que impone la paz

Claudio (Claude, Claudius): cojo

Clemente (Clement): clemente

Constantino: (Constantine): firme

Cristóbal, Cristóforo (Christopher, Cristobal): el que lleva a Cristo

Cristián (Christian): que pertenece a Cristo

Daniel (Daniel, Neil): el Señor juez

David ( ): amado

Dionisio (Denis, Dion, Sidney): dios de Nisia

Domingo (Dominic, Domingo): consagrado al Señor

Donaldo (Donald, Don): extraño oscuro

Edmundo (Edmund, Eamon, Ned): protección feliz

Eduardo (Edward, Edoardo, Ned): guardián rico

Enrique (Henry, Emeric, Harry, Rico): el que rige la casa

Eric (Erich): el regidor por siempre

Ernesto (Ernest, Ernst, Ernestus): el más valioso

Esteban (Stephen, Esteban, Sven): coronado

Federico (Frederick, Fred, Fritz, Frederigo): príncipe de
la paz

Felipe (Philip, Felipe, Phelps): aficionado a los caballos

Fernando (Ferdinand, Ferde, Hernando): aventurero

Franco (Francis, Franco, Franz): libre

Geraldo (Gerald, Garcia, Gary, Jeroldo): el que gobierna
por medio de la lanza

Gregorio (Gregory, Gregor): vigilante

Gualterio (Walter, Gualtieri, Wenceslas): (el hombre)
más glorioso

Guillermo (William, Guiliermo, Wilhelm, Willis): aquel
a quien su voluntad sirve de protección

Hilario, Hilarión (Hilarion, Hilaire, Hillary): alegre, jo-
vial, contento

Ignacio (Ignatius, Ignacio, Nacho): el fogoso

Isaac ( ): él ríe

Isidoro (Isidore, Dorian): Don

Jasón (Jason, Iason): el que sanará

Javier, Xavier (Xavier): Casa nueva

Jerónimo (Jerome, Hieronymus): el de nombre sagrado

Joel ( ): mi dios es Yahvé

Jorge (George, Igor, Jurgen): agricultor

José (Joseph, Giuseppe): Él acrecentará

Josué (Joshua, Josh): Yahvé salva

Juan (John, Evan, Giovanni, Hans, Ian, Ivan, Johann,
    Joua, Sean, Shane): Yahvé es misericordioso
Justino (Justin): justo
Leonardo (Leonard, Leon): corazón de león
Leopoldo (Leopold): príncipe de la gente
Lorenzo (Lawrence, Lars, Lauren, Lorenzo): laurel
Lucas (Luke, Luca, Luciano): luz
Luis (Aloysius, Lewis, Ludwig): guerrero ilustre
Marco (Mark, Marcel): martillo
Martín (Martino): guerrero
Mateo (Matthew, Matthias): Don de Yahvé
Maximiliano (Maximilian, Massimiliano, Maxim): el más
    grande
Miguel (Michael, Mikhail, Mitchell): Dios es incomparable
Natanael (Nathaniel): Don de Yahvé
Nicolás (Nicholas, Colin, Klaus, Niles): victoria del
    pueblo
Oliverio (Oliver): paz
Pablo (Paul, Paulo, Pawel): pequeño
Patricio (Patrick, Patriatus): de padre libre o noble
Pedro (Peter, Perrin, Pierce, Piers, Piotr): piedra, roca
Quinto (Quentin, Quin, Quintus): cinco
Rafael (Ralph, Rafe, Raul, Rodolfo, Rudolph): el sanador
    de Dios
Raymundo, Raimundo (Raymond, Raimondo, Ramón):
    La protección del consejo divino
Renato (Renato, René, Renatus): vuelto a nacer
Ricardo (Richard): jefe audaz
Roberto (Robert, Robin, Rupert): brillante
Rodolfo (Ralph, Rafe, Raúl, Rudolph): guerrero famoso
Rodrigo (Roderic, Rory): caudillo famoso
Rogelio (Roger, Hodge, Rory, Ruggero): lanza gloriosa
Samuel ( ): Escuchado por Dios, Dios ha escuchado

Santiago (James, Diego, Jacob, Jacques, Shamus, Yakov): sustituto

Sebastián ( ): digno de respeto, venerable, majestuoso

Simón (Simon, Simeon, Simone): obediente

Teodoro (Theodore, Tad, Theo): Don de Dios

Terencio (Terence, Terry): suave

Timoteo (Timothy): el que honra a Dios

Tomás (Thomas, Tommaso): gemelo, mellizo

Valerio (Valerius, Valentine): valiente

Vicente (Vicenzo): el vencedor, el victorioso

Víctor ( ): vencedor

Zacarías (Zachary, Zaccaria, Zechariah): el recuerdo de Yahvé, Yahvé se acordó

Emblemas y símbolos de los santos

Los emblemas representan a los santos por medio de símbolos. Mediante uno o varios dispositivos, se representa pictóricamente a un santo.

Águila: El Divino Juan
Ampolla: Cosmes y Dimas
Ancla: Clemente, Félix, Nicolás
Ángeles: Cecilia, Francisco de Roma, Genoveva, Mateo,
    Catalina, La Virgen María
Anillo: Catalina de Siena, Eduardo el Confesor, Oswaldo
    (Osvaldo)
Antorcha: Antonio, Bárbara
Árbol: Bonifacio
Armadura: Eligio, Jorge, Juana de Arco, Martín, Miguel,
    Olaf II, Quinto, Quintín, Quirino, Sebastián, Teo-
    doro
Arpa: Cecilia, David
Arpón: Bernabé
Astilla: Blas
Aves: Benito, Blas, Coleta, David, Francisco de Asís

Azote: Ambrosio, Gervasio y Protasio, Lorenzo
Azucena: Casimiro, Domingo Guzmán, José
Balanza: Miguel
Batán de mazo: Santiago el Menor, Simón
Balas: Nicolás
Bote: Juan Roche, Judas, Julián, María Magdalena, Simón
Barco: Anselmo, Judas, Nicolás, Úrsula
Barril: Antonio, Juan el Divino, Willibrord
Bastón: Etelreda, Brígida de Suecia, José de Arimatea
Buey: Ambrosio, Lucas
Bujía: Brígida de Irlanda
Caballo: Eloy, Jorge, Pablo, Teodoro
Cabello: María, Magdalena, Sabás
Cabeza: Albano, Cutberto, Dionisio, Juan el Bautista,
    Oswaldo (Osvaldo), Sidwell, Winifredo (Vinifredo)
Cabrestante: Elmo
Cadena: Brígida de Suecia, Germano, Leonardo de Noblac,
    Radegunda
Cáliz: Benito, Eloy, El Divino Juan
Campana: Antonio, Benito, Winwaloe
Cañón: Bárbara
Capelo: Buenaventura, Jerónimo, Juan Fisher, Vicente
    Ferrer
Carbones: Bricio, Lamberto
Cerdo, Jabalí: Antonio
Cerradura: Leonardo de Noblac
Cesto: Dorotea
Ciervas: Fiacro, Gil, Walburga (Valburga)
Cisne: Cutberto
Colmena: Ambrosio, Bernardo, Isidoro, Juan Crisóstomo
Collar: Etelreda
Comunión: Carlos Borromeo
Concha: Agustín de Hipona, Santiago el Grande

Corazón: Agustín de Hipona, Catalina de Siena, Gertrudis, Teresa

Cordero: Agnes, Juan

Corona de espinas: Francisco de Asís, Luis, Teresa

Coronas: Enrique, Isabel de Hungría

Corteza de pan: Auberto, Honorio

Cráneo: Jerónimo, María de Egipto

Crucifijos: Luis, Carlos, Escolástica, Vicente Ferrer

Cruz: Agustín de Hipona, Brígida de Irlanda, Francisco de Asís

Cruz transversal: Andrés

Cruz y rosario: Domingo Guzmán

Cuba: Nicolás

Cuchillo: Ágata, Bartolomé

Cuervo: Benito, Oswaldo (Osvaldo), Vicente

Cueva: Antonio, Benito, Galo, Sabás, Los Siete Durmientes

Custodia: Clara, Norberto

Daga: Eduardo

Diente: Apolonia

Dragón: Jorge, Juliana, Margarita, Silvestre

Escoba: Petronila, Zita

Escuadra de carpintero: José, Judas, Tomás

Espada: Dionisio, Justina, Lucía, Mateo, Matías, Miguel, Pablo, Tomás Becket

Espetón: Quintín

Estigmas (llagas): Catalina de Siena, Francisco de Asís

Estrella: Domingo, Tomás de Aquino

Estrellas: La Virgen María

Excavadora: Fiacro, Focas

Farol: Lucía

Flama: Brígida de Irlanda

Flechas, acribillado con: Edmundo, Gil, Sebastián, Teresa

Flechas, en la mano: Augustín de Hipona, Edmundo, Gereón, Sebastián, Úrsula

Flores: Dorotea, Zita
Frasco: Rafael, Walburga (Valburga)
Frío: Menardo
Fuego: Agnes, Antonio
Gallo: Pedro, Vito
Ganchos: Ágata, Vicente
Ganso: Martín
Garrote: Bonifacio, Crisóforo, Judas, Magno
Hacha: Bonifacio, Juan Fisher, Magno, Olaf, Tomás Moro,
  Winifredo (Vinifredo)
Herradura: Eligio
Iglesia: Amadeo, Winwaloe, Witburga (Vitburga)
Instrumentos quirúrgicos: Cosmas y Dimas, Lucas
Intestinos: Vicente, Claudio, Elmo
Lágrimas: Mónica
Lanza: Jorge, Luis, Margarita, Tomás
León: Daniel, Jerónimo, Marcos, Pablo el Ermitaño
Libro: Ana, Bonifacio, Brígida de Suecia, Isabel de Hun-
  gría, Estéfano, Walburga (Valburga)
Liebre: Witburga (Vitburga)
Lobo: Francisco
Llaves: Marta, Pedro, Petronila, Zita
Manantial: Pablo, Winefrida (Vinefrida)
Mango de hacha: Tomás Becket
Manzanas: Dorotea, Nicolás
Martillo: Apolonia, Eligio
Molino: Víctor
Monedero: Martín, Mateo, Nicolás
Morteros con mano: Cosmas y Dimas
Muela de molino: Crispín y Crispiniano, Vicente
Niño: Antonio de Padua, Virgen María, Crisóforo, Isabel,
  Rosa, Vicente de Pau
Nutria: Cutberto

Ojos: Lucía, Albano
Órgano: Cecilia
Osos: Columbano, Galo
Pala: Fiacro, Focas
Palmera: Agnes, Bárbara
Paloma: David, Gregorio, Escolástica
Pan: Antonio de Padua, Cutberto, Nicolás, Zita
Pastor: David
Pastora: Genoveva, Juana de Arco
Pecho: Ágata, Justina, Úrsula
Perro: Bernardo, Domingo Guzmán, Roque
Pez: Rafael, Simón, Zenón
Piedras: Bernabé, Jerónimo, Esteban
Piel, animal: Juan el Bautista
Piel, humana: Bartolomeo
Pinza: Ágata, Apolonia, Dunstan, Lucía
Pinzas: Ágata
Pinzas con una muela: Apolonia
Plancha: Lorenzo, Vicente
Pluma para escribir: Ambrosio
Plumas: Bárbara
Pozo: Vitalis
Puerta: Ana, Margarita Cliterowa
Rama: Brendan, Brígida, Quintilo
Ratón: Gertrudis
Remo: Juan Roche, Julián, Judas, Simón
Río: Cristóbal
Rosa: Cecilia, Dorotea, Isabel de Hungría, Rosa, Teresa
    de Lisieux
Rosario: Domingo
Rueda: Catalina, Wiligiro
Salmón: Kentigern
Serpiente: El Divino Juan, Patricio, Pablo

Serrucho: Santiago, José, Simón
Soga: Marcos
Tableta o un sol con la inscripción i.h.s. (*Iesus Hominum Salvator*): Bernardino de Siena
Tamiz: Benito
Taza rota: Benito
Tazón: Oswaldo (Osvaldo)
Tiara: Gregorio el Grande
Tijeras de esquilar: Ágata
Toro: Blandina, Tecla
Torre: Bárbara
Ungüento: José de Arimatea, María Magdalena
Uñas: Andrés, Elena, Luis
Vaca: Brígida, Perpetua
Vela: Genoveva
Velo: Ágata
Venado: Aída, Eustacio, Huberto
Yunque: Adrián, Baldomero, Eligio
Zapatos: Crispín y Crispiniano
Zarza ardiente: La Virgen María

Patronos de países y lugares

✛

África del Norte: San Cipriano
África del Sur: Nuestra Señora de la Asunción
África: San Moisés el Africano, Nuestra Señora Reina de
	África
Albania: Nuestra Señora del Buen Consejo
Alemania: San Bonifacio, San Miguel
Alpes: San Bernardo
Alsacia: San Odilón
América del Norte: Nuestra Señora de Guadalupe
América del Sur: Santa Rosa de Lima
Angola: El Sagrado Corazón de María
Argentina: Nuestra Señora de Luján
Armenia: San Bartolomeo, San Gregorio el Iluminador.
Asia Menor: San Juan el Divino
Australia: Nuestra Señora del Socorro de los Cristianos
Austria: Nuestra Señora de Mariazel
Baviera: San Edwin (Eguino)
Bélgica: San José
Bohemia: San Wenceslao (Venceslao), Santa Ludmila
Bolivia: Nuestra Señora de Copacabana
Borneo: San Francisco Javier

Brasil: *Nossa Senhora de Aparecida,* Inmaculada Con-
cepción
Bulgaria: San Demetrio
Canadá: San José, Santa Ana
Ceilán (Sri Lanka): San Lorenzo
Centro América: Santa Rosa de Lima
Colombia: San Pedro Claver, San Luis Bertrán
Córcega: Santa Devota, Inmaculada Concepción
Cuba: Nuestra Señora de la Caridad
Checoslovaquia: San Wenceslao (Venceslao), San Juan
Nepomuceno
Chile: San Santiago el Grande, Nuestra Señora del Carmen
China: San José
Chipre: San Bernabé
Dinamarca: San Anscario
Ecuador: Sagrado Corazón de María
Egipto: San Marcos
El Salvador: Nuestra Señora de la Paz
Escandinavia: San Anscario
Escocia: San Andrés, Santa Columba
Eslovaquia: Nuestra Señora de los Dolores
España: San Santiago el Grande
Estados Unidos de América: La Inmaculada Concepción,
Nuestra Señora de Guadalupe
Etiopía: San Frumencio
Europa: San Benito de Nursia, Santos Cirilo y Metodio
Filipinas: Sagrado Corazón de María
Finlandia: San Enrique de Upsala
Francia: San Dionisio (Denis), Santa Juana de Arco, Santa
Teresa, Nuestra Señora de la Asunción
Gales: San David
Gibraltar: Nuestra Señora de Europa
Grecia: San Andrés, San Nicolás

Guatemala: San Santiago el Mayor
Holanda: San Willibrord
Hungría: San Esteban, La Virgen María
India: Santo Tomás, Nuestra Señora de la Asunción
Indias del Este Santo Tomás
Indias Occidentales: Santa Gertrudis
Inglaterra: San Jorge
Irán: Santos Addai y Mari
Irlanda: Santa Brígida, San Patricio y Santa Columba
Islandia: San Anscario, San Thorlac Thorhallsson
Italia: San Francisco de Asís, Santa Catalina de Siena
Japón: San Pedro Bautista, San Francisco Javier
Korea: San José, La Virgen María
Lesoto: Sagrado Corazón de María
Lituania: San Casimiro
Luxemburgo: San Wiligis
Madagascar: San Vicente de Paul
Malta: Santa Devota, San Pablo, Nuestra Señora de la
    Asunción
México: Nuestra Señora de Guadalupe
Moravia: Santos Cirilo y Metodio
Nicaragua: San Santiago el Mayor
Noruega: San Olaf
Nueva Zelanda: Nuestra Señora del Socorro de los
    Cristianos
Paquistán: Santo Tomás
Papua Nueva Guinea: San Miguel
Paraguay: Nuestra Señora de la Asunción
Persia: San Maruthas
Perú: San José
Polonia: San Casimiro, San Estanislao de Cracovia
Portugal: San Francisco Borgia, La Inmaculada Concepción
Prusia: Santa Dorotea de Mantau

República Dominicana: Santo Domingo, Nuestra Señora
    de Gracia
Roma: San Felipe Neri
Rumania: San Niceto
Rusia:San Andrés, San Nicolás de Mira, San Vladimiro
Silesia: San Edwin (Eguino)
Siria: San Addai, Santa
Sri Lanka: San Lorenzo
Suecia: Santa Brígida, San Eric
Tanzania: La Inmaculada Concepción
Turquía: San Juan el Divino
Ucrania: San Josafat
Uruguay: Nuestra Señora de Luján (La Virgen de los
    Treinta y Tres)
Venezuela: Nuestra Señora de Comotomo

Bibliografía

✤

Aldrich, Donald Bradshaw. *The Golden Book of Prayer: An Anthology of Prayer*. Nueva York: Dodd, Mead, & Company, 1941.

Attwater, Donald. *A Catholic Dictionary*. Nueva York: The Macmillan Company, 1941.

Attwater, Donald. *The Penguin Dictionary of Saints*. Nueva York: Penguin, 1985.

Ayscough, John. *Saints and Places*. Nueva York: Cincinnati Benziger Brothers, 1912.

Baring-Gould, Sabine. *Lives of the Saints* (14 volúmenes). Edimburgo: John Grant, 1914.

Broderick, Robert C. *Catholic Encyclopaedia*. Nueva York: Nelson, 1967.

Catholic Almanac 1995. Huntington, Indiana: Our Sunday Visitor, 1994.

The Communion of Saints, Prayers of the Famous. Wm. B. Eerdmans Publishing Co., 1990.

Coulson, John. *The Saints: A Concise Biographical Dictionary.* Nueva York: Hawthorn, 1958.

Delaney, John J. *Dictionary of Saints.* Nueva York: Doubleday, 1979.

De Sola Chervin, Ronda. *Quotable Saints.* Michigan: Servant Publications, 1992.

Drake, Maurice. *Saints and Their Emblems.* Londres: T. W. Laurie, 1983.

Eerdman's Book of Famous Prayers. Wm. B. Eerdmans Publishing Co., 1983.

Estavan, Lawrence. *How Quaint the Saint.* Redwood City, California: Creekside Press, 1979.

Familiar Quotations: A Collection of Passages, Phrases, and Proverbs Traced to Their Sources in Ancient and Modern Literature. Boston: Little Brown and Company, 1992.

Farmer, David Hugh. *The Oxford Dictionary of Saints.* Nueva York: Oxford University Press, 1987.

Foy, Felician A., O. F. M., y Rose M. Avato. *A Concise Guide to the Catholic Church II.* Huntington, Indiana; Our Sunday Visitor, 1986.

Freze, Michael, S. F. O., *Patron Saints*. Huntington, Indiana: Our Sunday Visitor, 1992.

Hallam, Elizabeth. *Saints: Who They Are and How They Help You*. Nueva York: Simon & Schuster, 1994.

Kelly, Sean y Rosemary Rogers. *Saints Preserve Us!: Everything You Need to Know About Every Saint You'll Ever Need*. Nueva York: Random House, 1993.

Leckie, Robert. *These Are My Heroes: A Study of the Saints*. Nueva York: Random House, 1964.

McCollister, John C. *The Christian Book of Why*. Nueva York: Jonathan David Publishers, 1983.

A Saint for your Name: Saints for Boys. Huntington, Indiana: Our Sunday Visitor, 1980.

Nevis, Albert J. *A Saint for Your Name: Saints for Girls*. Huntington, Indiana: Our Sunday Visitor , 1980.

New Catholic Encyclopaedia (volúmenes 1-15). Nueva York: McGraw-Hill, 1967.

Quadflieg, Joseph. *The Saints and Your Name*. Nueva York: Pantheon, 1958.

Sharkey, Don y Hermana Loretta. *Popular Patron Saints*. Milwaukee: Bruce Publishing Company, 1960.

Thurston, H. y D. Attwater. *Butler's Lives of the Saints* (4 volúmenes). Nueva York: P. J. Kennedy and Sons, 1956.

Walsh, Michael (ed.). *Butler's Lives of the Saints: Concise Edition*. San Francisco: Harper & Row, 1985.

Woodward, Kenneth. *Making Saints*. Nueva York: Simon & Schuster, de 1985 a 1990.

Índice de santos patronos e intercesores

Emigdio: terremotos, 282
Enrique de Upsala: Finlandia, 138.
Enrique II: duqes, 109, esterilidad, 130.
Escolásticas: niños víctimas de convulsiones, 211, tormentas, 288.
Estanislao Kostka: huesos rotos, 156
Esteban: albañiles, 33, canteros, 68, diáconos, 101.
Esteban el Joven: coleccionistas de monedas, 81, fundidores 142.
Esteban I: 157.
Eurosia: mal tiempo, 186.
Eustaquio: cazadores, 72, víctimas de tortura, 297.
Expedito: dilación, 102, emergencias, 115, soluciones, 273.
Fabiola: abuso físico, 24, divorcio, 104, infidelidad, 164, viudas, 302.
Farailde: abuso físico, 23, afecciones infantiles, 29, problemas maritales, 248.
Felicitas: herederos, 152, mujeres estériles, 203, niños difuntos, 209.
Felipe Neri: oradores, 217, Roma, 259.
Félix: mentiras, 194.
Fernando III: gobernadores, 145, gobernantes, 145, ingenieros, 165, magistrados, 186, paternidad y maternidad, 227.

Fiacro: hemorroides, 151, jardineros, 172, sífilis, 266, taxistas, 278.
Filan: locura, 182.
Flora: conversos, 90, trabajadoras, 284, traición, 287.
Floriano: bomberos, 58, inundaciones, 166.
Focas: agricultores, 33, jardineros, 172.
Francisca Javiera Cabrini: administradores de hospitales, 155, emigrantes, 116.
Francisca Romana: automovilistas, 50.
Francisco de Asís: acción católica, 24, animales, 40, comerciantes, 83, ecologistas, 111, Italia, 168, zoológicos, 305.
Francisco de Padua: marineros, 190, oficiales de marina, 216.
Francisco de Sales: autores, 50, escritores, 127, periodistas, 230, prensa católica, 242, sordos, 274.
Francisco Javier: Borneo, 59, Japón, 171, misiones extranjeras, 196.
Gabriel: carteros, 70, clérigos, 79, coleccionistas de estampillas, 81, diplomáticos, 102, locutores, 183, mensajeros, 193, trabajadores de radio, 251, trabajadores de telecomunicaciones, 287.
Gabriel Francisco Possenti: clérigos, 78.

Miguel, arcángel: abarroteros, 21, batallas, 55, enfermos, 121, marinos, 190, oficiales de policia, 217, radiólogos, 252, soldados paracaidistas, 271.

Moisés: Africa, 31.

Mónica: alcoholismo, 34, amas de casa, 37, casadas, 70, infidelidad, 164, madres, 185

Morando: cavas, 72.

Nicolás de Mira: comerciantes, 84, estibadores, 131, Grecia, 146, muchachos, 201, niños, 207, novias, 212, prestamistas, 242, solteronas, 272, viajeros, 295.

Nicolás de Tolentino: almas perdidas, 35, infantes, 163, marinos, 191.

Nicolás von Flue: concejales, 86, separación conyugal, 264

Notburga: campesinos, 65.

Notkero Balbulus: niños tartamudos, 210.

Nuestra Señora de Africa: Africa, 31.

Nuestra Señora de Copacabana: Bolivia, 58.

Nuestra Señora de Europa: Gibraltar, 145.

Nuestra Señora de Guadalupe: América del Norte, 38, México, 194.

Nuestra Señora de la Altagracia: motociclistas, 201, República Dominicana, 256.

Nuestra Señora de la Asunción:

Francia, 139, India, 161, Malta, 189, Paraguay, 222, Sudáfrica, 275.

Nuestra Señora de la Paz: El Salvador, 114.

Nuestra Señora de Loreto: constructores de casas, 89, lampareros, 178.

Nuestra Señora de los Dolores: Eslovaquia, 128.

Nuestra Señora de Lourdes: lesiones corporales, 180.

Nuestra Señora de Luján: Argentina, 42, Uruguay, 292.

Nuestra Señora de Mariazell: Austria, 49.

Nuestra Señora del Socorro de los Cristianos: Australia, 49, Nueva Zelanda, 214.

Odilia: Alsacia, 36, invidentes, 167.

Odón: músicos, 204.

Olaf II: Noruega, 211, reyes, 259, talladores, 277.

Osmundo: paralíticos, 222.

Pablo: Malta, 188, morduras de serpientes, 199, relaciones públicas, 256, tolderos, 283.

Pablo el Ermitaño: tejedores, 279.

Pancracio: calambres, 64, perjurio, 230.

Pantaleón: doctores, 105, resistencia, 257, tuberculosos, 289.

Pascual Bailón: congresos y sociedades eucarísticas, 87.

Patricio: Irlanda, 167, serpientes, 266.